高等职业院校**通识教育**“十三五”规划教材

高职大学生心理健康教育（微课版）

马悦　余照照◎主编

廖启然　李娅恒　牛露颖　苏婕◎副主编

人民邮电出版社

北　京

图书在版编目（CIP）数据

高职大学生心理健康教育 ：微课版 / 马悦，余照照主编. -- 北京 ：人民邮电出版社，2020.9（2022.9重印）
高等职业院校通识教育“十三五”规划教材
ISBN 978-7-115-54394-3

Ⅰ. ①高… Ⅱ. ①马… ②余… Ⅲ. ①大学生－心理健康－健康教育－高等职业教育－教材 Ⅳ. ①G444

中国版本图书馆CIP数据核字(2020)第117409号

内 容 提 要

本书以《高等学校学生心理健康教育指导纲要》和《普通高等学校学生心理健康教育课程教学基本要求》为写作纲要，结合大学生的成长任务，从大学生自身发展和实际需求出发，以提高大学生心理素质、增强大学生自我心理保健意识和心理危机预防意识为写作目标。本书的主要内容包括大学生心理健康导论、自我意识培养、人格培养、大学生活适应、学习心理探索、人际关系处理、恋爱与性心理对待、情绪管理、挫折与压力应对、生命教育与心理危机应对等。通过学习本书，大学生能实现在知识、技能和自我认知方面的提升，提高对心理健康、心理保健的重视。

本书可作为普通高等职业院校大学生心理健康教育方面的教材，也可作为普通读者的心理健康知识读本和参考资料。

◆ 主　　编　马　悦　余照照
副 主 编　廖启然　李娅恒　牛露颖　苏　婕
责任编辑　楼雪樵
责任印制　王　郁　焦志炜

◆ 人民邮电出版社出版发行　　北京市丰台区成寿寺路 11 号
邮编　100164　　电子邮件　315@ptpress.com.cn
网址　https://www.ptpress.com.cn
三河市中晟雅豪印务有限公司印刷

◆ 开本：787×1092　1/16
印张：14.5　　2020 年 9 月第 1 版
字数：356 千字　　2022 年 9 月河北第 6 次印刷

定价：42.00 元

读者服务热线：(010)81055256　印装质量热线：(010)81055316
反盗版热线：(010)81055315
广告经营许可证：京东市监广登字 20170147 号

前　言

PREFACE

近年来，随着我国经济的飞速发展、科技的不断进步和经济体制的深化改革，社会生活的各个领域也不断迎来新的机遇和挑战。大学生由于社会环境变化、学习压力增大、恋爱和人际交往变得复杂等原因而产生各种心理健康问题的情况在大学中也屡见不鲜。

当前社会，挑战和机遇同在，心理素质在激烈的社会竞争中显得尤为重要。大学生作为推动新时代发展的重要力量，不管是为了个人的发展还是社会的进步，都应该关注自己的心理健康，并将心理健康作为个人素质培养的重要内容。

实际上，党和国家对大学生的心理健康教育工作一直十分重视。2004 年，中共中央、国务院下发了《关于进一步加强和改进大学生思想政治教育的意见》；2005 年，教育部 、卫生部、共青团中央联合下发了《关于进一步加强和改进大学生心理健康教育的意见》；为了进一步推进大学生的心理健康教育工作，教育部办公厅也印发了《普通高等学校学生心理健康教育工作基本建设标准（试行）》的通知。同时，为了充分发挥课堂教育教学活动在大学生心理健康教育工作中的重要作用，也为了深入贯彻以上文件精神，教育部还颁布了《高等学校学生心理健康教育指导纲要》《普通高等学校学生心理健康教育课程教学基本要求》，规范了高校心理健康课程教育教学的基本内容，让大学生心理健康教育课程更好地贴近实际、为大学生服务，帮助大学生了解自己、了解心理健康，促进大学生健康成长、全面发展和适应社会。

为了贯彻落实有关部门关于加强高等学校大学生心理健康教育的文件精神，全面落实教育规划纲要，促进大学生健康成长、成才，我们根据教育部的相关要求与规定，对本书内容进行了以下设计。

第一，本书的知识结构主要依据教育部颁布的《高等学校学生心理健康教育指导纲要》和《普通高等学校学生心理健康教育课程教学基本要求》编写，能够满足学校的教学需求。

第二，本书除介绍了规定的基本内容，还进行了知识拓展，可以帮助大学生了解更多心理健康方面的知识。

第三，本书以案例引入，在系统介绍理论知识的同时，还以“小贴士”“扩展阅读”“随堂活动”等小栏目丰富本书的内容。本书还通过二维码的形式提供了各种心理测试、案例，其中部分二维码的内容为微课讲解，可以更加形象地传达相关内容。此外，每个项目的末尾设置了“集训营”和“推荐资源”板块，可以让大学生在了解自我的同时，通过丰富的形式吸收和巩固所学知识。

第四，本书提供了丰富的教学资源，包括 PPT、教学大纲、教学教案和题库等，这些资源可通过访问人邮教育社区（www.ryjiaoyu.com），搜索本书书名下载。

本书在编写过程中，得到了伍勤、岳吉方的大力支持，在此向他们表示衷心的感谢。

尽管编者在编写过程中始终保持严谨、认真的态度，但由于水平有限，书中难免有不足之处。广大读者在使用中若发现问题，敬请批评指正，以便我们修订、改正。

编　者

2020 年 4 月

目录

CONTENTS

03 项目三

04 项目四

05 项目五

06 项目六

09 项目九

10 项目十

项目一 “心”的旅程：大学生心理健康导论

01

虽然人们常说“身心健康”，但大多数时候，人们往往会把身体的健康放在首位，而忽视了对心理健康的关注。大学生正处于人生的过渡阶段，难免会在学业、求职、恋爱方面遇到一些困扰，一旦处理不好，就会对其整个人生发展产生巨大的影响。因此，加强对大学生的心理健康教育是高校的重要战略任务。

本项目学习目标

- 了解心理健康的概念、大学生心理活动的特点和大学生心理健康的标准。
- 熟悉影响大学生心理健康的因素。
- 熟悉常见的大学生心理困惑。
- 了解常见的大学生心理疾病及应对措施。
- 掌握增进大学生心理健康的途径。

引导案例

不容忽视的心理健康教育

音频：案例分析

在紧张又忙碌的高考之后，怀着期待与忐忑的心情，王倩收到了心仪大学寄来的录取通知书。

开学前夕，王倩早早就准备好了需要带到学校的应用品，闲着无聊，便关注起近期的新闻，谁知刚好看到一则大学生自杀未遂的消息，她大吃一惊。王倩的妈妈正好在她旁边，也看到了那则消息，心中不放心，便殷殷叮嘱她，让她有心事就打电话回家或者打电话给她小姨。王倩的小姨正好在某高校担任心理咨询师。王倩知道妈妈的担忧，却说：“我都是成年人了，心智已经成熟了，哪还有什么想不开的呢？”王倩的妈妈说她不懂事，告诉她千万不要忽视心理健康，现在有心理问题的大学生不少！

王倩当时没说什么，睡前胡思乱想的时候想起确实见过不少大学生向小姨咨询心理问题，不禁思考自己是不是太不注重心理健康了。

请扫描右侧二维码，查看案例分析，探讨大学生是否需要学习与心理健康相关的知识。

任务一 走进心理健康

“健康不是身体状况的问题，而是精神状况的问题”，从这句话中不难看出心理健康的重要性。当代大学生身处高速发展的社会中，不仅需要尽快调适自己以应对复杂多变的社会环境，还需培养强大的抗压能力和积极的心态，让自己不至于在应对各种现实矛盾与冲击时不堪一击。因此，不管是出于对自己健康状况的考虑，还是从大学生个人发展的角度来看，大学生都应足够重视自己的心理健康状况。

一、什么是心理健康

世界卫生组织在成立时，便在其宪章中提出了健康的概念：“健康乃是一种在身体上、心理上和社会上的完满状态，而不仅仅是没有疾病和虚弱的状态。”该组织认为，一个人的健康包括其身体、心理、道德和社会适应等方面，并将健康的范畴扩展到了精神和社会关系等领域。显然，心理健康是衡量一个人健康状态的重要条件。

小贴士

世界卫生组织曾用“五快三良好”作为衡量一个人身心健康的标准，“五快”主要指食得快、睡得快、便得快、说得快和走得快，这能在很大程度上反映人体在消化系统、大脑、四肢等方面的功能状况；“三良好”则指良好的个性、良好的人际关系和良好的处事能力。如果一个人能做到“五快三良好”，那么说明这个人基本处在身心健康状态。

“五快三良好”详细解释

第三届国际心理卫生大会这样定义心理健康：“所谓心理健康，是指在身体、智能以及情感上与他人的心理健康不相矛盾的氛围内，将个体的心境发展到最佳的状态。”心理健康是一种持续性的、积极发展的心理状态，是个体对环境满意的适应表现。一般情况下，心理健康指个体基本心理活动的过程，要求个体心理各方面需协调一致，保持平衡，如情绪良好、人际关系协调、意志坚强、行为协调、反应适度、心理活动符合年龄特征的心理状态等。在这样的状态下，个体的潜能会得到充分的发挥，其适应能力、自我控制和动机调控能力会保持在正常或较好水平，有利于个体实现自己的价值。

二、大学生心理活动的特点

心理健康的状态并不是固定不变的，大学生的心理活动会不断发生变化，这意味着大学生不会时刻都处在健康、积极的情绪当中，因此大学生需要全面认识自己的心理状态，以便找到调适的方法。通过正确认识自己的心理活动，大学生可以更好地了解自己、悦纳自我，健全自己的心理。大学生的心理活动主要表现为以下特点。

- 身心趋于成熟，智能发育达到高峰，精力充沛，思维活跃，创造力和思辨力得到发展，适应力和创造力更强。
- 自我意识增强，自我认识和评价能力有所提高，对自己的言行、形象等方面的敏感性也大大提高，自尊心增强，自我需要增加。
- 自控能力增强，会综合社会期望、社会条件等因素来规划自己的行动计划和目标，将外界要求转化为自我需求，使自己的心理机能处于活跃状态。
- 凡事希望独立自主，做事有主见，不愿受约束，不愿随波逐流，但容易妄自尊大，不愿接受管教，容易产生强烈的对抗情绪。
- 一方面渴望友谊和被理解、接纳，有较强的交往需求，交往能力提高，但在交往过程中也可能形成“依赖他人”“利用他人”“以个人为中心”的交往模式；另一方面会存在因缺乏社交技巧而产生的人际交往受挫、孤独感加重的情况。
- 情绪丰富但不稳定，情感需要的增加会使情感体验更加丰富，但心理的不成熟则会导致冲动和情绪化。
- 性意识发展迅速，异性交往愿望强烈，但性角色观念和性角色行为亟待完善。
- 参与意识增强，许多大学生会参与一些社团活动或社会事件，希望在班级或其他部门担任一些职务，以锻炼和提高自己的组织管理能力；同时期望展现自我，获得他人赞许，以满足自我实现方面的心理需求。

总的看来，大学生的心理活动受校门内外价值观的碰撞以及多元价值观的影响，表现出了各种心理矛盾，如独立性与依赖性的矛盾、自我封闭和渴望交往的矛盾、情感冲动与理智调控的矛盾、自信心与自卑心的矛盾、美好理想和不如意现实的矛盾、期望感与失落感的矛盾、学习深造和尽快就业的矛盾以及性意识与性冲动、性道德之间的矛盾等，多重矛盾交织在一起。大学生是一个较为特殊的群体，其心理特点的多样性应当予以重点关注。大学生应该树立科学的心理发展观，充分调动自己的自主性、能动性，做到全面心理发展和个性心理发展的和谐统一。

三、大学生心理发展的特点

大学时期是大学生心理和生物学因素、社会学因素综合作用的时期。在这一阶段，大学生的身心发展逐渐成熟或已达到成熟，自我意识和三观也正经历发展和再构成，其心理发展主要表现为以下 4 个特点。

（一）需求多元发展

从社会层面来讲，由于受社会多元文化的影响，大学生的价值观经过多元化重组，不再以单一的价值评价标准为依据，现在的大学生强调索取和奉献并重，在兼顾集体利益和个人利益的同时，更注重实际，也更关注个人感受和需求。从校园生活层面来看，其需求因年级、阶段的不同呈现不同的特点。例如，大一主要关注适应性问题，然后是学习、人际方面的问题；大二则关注人际、学习、社团活动、情感等方面；大三主要关注能力发展与培养和职业选择。这也体现了大学生需求的多元发展。

（二）思维达到较高水平

在大学阶段，有意义记忆（理解式记忆）是大学生的主要记忆方式，而是在这一时期，大学生的识记能力和逻辑思维都得到了迅速发展，智力处于黄金时期。而相关试卷测试也表明，这一阶段大学生的辩证思维较高中阶段也有了显著完善。同时，大学生的创新思维、批判思维也得到了发展与增强。

（三）情感与意志发展接近成熟

随着年龄的增长，大学生的情感与意志发展接近成熟。情感方面，大学生珍视友谊、向往美好的爱情，道德观和理智感的外化特征明显，整体比较理性成熟。但由于其并没有达到真正的成熟，所以还存在一些情感缺陷，容易陷入矛盾和烦恼。意志方面，大学生心理的成熟也标志着他们自控能力的增强，如他们的自觉性、果断性、坚持性都能不断提高，但同时，他们意志品质的发展也有不平衡、不稳定的特点，个体差异较为明显。例如，有的大学生意志力较强，有的则较弱，且同一个体在对待不同的行为时，意志力也呈现不同的水平等，这些都是他们发展尚未成熟的表现。但总体来说，意志的总体趋势仍在快速发展，也具有较强的可塑性。

（四）理想明确而富有社会意义

大学生开始以成人的角色和思维去思考、适应社会，他们对自己的社会角色和要承担的社会责任也有所认知，自我教育能力增强，对未来出路的寻觅也在进行中。同时他们也对未来抱有期待，并在自己的理想中融入更多的现实因素，以便更好地落于实处，这正体现了大学生心理上由成熟主导的一面，也展现了他们心理发展过程中的时代特征。

四、大学生心理健康的标准

心理学界认为，完全符合心理健康标准的人是不存在的，但心理健康却永远是人们努力的方向。根据国内外心理学家对人的心理健康标准的研究，大学生的心理健康程度可以从 9 个方面进行评判，大学生可以此为依据对自己的心理状态进行自我诊断，以便后续进行有针对性的训练、咨询或就诊。下面对这 9 个标准分别进行介绍。

扫码看微课

（一）智力水平正常

正常的智力水平是大学生正常生活、学习的基础条件，也是大学生心理健康的基本保障。如果大学生的心理健康，就能更好地运用自己的智慧解决问题，获得成就。根据专业的智力测验的结果，如“斯坦福—比奈智力量表”的结果，心理学家将人的智力水平分为几种等级。得分 140 分以上为智力超常；得分 120~139 分为智力优秀；得分 110~119 分为中上智力；得分 90~109 分为中等智力；得分 80~89 分为中下智力；得分 70~79 分的智力已处于临界水平；得分低于 70 分则为智力落后。虽然绝大多数人都处于正常的智力水平，但智力的健康发展仍值得大学生重视。威廉·佩里对大学生思维发展的研究表明，大学阶段思维水平的不断发展也能促进大学生智力的发展。

（二）学习兴趣浓厚

缺乏学习兴趣会影响大学生的上进心、进取心，事实上，不管大学生设定的大学或职业计划和目标是什么，都需要学习动机去激发大学生产生强烈的求知欲，不断发展自身。

（三）情绪健康

心理健康的大学生一般都热爱生活，使主流情绪维持在积极乐观、稳定愉快的状态中，因此健康的情绪也是心理健康的重要标志之一。一个心理健康的大学生，在面对悲伤、伤痛时也会有难过的情绪，但是他们能尽快进行情绪的调节，转移负面情绪，使中枢神经系统处于较为平衡的状态。而大学生如果喜怒无常或容易陷入各种不良情绪之中，那么很有可能心理不健康。

（四）自我评价正确

正确的自我评价能让大学生体验自我存在的价值，尤其是对自己优缺点的正确认识，可以让大学生真正了解自我、悦纳自我，不过分苛求、不自怨自艾，从而达到心理的平衡。

（五）意志健全

意志健全是心理健康程度的重要评判标准之一，意志健全的人在行动的自觉性、果断性、顽强性和自制力方面都表现出较高的水平。大学生如果意志健全，其行动的目的性、主观能动性、计划性会较强，在遇到困难和挫折的时候，也能当机立断，选择合理的处理方式，坚持不懈、排除万难。

（六）人格完整

人格是指一个人整体的精神面貌，是个体区别于他人的稳定的心理品质。如果人格不完整，很可能会出现人格分裂的现象，严重影响人的健康。心理健康的大学生，在人格上主要表现为所想、所说、所做是协调一致的，有清醒的自我意识，能有效支配自己的行为。

（七）人际关系和谐

要保持人际关系和谐，就要求大学生在与人交往的过程中采取的积极态度多于消极态度。能做到与人为善，客观地了解他人、尊重他人；待人真诚、乐于助人、充满善意，而不是以自我为中心、私字当头；能相互接纳，也能用合理的方式指出他人的不当之处，能维持和谐的人际关系。

（八）社会适应能力强

人的生活环境较为复杂、千变万化。如果大学生能够正确处理个人与环境的关系，与社会、环境保持良好的接触，就能更好地实现心理需要与社会发展的协调统一，获得发展。

（九）心理行为符合年龄特征

个体在不同的年龄会表现出不同的特征，会有相应的心理反应和行为模式。如果大学生在该年龄阶段表现出符合其年龄特征或与同龄人相符的心理行为特征，说明其心理状态健康，反之则不健康。

扩展阅读

“经典标准”

美国心理学家马斯洛和密特尔曼提出的关于心理健康的10条标准是公认的“经典标准”，其具体内容如下。

（1）有充分的安全感。

（2）对自己有较充分的了解，并能恰当地评价自己的行为。

（3）自己的生活理想和目标能切合实际。

（4）能与周围环境、事物保持良好的接触。

（5）能保持自我人格的完整与和谐。

（6）具备从经验中学习的能力。

（7）能保持适当和良好的人际关系。

（8）能适度地表达与控制自己的情绪。

（9）能在集体允许的前提下，有限地发挥自己的个性。

（10）能在社会规范容许的范围内，适当地满足个人的基本要求。

五、影响大学生心理健康的因素

研究发现，大学生的心理健康主要受 4 个方面的因素影响，分别是生物遗传因素、环境因素、生活事件因素和自身因素。这些因素是如何与大学生的心理发展建立有机联系的呢？本任务将对此进行介绍。

（一）生物遗传因素

遗传对人的心理健康发展的影响程度一直是学者们研究的重点，遗传论方面的学者大多肯定了遗传对人的心理发展的作用，人的形态、感官、神经系统的特点都是遗传来的，甚至人的性格、情绪等也会受到遗传的影响。不过，后期的客观环境和教育等会和遗传共同作用，使每个人形成不同的个性特点，但不可否认的是，遗传是人的心理发展的重要自然条件。

心理学家们曾用家谱分析的方法研究过遗传因素对个体心理健康的影响，结果发现，在有心理健康问题的个体中，家族中有癔症、活动过度、注意力不集中病史的个体所占的比例明显偏大。另外，还有研究表明，孤独症谱系障碍、注意缺陷多动障碍、双相情感障碍、重性抑郁障碍和精神分裂症这 5 种主要的精神疾病之间存在遗传关联。

但需要注意的是，生物遗传因素并不能完全决定大学生的心理健康程度和具体精神状态，一方面是因为大多数神经方面的疾病绝对遗传的概率不高，另一方面环境、生活经历和大学生个人的心理素质等因素也会对大学生心理的健康发展产生重大影响。

（二）环境因素

大学生一直处于各种环境中，环境刺激会对大学生的心理活动和行为模式产生重要作用，影响其心理健康。影响大学生心理健康的主要环境因素有社会环境、家庭环境和学校环境等。

1. 社会环境

社会风气和社会文化等会通过家庭、伙伴、媒体等多种途径影响大学生，其中的一些不良风气则可能会在大学生价值观、人生观、世界观和道德观的形成过程中产生不利影响；而生活、工作环境，如噪声、环境污染等也会对人的心理状况造成影响，如使人易躁、易怒等。因此，我们不能忽视各类社会环境因素在大学生成长和心理发展中的作用。

2. 家庭环境

家庭是社会的基本组成部分，家庭关系是社会关系的重要内容，大学生通常会通过家庭逐渐了解和适应社会关系，同时家庭也是大学生生活中最常接触的环境之一，家庭中的各种因素都会对大学生的性格、思维等造成潜移默化的影响。家庭环境对大学生的影响主要体现在家庭结构、家庭教养方式以及其他家庭因素 3 个方面。

（1）家庭结构

家庭结构是影响大学生心理健康的重要因素，一般来说，较为完整的家庭结构更容易培养出开朗的孩子。另外，在“一孩”家庭和“多孩”家庭这两种不同家庭结构中成长起来的孩子，在情绪、认知、行为、自我意识等方面也可能会有所差异，如有的独生子女可能会更容易感到孤单，而有的在多孩家庭中成长起来的孩子可能会更开朗或敏感等。虽然不同家庭的孩子可能会有不同的特性，但不可否认家庭结构在心理健康发展上发挥的作用。

（2）家庭教养方式

西蒙兹在大量研究的基础上，根据父母与子女之间的关系，将家庭教养方式分为接受—拒绝、支配—服从两个因子，并按其不同的组合把家庭教养方式图解为 4 种类型，即不关心型、残酷型、过度保护型、放任型，如图 1-1 所示。这些类型都是比较典型的家庭教养方式。

麦克沃特则根据一系列有关家庭教养方式的研究，将家庭教养方式划分为 3 个基本维度，其中，敌意—温暖维度表示父母情感投入水平的不同；放任—严厉维度体现的是家庭中权力和控制的结构；焦虑情感卷入—冷静独立维度表示一个从高焦虑到低焦虑的连续体，反映了父母的情感参与情况或者与孩子的情感联结，如图 1-2 所示。

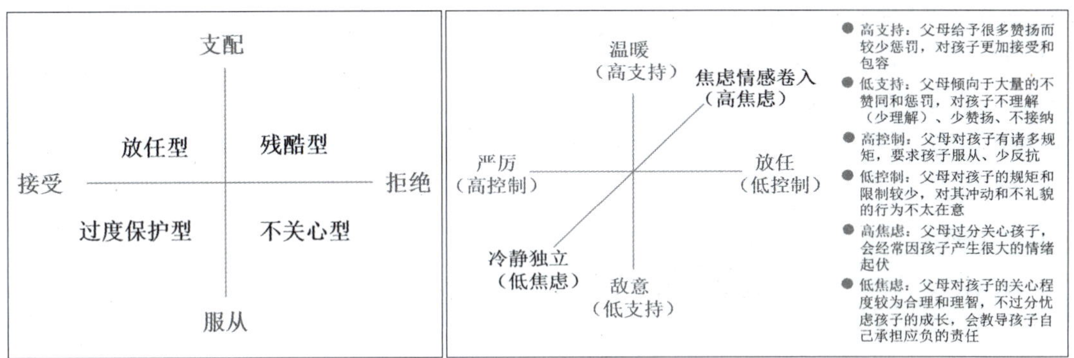

图 1-1 西蒙兹家庭教养方式　　图 1-2 麦克沃特家庭教养方式

通过以上研究可以发现，家庭教养方式在大学生的成长过程中有非常重要的影响。如果父母对大学生低支持且控制把控不当，就会形成不良的家庭互动关系，对大学生的心理、精神、行为造成不利影响。例如，在不关心型的家庭教养方式下，家长缺乏对大学生的重视，长久忽视其需求，久而久之，大学生会因为委屈、失落等承受更大的心理压力，情感也会变得更加冷漠，不利于心理健康；在残酷型的家庭教养方式下，家长可能会对大学生做出强制决策或否定评价，如要求其参加某场考试、不准其参加某类活动、斥责其不如其他人等，在这种环境之下，大学生的身心毫无疑问会受到伤害。而科学的教养观念和民主的家庭氛围，则能使大学生在青少年时期就形成较强的成就动机和具备更好的人际关系处理能力或社会适应能力，促进其心理的健康发展。

（3）其他家庭因素

除以上因素之外，家庭氛围、家庭经济地位、家庭人际关系、父母素质、父母的期望等因素也会影响大学生的心理发展。例如，有些父母文化程度不高，可能在教育子女时会采取比较粗暴、专制的方式。有些父母在发生争执后，夫妻双方或一方如果将不满发泄到子女身上，容易让子女形成敏感不安的性格，甚至导致其具有暴力倾向等，如果大学生在这样的环境中成长，其心理通常会往不利方向发展。

3. 学校环境

学校环境的因素包括学校的管理和教学、教学楼的环境建设、学风建设、师生之间的关系等，这些因素都会对大学生的心理健康发展产生重要的作用。例如，大学生与同学、老师之间和谐的人际关系，积极健康的班风、校风等就会为大学生带来正面的感染力，帮助其发展健康的自我和人格。

（三）生活事件因素

每一个大学生都会面临多面性的感情人生，经历各种人生大事。生命中的挫折性、灾难性事件，大喜大悲等情绪，会让大学生产生剧烈的心理活动，对大学生的身心健康造成影响。例如，面临生离死别时的悲痛欲绝、感情被背叛之后的无助与痛恨、家庭暴力等，大学生不免会积累大量负面情绪，甚至还会产生身体不适。而发生重大创伤性事件后，如果大学生的心理状态被忽视或未得到及时调整，就容易患上各类精神疾病，如选择性遗忘、创伤后应激障碍。

（四）自身因素

大学生自身的外貌、能力、心理承受力、性格等自身因素毫无疑问会影响大学生的心理健康，但这也证明了大学生可以有更多的选择，如选择自己面对挫折、面对失意时应该采取怎样的态度，怎样通过自己的自主意识确定自己是否该受到某类因素的影响，或者应该如何改变某些不利影响对自己的心理健康发展带来的危害。实际上，大学生完全可以通过自我调控，将自己的心理往积极健康的方向引导。

任务二 认识常见的大学生心理困惑

大学生的身心正处于向成熟过渡的阶段，其心理会更加敏感、复杂，容易受到不同因素的影响，产生各种心理困惑。当前大学生的心理健康问题常涉及生活、就业、恋爱、社交等多个方面，常见的大学生心理困惑主要有以下 5 种类型。

扫码看微课

一、适应性困惑

案例

在热火朝天的军训之后，李珂在劳累之余觉得自己真是难以适应学校的生活，学校不仅没有热水器，只能去公共澡堂排队洗澡，而且大一新生每天早晨六点半还需要跑早操，至少跑 2000 米。除此之外，学校周一到周五晚上 11 点还会断网、断电，而入睡之后，李珂有时还会被说话声或吵闹声惊醒。在新的班级、新的学习环境下，李珂也总因为同学的优秀觉得自己低人一等，有些自卑，他总是怀念过去的成就与风光，难以面对新生活。李珂认为大学在各方面都有让他烦恼的地方，和他想象的大学生活完全不一样，因此萌生了退学的念头。

点评：李珂面对的问题实际上就是适应大学生活的问题，上大学之后，大一新生难免会有类似的烦恼，这是不可避免的。但有的大学生适应能力强，能很快融入新生活；有的适应能力弱，很容易产生各种心理困惑。面对适应性困惑，大学生可以选择向同学倾诉，参考对方的建议，同时也要积极开解自己，或通过其他事情转移对新生活的不适应感。

适应性问题在大一新生中表现得最为突出。大学生通常来自全国各地，其家庭环境、教育环境、学习基础和成长经历等各不相同，和同学相处需要经过一段时间的磨合。而且到了大学之后，大学生在自我认知、同学交往、生活环境等各方面都面临着全新的挑战。由于目前大学生的自理能力、适应能力和调整能力普遍较弱，所以大学生的适应性困惑广泛存在。常见的大学生适应性困惑包括：思念家人，频繁向父母哭诉自己的不适；思念朋友，觉得自己孤苦无依，异常孤独；失眠、抑郁，焦灼地等待放假的日子；厌学、彷徨、不知道干什么；产生各种不满，只想休学、退学等。要解决适应性困惑，大学生可以采取以下措施来缓解自己的不适心理。

- **树立新的目标**。大学生入学后可以确定新的目标，进行角色定位，如决定成为什么样的人，这种做法有助于其快速融入新的环境。
- **认识新朋友**。很多人是到一个完全陌生的地方上大学，由于缺乏安全感和归属感，难免不适应。如果大学生结识了新的朋友，获得了新的支持，那么对其心情的缓解和新环境的适应都有帮助。
- **寻找途径倾诉**。对新生活的不适可能会使大学生情绪焦虑、不满，大学生可以选择将自己的苦恼向亲人、朋友、老师、同学或心理咨询师诉说，缓解自己的心理压力。
- **积极参与活动**。大学生可以通过参与其他活动转移自己的注意力，同时通过这些实践活动磨炼自己的心境，开阔眼界，并学会克服各种困难、挫折与不适，这样对于新生活的不适也就不会那么强烈了。

二、自我意识困惑

进入大学后，由于理想自我和现实自我的矛盾，许多大学生的自我意识会发生各种改变，如“我是不是就比别人差？”“我觉得我和谁一样，凭什么大家选他不选我？”“我一直都这么优秀，我一定要在人前做到最好！”等，由此产生自卑、嫉妒、虚荣、陶醉等心理，时而低估自己，时而高估自己，对自己不能有比较清楚的认识。这种自我意志未达到统一的状态会使大学生的自我探究能力和对自我矛盾的调控能力减弱，由此产生各种自我意识方面的困惑，甚至产生严重的心理问题。

因此，大学生要注重自我意识的培养。首先，全面、多角度地认识自己，客观评价自己，发现自我，只有打破自我封闭状态，大学生才能真正实现自我；其次，要认可自己，不过度自信也不过度自卑，要相信自我存在的价值；最后，大学生要努力完善自我，调节自己的心态、行为，以谋求全面的发展。

三、人际困惑

大学生在入学后会经历重新结识人，重新建立人际关系的过程。但一方面，由于中学时将重心放在学习上，不少大学生缺乏锻炼人际交往能力的机会，导致其人际交往能力较弱；另一方面，大学生因其所处的年龄阶段而具有的羞怯、敏感、冲动的心理特点，以及不同个体个性特征和待人接物方式、方法的不同，使大学生在人际交往的过程中总会面临各种不同的问题，从而产生困惑、焦虑等心理问题。如何与周围的同学友好相处，建立和谐的人际关系，成了大学生面临的重要挑战。

案例

王倩的堂哥王尚已经大二了，但人际关系还是差得一塌糊涂。他从不主动认识新朋友，上大学一年多，和同学、室友也发生过不少的摩擦。在一次和室友产生冲突之后，他搬到了校外居住，这样，他与室友的关系也越发淡漠了。做课堂作业没有人愿意和他一组，聚会活动大家也不爱叫他。他时常觉得孤独、低落，他想改变这样的局面，又不知道从何下手，他觉得处理人际关系真是让他伤透了脑筋。

点评：王尚明显存在严重的交际障碍，可以看出他的交际状况已经严重影响了他正常的大学生活和心理健康发展。事实上，人是社会动物，良好的社交关系对于人类来说是必不可少的，王尚现在的主要问题是缺乏交往的技巧和行动力。如果下定决心，找准方法，这样的局面可以改变。

大学生在人际交往中，要敢于主动迈出第一步，向别人释放善意，以诚待人，学会倾听，赞扬别人，以真心换真心，往往就能够赢得他人的尊重和喜爱。

小贴士

赞扬并不等于做作地“拍马屁”，而是对他人言行的肯定或适度的夸赞，这其中一定要掌握好度。有些人知道应该适当地夸奖，因此可能会在交往时故意寻找可以夸赞的“点”，反而让谈话显得不自然，这也是不可取的。另外需要注意，赞扬千万不能变成谄媚的恭维或者讨巧，不然在交往中会显得低人一等，也难以让人感觉到自己的真心。

四、恋爱困惑

恋爱问题是大学生倍加关注的热门问题之一。性发育的成熟和学校性教育的薄弱使得很多大学生在对爱情蠢蠢欲动的同时，又会产生种种关于爱情的困惑。例如，因为向往十全十美的爱情而形成的理想爱情与现实爱情的心理落差；总觉得自己缺乏对异性的吸引力，因而不敢大胆表白；表白遭到拒绝后陷入深深的自卑中；遭受失恋而想要报复或者精神抑郁；因为单恋或暗恋茶饭不思；因为求而不得而产生偏激念头；因为恋人与自己价值观的不同而对这段恋情或对恋爱失去信心等。以上都是恋爱中常见的心理困惑。

要解决这些困惑，大学生需要树立正确的恋爱观，学会辩证地思考问题，看到事情的两面性。例如，早到的爱可能会消失，迟到的爱可能才是最适合的“真爱”等，灵活调整心态。大学生的年龄特征决定了其具备年轻而冲动、情绪外化的一部分特点，又因其涉世未深难以更深入、更理智地评判一个人，他们可能只因一点好感就在一起，因小小的争执就分手，或分分合合。对于大学生来说，理智地看待爱情，在爱情中留有自我，做到相互尊重、理解、包容，能够恰当、及时地调整关于恋爱的不良心态或价值取向十分重要。关于恋爱的内容，本书会在项目七进行详细的介绍。

王倩正在听室友陈琦倾诉她的感情烦恼。陈琦说最近有一个一起上公开课的男生对她表示了好感，她觉得这个男生长得清秀干净，气质出众，心里也有几分喜欢，但她十分纠结，总怕爱情的“魔力”对她产生意想不到的伤害。王倩十分疑惑，笑问：“喜欢就可以尝试，不喜欢就拒绝，你这‘魔力’又是什么说法呢？”

陈琦给出了解释，原来陈琦表姐所在的学校曾经发生这样一件事：一个女生和一个男生谈恋爱，双方感情发展很快，女方也对这段恋情全身心投入，陷得很深，但最终被男方无理由分手，女方苦苦哀求无果后，情绪一落千丈，整天待在宿舍，茶饭不思，以泪洗面。终于有一天趁室友上课之时留下一封遗书，吞下了安眠药，想以死解脱，幸发现及时，经抢救脱离了危险。因此陈琦很担心自己要是在恋爱中不知不觉投入太多，会不会也会面临这样的局面。王倩心想：原来是这样，看来谈恋爱也是有风险的啊。

点评：大学阶段很难避免关于爱情的话题，大学生也很容易产生关于爱情的烦恼。陈琦既期待又害怕，一方面是因为她内心有了爱情的萌芽，对人产生了好感，另一方面又因为现实的前车之鉴，她对爱情产生了退避心理。这归根结底在于陈琦缺乏正确的恋爱观，她应该正视爱情，勇敢去爱。但在此之前，她也需要确定自己是否真的想要开始这段感情，如果是真心喜爱就可以接受，但如果只是因为对方表达了好感，自己无明显倾向，那就需要慎重考虑。恋爱需要双方认真经营，只有这样，才是成熟的爱。爱情也并不都是卑微的、不圆满的，如果恋爱双方都能摆正自己的位置，都有正确的恋爱观，那么陈琦所惧怕的局面也不会出现。

五、就业压力困惑

就业方面的困惑往往出现在高年级的大学生中，这类大学生通常面临着职业选择，他们会思考自己的专业发展方向在哪里、专业对口的领域有哪些、怎样的技能是现在市场所需要的、该就业还是考研、该找什么类型的单位或企业、求职成功的概率有多大等问题。对于大学生而言，经过几年的学习之后，他们总希望自己能找到一份满意的工作，他们会考虑个人理想、收入、社会声望、工作条件、发展前途等因素，而如今社会竞争激烈，用人单位的要求也越来越高，加之很多大学生在校时较少参与社会实践，与社会接触少，因此不少大学生在实习时或毕业后会因为对自己找的工作并不满意，或工作与自己的想象差距太大，从而产生心理落差，觉得失落、彷徨和焦虑。这些都是大学生就业压力导致的问题。

大学生对于就业一般处于纸上谈兵阶段，为了之后能更好地解决就业问题，适应社会，大学生应该在大学阶段就尽量参与各种社会实践，培养核心能力。大学生也要考虑自己毕业后的发展方向，做好职业规划，同时根据自己的职业倾向和个性，详细分析自身的优缺点和上升空间，结合各方面因素为自己制订长远的职业发展目标和当前的发展计划，并一步步实施。

任务三 识别大学生异常心理和心理疾病

在各种压力和环境因素的作用下，大学生难免会因为某些负面情绪或不适症状，出现各种异常心理和心理疾病。如果大学生能够正确认识自己的异常表现，就能够快速调整心态，使心理健康发展。

一、一般性异常心理的征兆

当一些心理疾病发生时，很多人会出现一些异常征兆，大学生如果能及时发现这些征兆并有针对性地加以调整，就可以避免其对身心产生更大的损害。心理异常的常见症状包括各种障碍，如感知障碍、思维障碍、注意障碍、智力障碍、记忆障碍、情绪障碍、意志行为障碍、与应激相关的障碍以及其他各种生理、心理障碍等。这些异常心理反映在具体的个体身上，会表现出以下征兆。

扫码看微课

- **分神**。分神是指心理活动能够有选择地指向一定事物，却难以稳定地集中于该事物的注意失调。它通常表现为心神不能集中于应该集中的事物上，常发生在对自己有特定意义或重要意义的活动中。
- **自言自语**。很多人在感到压力的情况下，可能会无意识地自言自语，或哭或笑。这种情况可能是人格异常的表现，如精神分裂症，所以大学生需对这种情况加以重视。
- **记忆的减退、增强、遗忘或错构**。记忆减退主要表现为记忆的识记和再认功能减退、回忆发生困难、识记内容不能有效保持或保持容量明显减少的记忆失调；记忆增强多指一种病理性的增强，如将病前不能且不重要的事回忆起来；记忆遗忘是仅限于某一时间或某件事不能回忆；记忆错构则是指将从未发生过的事当成确有其事。
- **孤独**。孤单寂寞的消极心态；莫名的孤寂、烦恼、抑郁。
- **忧郁**。郁郁寡欢、闷闷不乐、自怨自艾、沉默萎靡，给人一种心事重重的感觉；这是弥散性的消极心态，其发生通常具有明显的情景性。
- **期待性焦虑**。因担心即将发生的事情会出现最坏的结局，时刻等待不幸的到来所表现出来的消极心态。这与以前遭受过的打击、受挫、内疚等有关。严重的焦虑还会伴随憋气、心悸、出汗、呼吸困难、尿频等生理不适。
- **暴躁**。在一定场合受到不利于自己的刺激就暴跳如雷的人格表现缺陷。
- **强制性哭笑**。在没有任何外界因素影响的情况下，突然出现不受控、无感染力的面部表情。
- **自卑**。自卑的人通常自我评价过低，会因自愧无能而丧失自信，并具有自怨自艾、悲观失望等情绪体验的消极心理倾向；自卑多在多次失败的体验后产生，与自我排斥是不同的。
- **多疑**。神经过敏、疑神疑鬼的消极心态。多疑一旦形成就比较顽固，这是导致偏执性人格障碍的温床，与猜疑是不同的。

- **感情迟钝**。对一般能引起鲜明情感反应的事表现得非常平淡，缺乏感情反应。而遇到与自身利益相关的事时仍然漠不关心则属于情感淡漠。

小贴士

若在情感上表现出与现实刺激不相称的情感反应，如该愤怒生气反而喜笑颜开、全不在乎，则是较为严重的情感障碍的表现。

- **空虚**。百无聊赖、闲散寂寞的消极心理；不思进取、无所事事。
- **心理疲劳**。由心理、精神上的原因导致的无精打采、懒散无力，使反应速度、灵活性和准确度降低的心理机能消极状态。

二、大学生常见的心理疾病及应对措施

心理疾病是指个体心理功能紊乱，并影响个体社会功能或使个体感到痛苦的心理异常症状，又被称为心理障碍或精神障碍。有些大学生可能会存在这样的情况：不知道为什么，我就是害怕和人交谈，不想与人过多接触；我经常焦躁、不安，睡眠也不好；我觉得医生并没有诊断出我的病，因为很多病在前期是很难被发现的，我的肚子这么疼，肯定是得阑尾炎了……这些有的是正常的现象，但有些却是心理疾病的征兆。长久以来，心理疾病都危害着大学生的心理健康，影响他们正常的生活体验，甚至严重威胁大学生的生命。大学生应当了解常见的几种心理疾病，自我排查，及时发现自己的问题，并掌握正确的应对方法。

案例

陈怡认为自己是个“怪人”，她总是过于害羞，从不多与人讲话，与人讲话时不敢直视对方，眼神躲闪，像做了亏心事；一说话脸就很红，心怦怦地跳，浑身起鸡皮疙瘩，好像全身都在发抖；平时也不愿与班上的同学接触，总是低着头。她觉得自己沉默寡言，总是显得格格不入，别人肯定会认为自己是个“怪人”，都讨厌自己。

她尤其怕接触男生，只要有男生出现，她就会不知所措。对老师也害怕，上课时，只有老师盯着书本或黑板时她才不紧张。只要老师面对学生，她就不敢朝黑板方向看。老师抽她回答问题时，她也常常因为紧张做出一些牛头不对马嘴的回答。更糟糕的是，她现在在亲友、邻居面前说话也不自然了。由于这些毛病，陈怡极少去社交场所，也很少与人接触。她曾试图克服这个怪毛病，也看了不少心理学科普图书，按照社交技巧指导自己，用理智说服自己，但都没有明显的效果。然而，同寝室的穆瑶却并不觉得陈怡

有什么问题，只是觉得她性格比较内向、腼腆。陈怡在发现自己不能克服心理障碍后咨询了心理医生，以寻求专业性的帮助。

点评：陈怡在意识到自己的问题后积极寻求解决办法，甚至寻求专业的心理治疗的做法是非常值得肯定的。通过陈怡的内心剖白，可以看出她的症状比一般的内向性格表现得更加严重，可能是她成长经历和性格的双重影响导致了这一情况。而且她过度的内心想象也可能让她忽视老师、同学对她的正面评价，沉浸在自己的世界里，这就是可能有心理障碍或疾病的表现。

（一）大学生常见的心理疾病

心理疾病主要表现为一个人在情绪、观念、行为、兴趣、个性等方面出现一系列的失调时，它对个体正常的生活、学习都会带来不利影响。下面将主要介绍神经症、双相情感障碍、精神分裂症、人格障碍等常见的心理疾病的症状及危害，以提高大学生的心理健康保护意识，使他们能更好地识别和干预心理疾病。

1. 神经症

神经症又称神经官能症，它是强迫症、焦虑症、恐怖症、神经衰弱等一系列精神障碍的总称，是因大脑机能暂时失调造成的心理异常，其特征为持久的心理冲突，会造成个体注意力不集中、情绪波动大、睡眠出现障碍以及躯体不适等症状。神经症主要有以下 7 种病症。

（1）强迫症

强迫症是以强迫观念、强迫动作为主要表现的一种神经症，指的是患者自知没有必要或不合理，但仍难以控制或克服自己的想法、情绪或行为。强迫症患者大多对自己的言行有所认知却不能加以控制，因此会长期处于极端的苦恼之中，这样的病症会严重影响大学生正常的学习效率。常见的强迫症症状包括强迫怀疑、强迫回忆、强迫洗手、强迫性仪式动作、强迫计数等。

（2）抑郁症

抑郁症是大学生中常见的一种心理障碍，主要表现为情绪低落、绝望、孤独、忧郁、自卑、缺乏食欲、睡眠不足等症状。抑郁症患者通常会在遭受精神刺激后发病，陷入难以排解的抑郁心境，丧失生活乐趣，对前途失去希望，把外界的一切都看成“灰暗色”。长期的忧郁状态会导致思维迟钝、失眠、乏力、胸闷等症状，严重的还会产生自杀的念头或行为，严重危害个体身心健康。

（3）疑病症

疑病症指的是个体过分关心自身健康，并担心自己某个脏器患有臆想的某种难以治愈的疾病。即便医学检查或医生给出其没有患相应疾病的医学解释也不能打消其顾虑。这种病症的患者常常会把身体一些正常的感觉认为是身体出现了问题，把一些身体不适认为是患上了难以治愈的疾病，因为具有这种心理，所以此类患者常常感到紧张、焦虑、心情不佳。

（4）焦虑症

焦虑情绪分正常焦虑和病态焦虑，正常焦虑会起到积极的作用，病态焦虑则会影响正常的生活和学习。焦虑症患者常感到无明显原因、无明确对象、游移不定、范围广泛的紧张和不安，经常提心吊胆却又说不出具体原因，常会过分关心周围事物，注意力难以集中，甚至出现多种形式的躯体不适，从而影响正常的工作和学习。

焦虑测量

表 1-1 为广泛性焦虑自评筛查量表（GAD-7），该表可用于测量测试者当下的焦虑水平。请综合你过去两周的情况，回答你在生活中是否出现过以下症状，其频率是多少，再在符合你情况的选项的数字前打“√”，数字即相应的分数。最后根据得到的总分可测量出你目前的焦虑水平。

表 1-1 广泛性焦虑自评筛查量表（GAD-7）

症状	没有	几天	一半以上时间	几乎天天
感觉紧张、焦虑或急切	0	1	2	3
不能停止或控制担忧	0	1	2	3
对各种各样的事情担忧过多	0	1	2	3
很难放松下来	0	1	2	3
由于不安而无法静坐	0	1	2	3
变得容易烦恼或急躁	0	1	2	3
感到似乎将有可怕的事情发生而害怕	0	1	2	3

总分 =____ +____ +____ +____ = ____

表 1-2 为广泛性焦虑自评筛查量表（GAD-7）计分规则，需要注意的是，心理测试只是一种较为科学的评估方式，并不能绝对反映测试者的心理状况。测试者不能完全信任测试结果，但也不能忽视其起到的参考提醒作用。

表 1-2 广泛性焦虑自评筛查量表（GAD-7）计分规则

总分	诊断结果	建议
0 ~ 4 分	没有焦虑症	注重自我保护
5 ~ 9 分	可能有轻微焦虑症	建议咨询心理医生或心理医学工作者
10 ~ 14 分	可能有中度焦虑症	最好咨询心理医生或心理医学工作者
15 ~ 29 分	可能有重度焦虑症	一定要看心理医生或精神科医生

（5）癔症

癔症起病急，可表现出多种多样的症状，如内脏器官的植物性神经机能失调以及心理感觉和运动机制障碍，患者常有抽搐、头痛、胸闷、心烦、肢体震颤、面肌抽动等多种不同反应。癔症的发病机制尚不完全清楚，但患者在临床上可能会出现情感爆发、双重和多重人格、分离性遗忘等分离症状，以及痉挛和运动、听觉、感觉障碍等多种转换症状。具体的诊断和治疗需要去正规的医院进行。

（6）恐怖症

恐怖症是指对某些人、事或特殊情境产生十分强烈的恐惧、紧张心理，并主动采取回避的方式来消除这种不安。常见的恐怖症有社交恐惧症、场所恐惧症、动物恐惧症以及对黑暗、雷雨、密闭空间、高处的恐惧等。

（7）神经衰弱

神经衰弱的人通常是因为工作、感情和生活方面受到打击或压力，从而感到悲伤、失眠、头痛等；另外，性格较敏感以及生活安排不恰当、不规律的人也可能会因为神经功能的过度紧张出现神经衰弱的现象。神经衰弱的常见表现为易激动、易伤感、情绪不稳定，容易疲劳、体乏、失眠，对外界声音、光亮刺激敏感，以及全身肌肉酸痛、肢体麻木等躯体不适症状。

小贴士

许多神经症都会导致睡眠障碍，但失眠症与神经症并不相同。失眠症以失眠为唯一症状，主要表现为入睡与再次入睡困难、睡眠不深、易醒和早醒，并伴有因失眠造成的焦虑、抑郁等情绪，且失眠症的症状会随着睡眠状况的改善而缓解。而神经症则是失眠、焦虑、恐怖等皆为主要症状，情况也比失眠症更加令人痛苦。

2. 双相情感障碍

双相情感障碍也被称为躁郁症，指的是既有轻躁狂或躁狂发作又有抑郁发作的一类疾病。有双相情感障碍的人，其心情就像坐过山车。躁狂期间症状轻者会思维敏捷、自信阳光、喜爱社交，觉得浑身充满了力量，而症状加重，躁狂发作之后，患者的精神就会异常兴奋，整日忙碌，易怒、过分自信、言语夸大，做事不计后果，甚至出现妄想、幻觉等症状；抑郁期间则表现出抑郁症的症状，如情绪低落、悲观、厌世等。这种疾病需要定期服药控制，也可搭配心理辅导进行治疗。

3. 精神分裂症

精神分裂症是一种精神性疾病，是以基本个性的改变，显著的思维、情感、行为障碍，精神活动与环境的不协调为主要特征的一类常见的精神疾病。其典型表现是思维散漫、思维破裂，情感、行为反应幼稚，可能伴有片段的幻觉、妄想。早期的精神分裂症常表现为性格的改变、情绪的反常、行为动作的异常以及失眠、头痛、生理期紊乱等生理不适症状。

4. 人格障碍

人格障碍主要指个体明显偏离正常且根深蒂固的行为方式，是行为的适应不良的症状，一般患者的人格会在内容上、质上或整个人格方面表现异常。人格障碍包括偏执型人格障碍、表演型人格障碍、依赖型人格障碍、回避型人格障碍、反社会型人格障碍等多种类型。这部分内容在项目三会详细介绍。一般来讲，人格障碍的形成原因是多样的，既可能是某种先天素质的缺失，也可能是后天不良环境的影响。人格障碍一旦形成，很难改变，但如果大学生能积极治疗，加强自我调适，也可以纠正人格障碍。

（二）心理疾病的应对措施

心理疾病的诊断是较为复杂和困难的，大学生不能在某些途径了解到一些心理疾病的症状就对号入座，这种盲目的自我诊断的做法是非常不明智的，尤其是神经症和人格障碍的诊断，更需要向专业的心理咨询师或者心理医生咨询。心理疾病的诊断是一项专业性很强的工作，而且心理正常与不正常的划分与判别也受文化环境的影响，并不是绝对的。因为在某种环境下，可能某种做法或心理表现是异常的，但在另一种环境下，反而是正常的表现。所以大学生要注意不要对自己的心理状况妄下结论。

另外，心理疾病都会有一些征兆，因此，大学生如果认为自己存在心理病病的征兆，可以向朋友或者其他前辈咨询，或到心理咨询室寻求帮助，及时进行心理疏导；如果心理问题比较严重，可以咨询专业的心理医生或精神科医生，以便对症下药。

走出亚健康

亚健康位于健康与疾病之间，现多指机体无明显疾病，但主观上具有许多不适的心理体验和症状表现的现象，这是一种非病非健康的状态，因此又被称为第三心理状态、次健康或灰色状态等。当代很多人都有亚健康的症状，有关调查显示，在世界卫生组织的调查中，全世界大约有 75% 的人处于亚健康状态，而国内某网站曾报道，根据世界卫生组织关于健康的定义，中国有 70% 的人群处在亚健康状态，即很多人无特殊疾病，但在心理上有压力和痛苦。这种症状也被国内部分学者称为“慢性疲劳综合征”，这种心理状态严重影响着人们的心理和生活质量。

亚健康主要体现在躯体性亚健康状态、心理性亚健康状态和社会性亚健康状态 3 个方面：躯体上表现为疲劳无力、精神萎靡、睡眠紊乱、免疫力低下等症状；心理上表现为急躁易怒、焦虑不安、郁郁寡欢、短期记忆力下降等表征；社会性上表现为社会适应能力下降，心理差距变大，工作、学习、生活困难，人际不和谐等状态。若放任自己处于亚健康状态，其可能就会往疾病方向发展。

心理学家吴静吉为此提出了 12 条建议，以帮助现代人尽快走出亚健康的状态。其内容如下。

（1）重视快乐的价值。

（2）诚实待己、怡然自处。

（3）不庸人自扰、拒绝杞人忧天。

（4）抒发压抑感受、清理消极问题。

（5）培养积极乐观的思考模式。

（6）掌握此时此刻的时空。

（7）确定生活目标，有组织、有计划地完成。

（8）降低期望水平、放缓冲刺脚步。

（9）追求人生理想，建立亲密关系。

（10）追求有意义的工作，在工作中发挥创意。

（11）尊重自己，亲近别人。

（12）积极主动，分秒必争。

三、大学生心理健康测量

心理测量是指依据一定的心理学理论，按照一定的操作程序，对人的能力、人格和心理健康等心理特性和行为确定出一种数量化的价值。对大学生进行相关测量，可以有效了解大学生的心理健康状况。

常见的心理测量方法既包括各类心理测试量表，也包括观察法、问卷调查法、实验法、访谈法等测量方法。其中，问卷调查法和心理测试量表的使用在大学生群体中较为广泛，尤其是目前，各类国内外经过修订的心理测试量表已被运用到不少领域中，大学生可自主或在专业人士的指导下进行测量。绝大多数的有关心理健康状况的调研使用的是症状自评量表 SCL-90，此外还有一般健康问卷（GHQ-20）、心理健康诊断测验（MHT）、贝克抑郁自评问卷（BDI）、焦虑自评量表（SAS）、抑郁自评量表（SDS）、汉密顿焦虑量表（HAMA）、Sarason 考试焦虑量表（TAS）等。

随堂活动

心理健康状况测量

下列问题皆出自症状自评量表 SCL-90，该量表是世界上最有名的心理健康测试量表之一，也是当前使用最为广泛的精神障碍和心理疾病门诊检测量表之一。请测试者根据自己最近一周的状况，真实地回答以下问题。（需注意：答案并没有正误之分，请尽量快地选出最符合自己当前状况的答案。其中，“从无”计 1 分，“轻度”计 2 分，“中度”计 3 分，“偏重”计 4 分；“严重”计 5 分）

1. 头痛。	1	2	3	4	5
2. 神经过敏，心中不踏实。	1	2	3	4	5
3. 头脑中有不必要的想法或字句盘旋。	1	2	3	4	5
4. 头晕或晕倒。	1	2	3	4	5
5. 对异性的兴趣减退。	1	2	3	4	5
6. 对旁人求全责备。	1	2	3	4	5
7. 感到别人能控制您的思想	1	2	3	4	5

8. 责怪别人制造麻烦。	1	2	3	4	5
9. 忘性大。	1	2	3	4	5
10. 担心自己的衣饰及仪态。	1	2	3	4	5
11. 容易烦恼和激动。	1	2	3	4	5
12. 胸痛。	1	2	3	4	5
13. 害怕空旷的场所或街道。	1	2	3	4	5
14. 感到自己的精力下降，活动减少。	1	2	3	4	5
15. 想结束自己的生命。	1	2	3	4	5
16. 听到旁人听不到的声音。	1	2	3	4	5
17. 发抖。	1	2	3	4	5
18. 感到大多数人都不可信任。	1	2	3	4	5
19. 胃口不好。	1	2	3	4	5
20. 容易哭泣。	1	2	3	4	5
21. 同异性相处时感到害羞、不自在。	1	2	3	4	5
22. 感到受骗，中了圈套或有人想抓住您。	1	2	3	4	5
23. 无缘无故地突然感到害怕。	1	2	3	4	5
24. 自己不能控制地大发脾气。	1	2	3	4	5
25. 怕单独出门。	1	2	3	4	5
26. 经常责怪自己。	1	2	3	4	5
27. 腰痛。	1	2	3	4	5
28. 感到难以完成任务。	1	2	3	4	5
29. 感到孤独。	1	2	3	4	5
30. 感到苦闷。	1	2	3	4	5
31. 过分担忧。	1	2	3	4	5
32. 对事物不感兴趣。	1	2	3	4	5
33. 感到害怕。	1	2	3	4	5
34. 您的感情容易受到伤害。	1	2	3	4	5
35. 旁人能知道您的私下想法。	1	2	3	4	5
36. 感到别人不理解您、不同情您。	1	2	3	4	5
37. 感到人们对您不友好，不喜欢您。	1	2	3	4	5
38. 做事必须做得很慢，以保证做得正确。	1	2	3	4	5
39. 心跳得很快。	1	2	3	4	5

40. 恶心或胃部不舒服。	1	2	3	4	5
41. 感到比不上他人。	1	2	3	4	5
42. 肌肉酸痛。	1	2	3	4	5
43. 感到有人在监视您、谈论您。	1	2	3	4	5
44. 难以入睡。	1	2	3	4	5
45. 做事必须反复检查。	1	2	3	4	5
46. 难以做出决定。	1	2	3	4	5
47. 怕乘电车、公共汽车、地铁或火车。	1	2	3	4	5
48. 呼吸有困难。	1	2	3	4	5
49. 一阵阵发冷或发热。	1	2	3	4	5
50. 因为感到害怕而避开某些东西、场合或活动。	1	2	3	4	5
51. 脑子变空了。	1	2	3	4	5
52. 身体发麻或刺痛。	1	2	3	4	5
53. 喉咙有梗塞感。	1	2	3	4	5
54. 感到前途没有希望。	1	2	3	4	5
55. 不能集中注意力。	1	2	3	4	5
56. 感到身体的某一部分软弱无力。	1	2	3	4	5
57. 感到紧张或容易紧张。	1	2	3	4	5
58. 感到手或脚发重。	1	2	3	4	5
59. 想到死亡的事。	1	2	3	4	5
60. 吃得太多。	1	2	3	4	5
61. 当别人看着您或谈论您时感到不自在。	1	2	3	4	5
62. 有一些不属于您自己的想法。	1	2	3	4	5
63. 有想打人或伤害他人的冲动。	1	2	3	4	5
64. 醒得太早。	1	2	3	4	5
65. 必须反复洗手、点数。	1	2	3	4	5
66. 睡得不稳、不深。	1	2	3	4	5
67. 有想摔坏或破坏东西的想法。	1	2	3	4	5
68. 有一些别人没有的想法。	1	2	3	4	5
69. 感到对别人神经过敏。	1	2	3	4	5
70. 在商店或电影院等人多的地方感到不自在。	1	2	3	4	5
71. 感到做任何事情都很困难。	1	2	3	4	5

72. 感到一阵阵恐惧或惊恐。	1	2	3	4	5
73. 感到在公共场合吃东西很不舒服。	1	2	3	4	5
74. 经常与人争论。	1	2	3	4	5
75. 单独一人时，神经很紧张。	1	2	3	4	5
76. 认为别人对您的成绩没有做出恰当的评价。	1	2	3	4	5
77. 即使和别人在一起也感到孤单。	1	2	3	4	5
78. 感到坐立不安、心神不定。	1	2	3	4	5
79. 感到自己没有什么价值。	1	2	3	4	5
80. 感到熟悉的东西变得陌生或不像真的。	1	2	3	4	5
81. 大叫或摔东西。	1	2	3	4	5
82. 害怕会在公共场合晕倒。	1	2	3	4	5
83. 感到别人想占您的便宜。	1	2	3	4	5
84. 为一些有关性的想法感到苦恼。	1	2	3	4	5
85. 您认为应该因为自己的过错而受到惩罚。	1	2	3	4	5
86. 感到要很快把事情做完。	1	2	3	4	5
87. 感到自己的身体有严重问题。	1	2	3	4	5
88. 从未感到和其他人很亲近。	1	2	3	4	5
89. 感到自己有罪。	1	2	3	4	5
90. 感到自己的脑子有毛病。	1	2	3	4	5

这 90 个项目主要用于检测躯体化、强迫症状、人际关系敏感、抑郁、焦虑、敌对、恐怖、偏执、精神病性及其他等 10 个因子，用于评定个体在感觉、情绪、思维、行为、生活习惯、人际关系、饮食睡眠等方面的心理健康状况。

统计指标：

该测量表的统计指标分为总分和因子分两项。

（1）总分

- 总分为 90 个项目的单项分相加之和，能反映测试者的心理健康程度。
- 总均分（总症状指数）= 总分 ÷90，用于表示测试者自我感觉处于 1 ~ 5 分的哪一个分值程度上。
- 阳性项目数是指单项分在 2 ~ 5 分的项目数，表示测试者在哪些项目有"病症"。
- 阴性项目数指单项分等于 1 的项目数，表示测试者在哪些项目无"病症"。
- 阳性症状均分 =（总分 — 阴性项目数）÷ 阳性项目数，表示测试者在"有症状"项目中的平均得分，反映测试者自我感觉不佳的项目和其严重程度究竟介于哪个范围。

（2）因子分

因子分 = 组成某一因子的各项目总分 ÷ 组成某一因子的项目个数，通过因子分可了解其症状分布特点。下面介绍不同因子的测量分布情况。

①躯体化：包括 1、4、12、27、40、42、48、49、52、53、56 和 58，共 12 个项目。该因子主要反映主观的身体不适感。

②强迫症状：包括 3、9、10、28、38、45、46、51、55 和 65，共 10 个项目，反映临床上的强迫症状群。

③人际关系敏感：包括 6、21、34、36、37、41、61、69 和 73，共 9 个项目。主要指某些个人的不自在感和自卑感，尤其是在与其他人相比较时更突出。

④抑郁：包括 5、14、15、20、22、26、29、30、31、32、54、71 和 79，共 13 个项目。反映与临床上的抑郁症状群相联系的广泛的概念。

⑤焦虑：包括 2、17、23、33、39、57、72、78、80 和 86，共 10 个项目。指在临床上明显与焦虑症状群相联系的精神症状及体验。

⑥敌对：包括 11、24、63、67、74 和 81，共 6 个项目。主要从思维，情感及行为 3 个方面反映患者的敌对表现。

⑦恐怖：包括 13、25、47、50、70、75 和 82，共 7 个项目。恐怖主要涉及广场恐怖和社交恐怖等，前者表现为害怕空旷场所，后者则是害怕与人交往，不愿到人群密集的场所。

⑧偏执：包括 8、18、43、68、76 和 83，共 6 个项目。主要是指猜疑和关系妄想等。

⑨精神病性：包括 7、16、35、62、77、84、85、87、88 和 90，共 10 个项目。其中幻听、思维播散、被洞悉感等是反映精神分裂症症状的项目。

⑩其他：19、44、59、60、64、66 和 89，共 7 个项目，主要反映睡眠及饮食情况，并未归入上述因子中，可将这些项目归于第 10 类因子中，以使各因子分之和等于总分。

评分标准：

①总分超过 160 分或阳性项目数超过 43 项（43 项 2 分以上的项目）的，表示可能有心理问题。

②因子分≥ 2 分的，2~2.9 分为轻度，3~3.8 分为中度，3.9 分及以上为重度，一般超过 3 分的，需重视自己的心理健康，并适当寻求专业的心理帮助。

任务四 掌握增进大学生心理健康的途径

进入大学之后，来自学习、人际交往、恋爱、生活等多方面的问题可能会让大学生产生不适应、困扰、疲惫等感觉。因此，学会调整自己，培养积极、健康的心态去适应现实生活是每个大学生都面临的问题。要想让大学生更主动地接受未来几年甚至更长远的来自生活的挑战，形成健康的心理品质，就需要大学生掌握科学的、促进心理健康发展的方法。

一、建立心理防御机制

心理防御机制最早由精神分析家弗洛伊德提出，他认为，人格包括本我、自我和超我 3 个部分。其中：本我代表人最为原始的、本能的冲动和欲望；自我是从本我中分化出来的，位于本我和超我

之间的中间层，用于调节两者的冲突，主要是按“现实原则”行事；超我则是伦理道德化之后的“我”，其受限于法律和规则，是妨碍本我满足的。而心理防御机制是自我在受到超我、本我和外部世界的压力时，发展出的一种机能，主要是用来减轻心理矛盾，调解或缓和冲突对自身的威胁，从而达到现实允许、超我接受、本我满足的一种心理状态。

有些心理防御机制可以保护人的身心健康，如转移、幽默、补偿，但有些却对人的身心健康发展不利；有些从短期来看，对保护自我非常有效，但并不适合长期利用。心理防御机制主要可分为5类，分别是逃避性防卫机制、自骗性防卫机制、攻击性防卫机制、代替性防卫机制和建设性防卫机制，如表1-3所示。大学生可以通过对心理防御机制具体内容的了解，建立起属于自己的健康的心理防御机制，解决自己的心理问题。

表1-3 心理防御机制的分类

分类	具体类别	说明
逃避性防卫机制	压抑	指主动，将痛苦的记忆和冲动等排斥在意识之外，以防御焦虑。但若长期压抑，不进行合理发泄，也可能使人罹患各种心理疾病
	否定	这是一种简单原始的防御机制，指当作不愉快的事未发生或借扭曲现实来逃避痛苦，以此获得暂时的心理安慰，如“眼不见为净”等心理
	退行	指回到较早的功能状态或做出幼稚行为，借此使自己获得安慰的一种心理防御机制。例如，面对不愿接受的事实，以滚地、大哭大叫来逃避现实
	潜抑	指把不能被意识接受的念头、感情和冲动不知不觉地抑制到潜意识中去。例如，收到负面的消息，会下意识想遗忘
自骗性防卫机制	反向形成	指对内心不能接受的、不愉快的情绪、体验进行压抑，并用与其相对立的另一种倾向表现出来。例如，内心十分暴躁，想发泄情绪，但外在反而表现得格外温和、柔善
	合理化	指用有利于自己或似乎有理但实际站不住脚的理由对自己失败的、不符合社会规范的行为、动机进行掩饰或辩解，以为自己寻得心理解脱。例如，“吃不到葡萄说葡萄酸”的行为或“甜柠檬”心理
	仪式与抵消	指个体有意或无意犯错之后，尤其是事涉无辜之后会有自责、愧疚的情绪，这时用另一件事情来抵消已经发生的不愉快的事，以消除心理上的不愉快。例如，玩了几个小时手机之后，会马上看书学习，虽然可能只看10分钟
	隔离	指将不愉快的部分事实加以意识上的隔离，以避免由此引发的焦虑不安，如用“仙逝”替代“死”
	理想化	指将矛盾的情感分割为好、坏两个部分，仅对好的那部分进行进一步的加工处理，如将恋爱对象理想化
	分裂	指个体可能会在不同的环境或生活范畴中出现矛盾或相反的行为。例如，工作或管理时不苟言笑，不近人情；在生活中又常笑脸迎人，贴心周到。在临床上，将严重的分裂形容为人格的分离，即多重人格
攻击性防卫机制	转移	指个体的情感、欲望或态度，因某种原因无法向其对象直接表现，于是把它转移到一个较安全、较为大家所接受的对象身上，以减轻自己心理上的焦虑。正向的转移有“爱屋及乌”，负向的转移有“踢猫效应”

续表

分类	具体类别	说明
攻击性防卫机制	投射	指将自己的某种想法、冲动或欲望投射到别人身上，以逃避自己本该面对的责任，如以小人之心度君子之腹、五十步笑百步等
代替性防卫机制	补偿	指用其他方法来弥补因生理或心理缺陷带来的不适感的一种心理防卫机制，如认为自己没有学习天赋，就专心发展自己的社交能力。补偿可分为消极性补偿、积极性补偿和过度补偿，其中：第一种补偿对个体可能带来伤害，如事业失败就酗酒以减轻痛苦；最后一种补偿方式也很容易带来不良效果
	幻想	指个体通过将自己从现实中剥离来回避问题，如做白日梦等
建设性防卫机制	认同	指个体通过心理上分享别人的成功，增强自信或产生满足感，如狐假虎威
	升华	指把被压抑的不符合社会要求的原始冲动或欲望，用符合社会要求的建设性方式表达出来，如将暴力行为转为讽刺行为
	幽默	指利用幽默化解窘境或紧张的局面，以表面的开心掩饰尴尬的场面或内心的难过。幽默是较成熟和受欢迎的一种防御机制，但过度的幽默下可能隐藏着异常心理

小贴士

甜柠檬心理出自伊索寓言，讲的是一只狐狸因为得不到葡萄只能以柠檬充饥时，将柠檬说成是甜的以获取心理上的安慰。当人们追求预期目标失败时，常采用这样的方法来达到心理的平衡，在一定程度上，这有助于个体排解因为达不到目标而产生的痛苦、不安和紧张的情绪，达到“去痛”的效果。

心理防御机制虽然可以帮助大学生应付一些可能面临的困境，帮助大学生达到心理平衡，但这只是治标不治本，大学生还是应该树立正确的人生观，直面挫折，发现挫折对人生的意义，努力做到在各种难关面前端正心态，以健康成长。

二、了解应对心理问题的科学方法

科学的方法能为行动提供指导，大学生要树立正确的健康观，关注自己的心理健康。一般来说，大学生可从以下方面来强化自己的心理健康意识。

扫码看微课

（一）了解与心理健康相关的知识

大学生要主动学习心理问题、心理健康方面的知识，了解一些心理困惑、异常心理或心理疾病的表现和症状，掌握相对应的调适方法，能对其中的不良部分进行甄别和调节。

（二）养成规律的生活方式

心理健康与生理健康就如一对孪生兄弟，两者密切相关，生理是心理的物质基础，人的生理变化会反映在人的心理上。而科学的生活方式，如劳逸结合、科学用脑、情绪管理、坚持锻炼等能帮助大学生调整心情，同时减缓用脑过度或心理压力过大造成的神经紧绷、免疫力下降、注意力分散与焦虑不安等。在医学领域，人们也发现许多疾病都是直接或间接的心理原因引起的生理病变，因此，人们更要重视生理和心理的健康，通过规律、科学的生活方式调整自己的精神状态。下面介绍两种有助于大学生养成规律的生活方式的方法。

1. 善于管理情绪

情绪的变化对大学生的日常生活有很大的影响，欢乐、愉悦等积极情绪能提高大学生学习的效率和生活的质量，而抱怨、厌倦、愤怒等不良情绪则会起到反作用，使大学生处于一种或低落、或抑郁、或焦虑的情绪中。如果长期陷入负面情绪，不仅会影响大学生的生理健康，诱发疾病，而且会消磨大学生的意志，降低大学生做事的热情和效率。因此，大学生如果发现自己的情绪陷入低谷，就需要采取合适的方法转移或宣泄不良情绪，积极进行自我心理调整或寻找可以倾诉的对象，以保持自身身心健康。另外，积极参加活动、扩大人际交往也能疏解积郁情绪。

2. 做好身体保健

俗话说“身体是革命的本钱”，健康的身体是人生幸福的前提，是事业成功的保障，也是大学生展开正常的学习、生活与工作的必备条件。只有健康的体魄，才能使大学生保持充沛的体力和蓬勃的朝气，才能与心理健康建立正向的联结。做好身体保健可以从以下 3 个方面入手。

（1）均衡饮食

对于大学生来说，暴饮暴食、饮食不规律、减肥节食以及吃得过于油腻等都是不良的饮食习惯，如果对饮食控制不到位，就很容易吃出毛病，如有的大学生因聚餐时过度饮用酒水、过于专注于学习或者起床困难导致少餐、营养不足的现象也时有发生，这些不良饮食行为造成的后果最终都会反映到身体上，如出现胃痛、头痛、精神萎靡等症状，影响大学生的身心健康发展。因此，大学生要规律、均衡饮食，注意营养搭配，养成良好的饮食习惯。

随堂活动

反思饮食习惯

根据你近一周的饮食习惯，填写如下内容。

你惯常食用的早餐：________________________________。

你惯常食用的午餐：________________________________。

你惯常食用的晚餐：________________________________。

你有不吃早餐 / 午餐 / 晚餐的情况吗？原因是什么？你吃夜宵吗？常吃什么样的夜宵？

____

____

你觉得自己的身体和以前相比有什么变化？你的饮食习惯对你的身体有什么影响？

____

____

请为自己设计一份较为合理的三餐安排。

____

____

健康饮食对大学生来说十分重要，通过对自己食谱的分析，大学生可以对自己的不良饮食习惯进行反思，认识不健康饮食的危害，并通过合理的三餐规划，培养良好的饮食习惯，提高身体素质。

（2）健康睡眠

优质的睡眠对身体健康非常重要，睡眠不好对身体的影响是巨大的，如造成免疫力下降，容易感冒、头痛，短期记忆减退，肠胃不适，容易肥胖、衰老、失眠等。一般建议入睡时间在晚上 11 点之前，最晚不要超过凌晨 1 点，睡眠时间保持 8 个小时为宜；可以通过静坐、冥想、阅读等方法帮助自己尽快入睡。

冥想放松训练

找一个安静的地方，盘腿而坐，双手自然放于膝上，或者站立、躺着，重点是找到一个自己觉得舒服的姿势。如果可能的话，保持眼睛睁开，使所有感官都处于开放的状态。想象自己的腹部有一朵正在开放的莲花，当吸气使腹部充满空气时，花朵的花瓣舒展开；当自己呼气时，花瓣则合拢。然后用力呼气，将肺里的二氧化碳给吐出来，再慢慢吸气……跟随自己的呼吸，感受思绪的流动，然后把注意力回归到呼吸上。（注意：有不少人难以感受到这种腹部呼吸，这时可以选择注意自己鼻头最前端的部分，慢慢地就可以感受到腹部呼吸了。）

扩展阅读

助眠技巧

美国睡眠协会于 2017 年发布的“睡眠质量建议”中提出了关于睡眠质量的判断指标，其对优质睡眠提出了如下标准。

（1）能在 30 分钟内入睡。

（2）半夜醒来后，10 分钟内能再次入睡（包括上厕所）。

（3）每晚醒来 5 分钟以上不超过 1 次。

（4）在床上时，有 85% 的时间在睡觉。

但事实上，现在有不少人都存在睡眠障碍，如入睡晚、难以入睡、容易惊梦等，严重影响其睡眠质量。通常情况下，可采取以下方法助眠。

（1）晚上少吃辛辣、油腻食物以及少饮用茶、咖啡等，以免影响睡眠质量。

（2）最好保持稳定的生物钟，在23点之前入眠。

（3）睡前可用45摄氏度温水泡脚15 ~ 20分钟，促进血液循环。

（4）通过拉上窗帘、戴眼罩、调节室内温湿度等手段营造一个较为理想的睡眠环境。

（5）白天可以进行适度运动，以促进入眠。

（6）睡前可以听一些舒缓的轻音乐或通过静坐等放松训练让大脑放空。

（7）避免长时间午睡，15分钟左右的午睡可以提神，但午睡超过半小时会影响晚间睡眠。

（8）远离手机，睡前不将手机带上床。

（9）远离让人情绪波动大的事物，如不玩游戏，不看悬疑片、恐怖片、致郁片，不看喜剧电影或综艺节目等。

（10）如果睡眠长期存在问题，可遵医嘱服用助眠药物。

（3）锻炼身体

锻炼身体是指大学生要进行合理的运动，跑步、骑自行车、瑜伽、快走、游泳等有氧运动都能有效锻炼心肺功能。通过合理的运动加上健康科学的膳食，大学生可以有效缓解心理压力，降低自身紧张与焦虑感，也可以降低患心血管病和癌症的可能性。

有些大学生可能会自己私下练习瑜伽，但需要注意的是，因为个体差异很大，身体的特点也不相同，且瑜伽包含一些头倒立等高难度动作和拉筋动作，稍不注意就会对身体造成严重伤害，如损伤关节、肌肉、韧带等，所以最好寻找专业的教练帮助自己练习瑜伽，以免造成不良后果。

身体训练计划

保持良好的身体训练可以使大学生身心健康、心情愉悦，对工作、学习都有一定的促进作用。大学时光美好而短暂，你会怎样安排自己大学期间的运动计划呢？请你先确定自己的目标，如增强体质、提高健康水平、完善形体、减压养心等，再根据自己的课程表合理安排运动内容，以“周计划”的形式制订属于自己的运动计划，如表1-4所示。

表1-4 身体训练计划

分项		具体内容
训练目标		
训练安排	周一	

续表

分项		具体内容
训练安排	周二	
	周三	
	周四	
	周五	
	周六	
	周日	
替代选项		

训练目标不同，具体可选择的运动形式也不一样，常见的运动形式有跑步、瑜伽、羽毛球、篮球、爬楼梯、游泳、跳绳、太极、啦啦操和其他运动。大学生可将自己的课程和时间结合起来安排，规划好运动项目、运动时间、运动强度、休息时间，同时做好运动记录，包括运动完成度和感想等。另外，如因身体状况或天气、突发事件等不可抗因素需要调整或取消运动计划，可从自己规划的替换选项中选取标好序号的备用方案并进行记录。大学生可借助这种严谨、完备的运动计划，养成坚持锻炼的良好习惯。

（三）适当求助

心理咨询老师具备较深厚的理论功底和生活实践经验，对大学生所面临的心理问题具有较为有效的解答方式和处理技巧。因此，大学生需要以理智、科学的态度对待一切心理问题，同时，在必要时应主动、积极、及时地向心理咨询机构、经验丰富的心理咨询医生或长期从事心理咨询的专业人员和心理咨询老师求助。

随堂活动

测试你的生活方式

新遗传学的观点认为，基因是可控的，且会根据人的选择和行为做出反应，而人可以通过有意识地改变自己的生活方式去改善自己的基因活性，从而影响自己的健康状况。下面是一些生活方式的选择，请在符合你的情况的选项后打“√”，每个选项计1分。

（1）我每天非常忙碌，要完成很多事。（ ）

（2）每天晚上我都感到筋疲力尽。（ ）

（3）我习惯喝一点酒来放松自己。（ ）

（4）即使付出代价，我也要取得成功。（ ）

（5）我睡眠质量差，睡不安稳，每天醒来还是觉得累。（ ）

（6）我每天睡觉前想很多事情，经常感到忧虑。（ ）

（7）我抽烟。（ ）

（8）不知不觉中我的身体已经严重失衡。（ ）

（9）我从不看食品包装上的标签和配料成分。（ ）

（10）我感觉压力过大，但没有采取措施。（ ）

（11）我总是很忙，没有时间让自己平静下来。（ ）

（12）我对食物很不在意。（ ）

（13）我爱吃零食，尤其爱在晚上吃零食。（ ）

（14）我偏胖或者偏瘦。（ ）

（15）我不在意购买的食品是否为有机食品。（ ）

（16）与鸡肉和鱼相比，我更喜欢吃红肉。（ ）

（17）我会在工作、用电脑或看电视时，长时间（接近或超过2小时）坐着不动。（ ）

（18）和10年前相比，我的活动量大大减少。（ ）

（19）我害怕衰老，但没有采取任何养生措施。（ ）

（20）我不太注意自我保健。（ ）

以上内容来自《超级基因：如何改变你的未来》，其测试的是你在超过一半的时间里向自己的基因发送了多少错误信息，而这些错误信息会对你的健康造成影响。若得分少于10分，那么说明你可以继续保持自己的生活方式；若得分在10分及以上，那么就说明你可能面临健康问题；尤其是得分在12分及以上，说明你的生活方式需要改变。你可以扫描右侧二维码，参考对基因组或对身体健康状况有利的生活方式。

有利生活方式

三、激发福流体验

福流最早由美国芝加哥大学心理学家米哈伊发现并提出，他通过对某些画家、作曲家、棋手等在自己的领域有杰出表现的成功人士的研究，发现他们更容易沉浸在自己的工作或活动之中，全神贯注，达到一种忘我的状态，忽视了时间的流逝以及不受外界的干扰。这样的一种状态就被称为“Flow（福流）”。

因此福流被定义为一种最佳的投入体验，其指一个人在自觉自发的前提下，对某一活动或事物表现出浓厚的兴趣，让自己忘我地投入，把自己的优势发挥到极致。在这样的过程中，伴随活动主体的是一种高度的兴奋感和充实感，活动过程中的每一步都是一种沉浸与享受。当人不再关注活动结果，而只重视活动本身与过程的时候，就很容易进入福流状态。

如果大学生在阅读时进入福流状态，那么相比之下，他的状态会比平时更好，过程中的满意度和事后的愉悦感、成就感也会更高。全身心投入的福流体验能帮助大学生提升幸福感，提高工作和学习效率。那么如何激发大学生进入福流状态呢？这可以从以下方面入手。

（一）确定清晰的目标

一个具体、有实际意义的目标可以指导大学生下一步应该如何做，这样大学生才能专注于具体的事情上；而且这个可实现的目标会让大学生产生自信，相信自己能在限定时间内做到，能够既不因为认为目标“遥不可及”而难以投入，也不会过分拖延，能把控好整体节奏，从而真正沉浸其中。

（二）使挑战与能力相匹配

从福流体验中可知：当挑战难度远高于个人能力时，就容易产生挫败感；而挑战难度过低，则会让人丧失斗志，觉得厌倦、无聊。因此，如果大学生面临的挑战和自己的能力能处于一个较为平衡的状态，就更容易进入福流状态。

（三）获取及时的反馈

当人们所做的事情都能得到及时的反馈，如有确定的目标并知道自己的完成效果时，人们就会在心里进行自我判断，并确定下一步的调整和前进方向，这种有意义的反馈，能刺激人们产生强烈的动机。因此，如果大学生在制订计划、设定目标时能获得及时的行动反馈，其将更容易融入行为过程中，充分投入其中，从而进入福流状态。

集训营

1. 你在做什么事情时最容易有福流体验？你会如何运用这种体验来帮助你的生活和学习？

2. 王倩发现同学穆瑶非常爱干净，她每天都会反复洗手，上课或在寝室里学习之前都要擦桌子，偶尔学习一会儿，还要无意识地再擦几遍；她衣柜里的衣服不但叠放得很整齐，而且要按颜色归类。穆瑶却觉得这些是“毛病”，而且这样的“毛病”还有很多。

她平时很怕别人在自己附近打喷嚏或者吐痰，也怕在路上遇上脏东西，每次遇上这些事，她都会远远避开，事后还很忧心，觉得有脏东西落在了自己身上。她平时会反复多次确认寝室门是否关好；有时走在路上还会数树，一旦被打断就会非常烦躁，然后回去重数；自己的步数必须是双数结尾；而且自己书桌上的东西的位置绝不允许变化，书要放左上角，台灯必须放右侧，笔筒必须放在书本的右上角，水杯必须放在台灯灯泡正下方。你认为，穆瑶的这种情况是否正常？你有怎样的建议和看法？

推荐资源

1. 书籍：《少有人走的路》，M. 斯科特·派克著，于海生译。

“一个人必须大踏步前进，实现完整的自我，获得心灵的独立，尊重自我的个性和愿望，敢于冒险进入未知领域才能活得自由自在，使心智不断成熟，体验到爱的至高境界。我们成家立业，生儿育女，绝非仅仅为了满足他人的愿望，放弃真正的自我，我们就无法进入爱的至高境界。至高境界的爱，必然是自由状态下的自主选择，而不是亦步亦趋、墨守成规，不是被动而消极地抗拒心灵的呼唤。”

以上内容选自《少有人走的路》，这是美国心理医生 M. 斯科特·派克写的关于心理学的书，该书在全球范围内持续畅销，给许多迷茫、痛苦的心灵带来了安慰。该书讲述了作者如何灵活运用传统心理分析方法去解决人生中的冲突和难题，并探讨了一些心理现象中比较本质的问题。

2. 电影：《美丽心灵》。

这是一部取材自真实事件的人物传记片，约翰·福布斯·纳什早年就做出了惊人的数学发现并享有国际声誉，但却受到了妄想型精神分裂症的困扰。面对这个曾经击毁了许多人的挑战，纳什应该如何恢复自我，战胜幻觉呢？这个电影给了我们深刻的启示。在现代社会，人们重视科技、理智，却容易忽略心灵的健康，但如果我们能克服心理障碍，拥有健康又美丽的心灵，就能构建美丽人生。

项目二
真实的自己：培养自我意识

02

“知人者智，自知者明”这句从古代流传下来的名言向我们传递了认识自我的重要性。而古今中外，关于认识自我的话题常被探讨，古希腊人将神庙门柱上的“认识你自己”奉为“神谕”，苏格拉底也曾提出“认识你自己”的著名命题。对于当代大学生而言，认识自我象征对智慧的追求、对人生的明悟，所以大学生要注意培养自我意识，通过对自我的探索，拨云散雾，做最好的自己。

本项目学习目标

- 了解自我意识的定义和结构。
- 认识大学生自我意识发展的特点。
- 了解大学生自我意识发展偏差及调适。
- 掌握培养自我意识的方法。

引导案例

衡量你的价值

音频：案例分析

有位大学生在求职时，为自己写了一份详细的价值评估材料，首先，他评估自己的基本价值是1800元，因为自己名校毕业且需要回报父母多年来付出的金钱和情感。其次，因为自己刚毕业缺乏工作技能，所以价值需减500元，但由于自己性格很好，善于交际和沟通，所以性格价值和沟通价值分别可值100元和200元。然后，自己的专业能力强，知识扎实，所以价值可再加500元，但由于经验短缺和稍微缺乏勇气，所以价值需减500元和100元。而自己大学期间一直品学兼优且自律性强，所以价值可再加200元。最后，他认为自己的自省价值还未能体现，所以暂估为零，但自己的求职意愿很强，热情可以让他的工作完成得更加出色，所以价值可以再加500元。综上，他将自己的市场价值评估为2200元。

价值评估也是对自我的一种探索和反省，那么大学生应该如何正确评估自己，提高自我意识呢？扫描右侧二维码，查看案例分析，讨论大学生自我意识的发展。

任务一　发现自我——认识自我意识

人生的发展过程是一个自我探索的过程，因为大学生正处于一个人格完善的重要阶段，有些大学生会有各种关于自我的困惑，如我的目标是什么、我的能力怎么样、我的同学对我的评价是什么等问题，这些其实就是大学生发现自我的一种表现，是大学生认识自我意识的尝试。本任务将开启对自我意识的探索。

一、什么是自我意识

通常，大学生的自我介绍包括我是谁、我的性格如何、我的爱好是什么、我的特长是什么、我有什么样的目标……这些对自我的追问和回答就是大学生自我意识的典型表现。

什么是意识？意识是人脑对刺激的反映，是人脑对客观事物的主观反映。马克思曾经指出：“意识在任何时候都只能是被意识到了的存在。”其中的“存在”，既包括自身的存在和客观世界的存在，也包括自身同客观世界的复杂关系。也就是说，自我意识是指个体对自己的各种生理、心理状况以及对自己与周围世界关系的认识、体验和评价。

根据自我意识的定义，可以发现自我意识包括3个方面的内容，分别是生理自我、心理自我和社会自我，如图2-1所示。

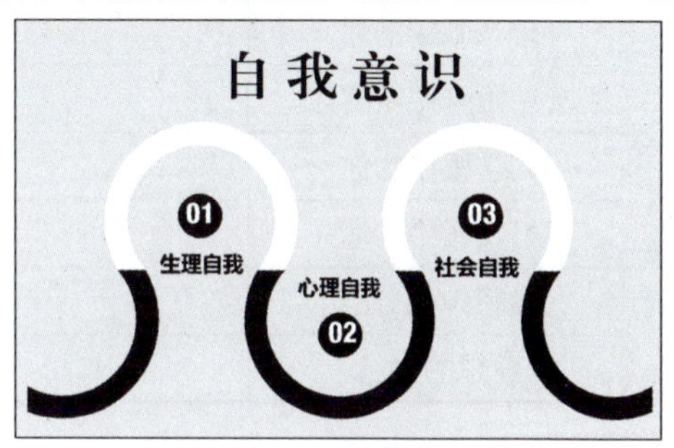

图2-1　自我意识的内容

- **生理自我**。生理自我指对自身生理状态的认识和评价，包括对自己的体重、身高、身材、容貌等生理特征方面的认识以及对自己身体的病痛、饥寒、劳乏等感觉的认识。
- **心理自我**。心理自我是指对自身心理状态的认识和评价，包括自己的情绪、爱好、能力、知识、气质、理想等。
- **社会自我**。社会自我是指对自己与周围关系的认识和评价，包括自己在集体（如班级、家庭、团队、组织）中的地位与作用，以及对自己与他人关系的认知和评价等。

随堂活动　**20个我是谁**

准备一张白纸，边思考边回答“我是谁”这个问题，再将自己的答案工整地写于纸上，至少写出20个答案。在回答问题时，注意要尽量选择能反映自己个性特征的语句。写好后，将其按照心理自我、生理自我和社会自我的标准进行分类，然后以小组为单位相互交流，最后请一位同学作为代表谈谈对于此次交流活动的感受。

相信通过这次活动，同学们能认识一个独特的自己，同时更了解、更理解身边每一个独特的人。

自我意识其实是一种认知心理结构，也是个体发展到一定阶段之后才形成的产物。同时它还是人类特有的一种高级的心理活动。人们可以通过自我意识全方位地认识自我、了解自我、评价自我，从而不断调节和完善自我。

评价你自己

这么多年来，你是否对自己的角色、性格等有清楚的认识？你知道他人眼中的自己吗？别人认为的你和你认为的自己是一致的吗？请你根据自己的感受或观察到的别人对你行为态度的评判，填写表 2-1。

表 2-1　对“你”的评价

问题	描述
父亲眼中的你	
母亲眼中的你	
兄弟姐妹眼中的你	
同学眼中的你	
好友眼中的你	
你眼中的自己	
理想的自己	

扩展阅读

理想自我、现实自我和投射自我

从自我意识的存在方式来看，自我意识可以分为理想自我、现实自我和投射自我 3 种。理想自我是对将来的我的想象，是个体想要达到的比较完美的形象，其通常是比较积极的，常涉及的问题是“我想成为怎样的人”或“我应当成为怎样的人”；现实自我则是个体对现实生活中的我的认识，剖析“我实际上是什么样的人”；投射自我又称“镜中自我”，是指个体想象自己在他人心目中的形象或他人对自己的基本看法。

一般而言，理想自我建立在现实自我的基础上，现实自我和投射自我一致，个体就会产生加快自我发展的倾向；若三者出现矛盾，就会使个体内心混乱，甚至出现严重的心理问题。

二、你对自己了解吗

德国著名诗人、哲学家尼采曾经说过：“离每个人最远的，就是他自己，对于我们自己，我们不是‘知者’”。这让我们不禁反思：我们对自己真的了解吗？

很多人听到人每天眨眼 1 亿多次的时候，都很惊讶，完全没想到自己眨眼的次数可以这样惊人。有这样一个故事，一个心理学老师问自己的学生：“10 秒以内，你们可以鼓几次掌？”很多学生的估算都在 25 次左右。老师便让大家自己去尝试，在 10 秒内尽可能多地鼓掌。结果很多学生的鼓掌次数都达到了 50 次，甚至更多。由此可见，自我意识和实际之间的差异。

大学生在自我意识方面的困惑也不少，很多人只清楚自己的缺点，却忽略了自己的优点。例如，有的大学生因为自己性格腼腆，不大方，容易紧张，就认为自己比别人差，去学生会面试肯定没戏，却忽略了自己可能会因为才艺、性格获得其他人的认可和赞赏；有的同学则可能习惯在集体中占据主导权，希望大家都按自己的想法实施行动，虽然最后的结果确实不错，但可能其他成员会认为其“咄咄逼人”，并且想在下一次的活动中避开你，而自己毫无所知；有的同学则可能会在别人因各种原因陷入困境的时候置身事外。这些情况在大学生的交往活动中时有发生。

拥有自我意识的人会将自己作为一个对象进行反思，善于用旁人的眼光来看自己；同时也能把别人当作自己，将心比心，设身处地地为别人着想。如果这两点都不能做到，那么就说明这个人缺乏自我意识，或者说自我意识不强。下面通过一个随堂活动来帮助大学生了解自己。

拥有自我意识并不等于以自我为中心，所以有自我意识的大学生也要能为别人着想，这样才能避免在自我意识发展过程中产生以自我为中心、自我膨胀或自我苛求等偏差。

你是动物园里的谁

如果需要用一种动物来代表自己，你会是哪种动物？

请各位同学准备好一张卡片（便利贴）和一支笔，然后在准备好的卡片上写下最能代表自己的动物，再以小组为单位，一一亮出卡片，看看动物园里都有谁。组内成员分别介绍自己选该动物的原因，再分别描述该动物的优缺点以及与自己的相似或不同之处。发完言的同学可在发言结束后请求其他成员对自己所说的内容进行补充，以加深对自己的认识与反思。

三、自我意识的结构

从自我意识的结构来看，自我意识可以分为自我认识、自我体验和自我调控 3 个层面。

（一）自我认识

自我认识是指主观自我对客观自我的认知和评价，需要个体在客观自我的基础上做出正确的自我评价，包括自我感知、自我观察、自我概念和自我评价。自我认识主要解决“我是一个什么样的人”的问题，需要大学生分析自我，并用批判的眼光审视自我。

扫码看微课

自我评价是自我意识的核心，是自我认识和自我态度的统一。它指的是个人对自身条件、素质、才能等方面情况的一种判断。大学生对自我的评价将直接影响其学习效能、职业选择、奋斗心、自信心，以及其人际关系的协调和未来的社会适应。正确的自我评价来自直接和间接两种渠道。直接的自我评价要求大学生认识到自己的健康状况、心理情况、专业特长、专业知识等多方面的自然条件，同时通过比较自己不同领域的成绩发现自己的长处；间接的自我评价则要求大学生在与他人的行为和其他情况的比较中发现自我认识的错位，以此更客观地认识自我。

（二）自我体验

自我体验是指主观自我对客观自我所持有的一种情绪体验，包括自爱、自尊、自信、自卑、自恃、自傲、责任感、义务感等情绪，主要解决“我怎么看待自己”“我对自己是否满意”等问题。自我体验反映了主观自我的需要和客观自我的现实之间的关系，如果客观自我满足主观自我的要求，则会产生自我满足和自我价值感；反之则会产生自我责备、自卑等消极的自我体验。

（三）自我调控

自我调控是指个体对自己的意志的控制，是主观自我对客观自我的制约作用。它是个体主观能动性的表现。自我调控主要解决“我该如何改变现状”“我该如何有效地自我调控”等问题。自我调控主要表现在个体能对自己的行为、思想、语言、时间、精力等加以控制，以实现自己的目标。自我检查、自我监督、自我调节和自我追求等都是自我调控的表现。例如，为了体育检测过关，克服睡懒觉的欲望，坚持早起晨跑等。

自我意识的划分

阅读下面这段话，你认为哪些属于自我认识，哪些属于自我体验，哪些又属于自我调控？

“我对我最近的表现比较不满意，因为我最近总是注意力不集中，上课也没精打采，课后也热衷于看综艺节目多过看书，这么看来，离我设定的目标还差很远。我今后一定要严格控制我休闲娱乐的时间，最好是将每天玩乐的时间控制在两个小时以内，多把精力放在学习上，争取获得更好的成绩。”

四、大学生自我意识发展的特点

大学生正处于人生发展的青年期，这时候，其自我意识的发展会出现“分化—矛盾—统一”等不断分化又融合的现象。如果大学生自我意识发展顺利，他们会对自我形成非常明确的评价并找到人生发展的新方向；反之则会由于目标的缺失而迷惘、彷徨。在大学这一自我意识快速发展的时期，大学生自我意识的发展主要呈现出表 2-2 所示的特点。

表 2-2 大学生自我意识发展的特点

特点	具体表现
自我认识的主动性增强但不全面	①大学生自我认识的主动性和探索性增强，会思考自身条件如何、以后找什么工作、找什么样的对象等

续表

特点	具体表现
自我认识的主动性增强但不全面	②知识和生活经验增多，认识的范围扩大，涉及身体状况、自身能力和价值等方面 ③自我评价逐渐变得客观、全面，有时仍然存在片面性和盲目性 ④容易产生心理落差 ⑤容易产生孤独感
自我体验深刻但不稳定	①情绪丰富，自尊、自信、自卑、自豪、责任感、逃避感等多种情绪都会产生 ②更加敏感，较为在意别人的看法，时常封闭自己的内心 ③内心情绪体验的波动性大，如同坐过山车，有明显的两极情绪
自我调控能力提高但有偏差	①为自己确定目标，制订计划，并做出行动 ②盲目性、冲动性减少 ③遇到困难或干扰会想要放弃 ④人更加独立自主，但可能会产生逆反心理
年级差异明显	①大一、大三前期，自我意识会有提高和发展 ②大二时，自我意识的冲突和矛盾会非常激烈，自我意识相对不稳定 ③大三后期，自我意识更加成熟
自我意识逐渐稳定	从刚进校时呈现出盲目性和依赖性，到快毕业时变得更加沉稳、成熟

任务二　大学生自我意识发展的偏差及调适

大学生的自我意识正处于一个分化—矛盾—统一的特殊时期，而大学生的心理发展尚不成熟，因此其自我意识的发展难免会出现偏差，如自我矛盾、自我否定、以自我为中心、自我膨胀、自我萎缩、自我苛求等。这是由大学生的身心发展状况和成长背景决定的，是普遍而正常的现象，但大学生应当有意识地对此进行调整。大学生只有清楚认识到自己自我意识的偏差，不断调整、完善，才能达到自我的真正统一。

扫码看微课

一、自我矛盾及调适

有自我矛盾问题的大学生常会出现自我认识、自我体验和自我调控的不稳定，他们的内心充满较大的冲突和矛盾。他们总是希望自己实现经济、学习、思想上的独立，独立自主地解决遇到的事情，但在心理上还是无法摆脱对亲人、朋友的依赖；时而觉得自己非常优秀，时而又感到自卑；时而成熟理智，时而又幼稚冲动。他们心理的发展无法协调统一。

案例

王倩升入大学后，发现自己比以前更加关注自身了，但与此同时，她也发现了自己的一些“毛病”：她白天觉得自己干劲十足，认为自己是一个有能力、有明确目标的人，到了晚上，又对自己很不满意，觉得自己表现并不好；她有时会为自己的多才多艺感到骄傲，但也总会羡慕别人，如有的同学口才很好，常引来笑声一片，有些同学体贴细心、亲和力十足，大家都愿意和他打交道，而王倩自己却难以做到；她时而因为和同学相处和谐觉得自己人际交往能力不错，时而也会因为其他室友有相同的兴趣爱好而自己没有，觉得自己不合群……

点评：这些都是不少大学生会出现的常见心理，有些大学生还会有有时对自己的衣着打扮非常满意，但有时又觉得自己很“土”，甚至连名字都嫌弃的心理。这些都是大学生在多元化的人生观、价值观以及复杂的环境影响下产生的关于自我认识、自我体验等的矛盾冲突。通过采用合理的方法进行调适后，大学生可以树立起健康的自我意识。

严重的自我矛盾会对大学生造成心理压力，影响其心理的健康发展。所以大学生可以采取以下措施，对自我矛盾这类自我意识的偏差进行调适。

- 正确认识和评价自己，大学生在认清自己的优缺点后，不能总是沉浸在两者的对立冲突中，而是要肯定自己并直面不足，不用强制要求自己也拥有他人的优点，但如果自己的缺点影响了平时的生活与交际，也需要灵活制订改进计划。
- 将自我矛盾视作人格发展的机会，顺应心理冲突行动以消除心理伤害，认清任何事情都有两面性。
- 进行心理咨询，避免心理障碍的产生，促进心理健康发展。
- 大学生要自主调节情绪，提高心理调适能力。
- 了解自我矛盾背后隐藏的内心需要，自我矛盾是出自自我实现的需要、职业或学业的需要、良师益友的需要还是爱情的需要，如果是和学业等与生存条件相关的需要，就需要立即妥善解决。

二、自我否定及调适

自我否定型的大学生会表现出缺乏自信、过度自卑等特征，他们对自己的评价较低，常自我否定、自我排斥、自我退缩、自我怀疑、自我拒绝，缺乏勇气，没有主见，不能接纳自己。出现这种情况可能是因为大学生自我期望水平过高、有挫折经历，或适应能力差等，所以变得不相信自己，总是随波逐流，不愿进取，遇事总是想打退堂鼓，认为自己不行。久而久之，便陷入自我否定、过度自卑的恶性循环中。这种自我意识发展的偏差不仅会影响大学生的生活和学习，还会严重影响大学生的价值观和职业规划。

要调适自我否定这类发展偏差，大学生可参考以下方法。

- **直面不足**。大学生要坦然地面对自己，勇敢地面对使自己感到自卑的因素，客观地分析哪些因素是自己通过努力可以改变的，哪些是自己永远都不能改变的。
- **发现长处**。大学生要学会发现自己“缺陷”背后的长处，发现自己的优点，建立自信。
- 学会积极暗示。积极暗示指经常在脑海中呈现理想“我”的状态，将成功的景象视觉化并多回味成功的经历，将成功的体验泛化到其他方面。

- **确定合理目标**。目标定得过高而又未达成很容易让大学生产生自我怀疑与自我否定，为避免这种情况，大学生需要根据实际情况适当调整自己的期望，确立合理的目标。

三、自我中心及调适

以自我为中心的表现比较明显，原因一是随着大学生自我意识的发展，大学生会渐渐以“我”为立足点，不管是考虑问题还是做决定，都会有重视自己而忽视他人的心理倾向；二是大学生本来就有较强的自信心，当自信心过强时就会形成以自我为中心。因此对于大学生而言，如果始终过于关注自己，就容易出现以自我为中心的偏差，以自我为中心型的大学生会表现出骄傲自大、盛气凌人、自尊心过强、易固执己见、易高估自己、易树立过高行动目标、易简单化看待问题的特点。他们对自己估计不足，对他人易责备求全，渴望表现自己，以个人利益为出发点，因此也容易出现人际关系不和谐和易受挫折等情况。要想调适以自我为中心的发展偏差，大学生可参考以下方法。

- **摆正自己的位置**。大学生应该摆正自己的位置，不过度高估自己，不贬抑他人，客观地评价自己，尊重别人的想法，走出自己的小圈子。
- **换位思考**。大学生要学会站在他人的角度上思考问题，理解他人为什么要这样做以及自己这样做时他人的感受。
- **学会倾听**。以自我为中心型的大学生总是想要表达自己的掌控权和需求，而倾听可以让其将注意力放到其他人身上，并引起共情，减少其对自我的过度关注。

案例

袁清是一个非常优秀的女生，人长得漂亮又能歌善舞，多才多艺，不仅在新同学中很受欢迎，在家里也被父母视为掌上明珠，备受宠爱，老师也因为她优秀的表现对她信任有加，认为她在军训期间将代理班长一职做得很好，有意让她继续管理班级。但渐渐地，袁清以自我为中心的一面展现出来。军训过后，班级将开始正式的班委会竞选。因为袁清担任代理班长一职时和同学们打交道比较多，所以班主任便召集了袁清和其他两位同学讨论与班委竞选相关的事宜，顺便想了解班里某些优秀的同学。在别人夸奖某位各方面条件都不错的同学时，袁清反而说了一些对方的缺点，认为对方并没有那么优秀，总之几乎对于每个人，她都有不太满意的地方。听到另外的同学提出和自己不一样的竞选安排建议时，也予以反驳，执着地引导大家按照自己的想法来，另两位同学不好过分与她争执，就同意了袁清的想法和建议，但心里却对袁清不太满意。结果几天后的班长竞选，袁清本来认为大家对她担任班长职位并没有什么反对意见，因为她感觉大家对自己平时的要求和想法还是很认可的，没想到最后她却以 15 票之差输给了另一位她本不放在心上的竞争对手。看到结果后袁清难过得哭了，下午也没有去上课。

点评：袁清就是典型的以自我为中心，重视自己而轻视他人，因此她的人际关系出现了明显的问题。没有人愿意和太自我的人做朋友，所以袁清自然难以得到众人的支持。任何人身上都有优点，都有值得学习的地方，善于发现并接纳别人的优点，形成对自己和别人的正确的认识，才能使自己不断地得到提高。

一个思考

请回忆一下你与他人发生过的最严重的矛盾冲突，并回答以下两个问题。

（1）你认为他人应该怎样对你才是对的？

（2）你认为自己应该怎样对他人才是对的？

对比以上两个问题的答案，看看有何不同之处？你从中得到了什么感悟？

____

____

____

____

四、自我膨胀及调适

自我膨胀是指个体过高地评估自己，不切实际地高估自己的能力和长处。自我膨胀型的大学生容易受到外界因素的影响，因为一些小成就就扬扬自得，从而变得盲目乐观，以自我为中心，自以为是；但遇到挫折或受到批评，就会产生强烈的自尊受挫感。为了避免表现出自己的自卑感或弱小感，这类大学生会使用自我膨胀机制保护自己，变得喜欢贬低别人，希望自己获得不同的待遇，眼高手低且缺乏责任感，遇到问题会经常归于外因，将责任推到别人身上。因此，这类大学生也不易被周围环境和他人接受与认可，容易引起他人的反感和不满。

案例

童学从小学到中学一直都在赞扬声中长大，多次获得“三好学生”“优秀学生干部”等荣誉称号。进入大学不久，他就因为经常有亮眼的表现而获得新朋友和同学们的表扬与夸赞。因为一直以来顺风顺水，童学理所当然地认为自己参选文艺部副部长和推优入党都稳操胜券，但没想到自己两样都没有评上。童学完全不能接受这样的结果，所以去找相关负责人员询问落选原因，学生会文艺部的部长不仅说了他落选的原因，还对他提出了一些善意的提醒，但童学认为对方就是在故意找碴、找借口，这次竞选胜利的人分明就是因为和学生会评委关系更好才赢得了竞选。于是童学开始分别在学生会内和班里散布谣言，说当选的文艺部副部长是因为和相关负责人关系好，“走后门”进去的。

点评：童学因为平时的赞扬陷入了过度的自我欣赏之中，因此在面对实现理想自我中的挫折时，他不能很好地调控自己，认为相关负责人对他不公平并开始散播谣言。这不仅是不道德的行为，还可能因为谣言对其他当事人造成的严重后果而承担法律责任。

大学生出现自我膨胀的原因就在于其不能很好地面对赞扬，平衡心态，所以才会在面对失败的时候觉得不合理、不公平，是非观变得扭曲。要调适这种自我意识的偏差，大学生可参考以下建议。

- **全面认识自己**。大学生要有更成熟的心理状态，更全面地认识自己，既要清楚意识到自己的优势和长处，也要了解并接纳自己在某些方面的弱小和不足。大学生只有对自我拥有较为客观的认识，才能获得稳定而恰当的自信与自尊。
- **放下得失**。得失心不能太重，太重的得失心会让人变得固执或偏执，不能以平常心对待自己的成功或失败，获得成功就沾沾自喜，遭遇失败就不能接受，很容易出现案例中童学这样的情况。因此大学生要学会摆正心态，不要让得失心左右自己的情绪。

五、自我萎缩及调适

自我萎缩主要表现为理想自我极度缺乏或丧失，对现实自我又很不满意。这类大学生往往会因为感到无法实现理想自我而放弃对理想自我的追求，消极放任、自暴自弃，并出现自我拒绝心理，如“反正我考研也不会成功，我就不考了吧”“我沉默又内向，肯定很难被用单人位看上，反正做什么都不容易，还是走一步看一步吧”。

自我萎缩型的大学生会较多地表现出对家庭和他人的依赖心理，难以自立，容易因为自我萎缩而从主观上丧失行动力，不愿努力，消极悲观；同时也可能会因为缺乏自我和主见，形成从众心理，盲目从众，形成惰性人格。要避免这一自我意识的偏差，大学生可以参考以下建议。

- **树立自信**。自我萎缩就是因为过于看轻自己，所以有这类问题的大学生要建立自信，多肯定自己，多发掘自己的长处，认可自己的价值，树立自信心。
- **确立目标**。要改变浑浑噩噩、自我放任的状态，大学生要为自己树立一个合理的、可实现的目标或者一个理性自我，培养斗志，激发前进的动力，一步步做出改变。
- **加强自我控制**。自我萎缩也是缺乏自我管理的表现，因此大学生在确立目标、做好计划之后，要监督自己实施，加强自我管理，促进理想自我的实现。

自信训练法

对于自我接纳和自我完善来说，自信的建立非常重要，下面提供 10 个技巧，以帮助大学生树立自信心。

（1）挑前面的座位坐。

（2）练习正视别人的眼神。

（3）把走路的速度加快 25%。

（4）练习当众发言。

（5）咧嘴大笑。

（6）挺直腰背走路。

（7）自我介绍时不要害羞，而是主动、热情地握手，并向对方打招呼："我很高兴认识你。"

（8）怯场时不妨道出实情，让自己平静。

（9）时常对自己使用肯定的心理暗示，消除自卑感。

（10）培养兴趣，做自己喜欢的、能做的事。

六、自我苛求及调适

自我苛求就是给自己强加诸多严苛的要求，如要求自己被人喜爱、被人关注，要求自己幽默、有趣等。实际上，有些时候严格的自我要求会让人进步，但苛求就会给人造成压力。游泳名将菲尔普斯为了让自己游得快，在训练中对自己非常严格，虽然最后在比赛中夺得了金牌，但是他也因为过于苛求自己而压力过大，患上了严重的抑郁症。

大学生中也有自我苛求的现象，例如，有些大学生会要求自己必须每门功课都是第一，大学英语四级或者六级考试必须一次就过，如果不行，就会废寝忘食甚至把休息时间或吃饭时间用在备考上。还有些大学生对自己的苛求到了一种略显"病态"的程度，例如，上课必须坐在前排，每天必须有两小时的运动时间，每天必须学习到十二点等，而且要风雨无阻，不然就浑身不舒坦。完美主义就是自我苛求的一种表现。不恰当的苛求会显得刻板或粗暴，让大学生丧失灵活性，因觉得自己很失败而变得痛苦不堪。

- **学会对自我批评说"不"**。很多时候，大学生苛求自己是因为其内心在进行自我批评，认为自己这也不对，那也没达到要求。因此大学生要学会对内心的批评声音表示拒绝，不要被批评牵着鼻子走，要敢于肯定自己。
- **做自己的朋友**。许多大学生总会严以待己，宽以待人，对别人，尤其是好友或喜欢的人，总会更加地包容。因此，将自己当作自己的朋友，大学生就能减少对自己的苛求。
- **分析苛求的原因**。有时候，大学生苛求自己可能就是在某一个瞬间产生的，记住并分析这个瞬间，可能会发现这个苛求并不是必须的。
- **提建议而不是要求**。即便有不足的地方，也不要总告诉自己"我必须""我一定要"，而是告诉自己"我可以""或许我应该"，多给自己一些自由的空间，减少压力。

任务三 自我意识的培养和完善

大学阶段是大学生自我意识发展的重要阶段，大学生自我意识的培养也是大学生健全人格、完善个性、实现自我价值的重要途径。接下来，我们将探索大学生培养和完善自我意识的方法。

一、正确认识自我

认识自我的难处在于自我既是认识的主体，又是认识的客体。如果大学生想要对自己形成多角度的、全面的、正确的认识，就要使用多种参考方法。一般来说，主要有以下 4 种方法。

扫码看微课

（一）反省法

反省法就是从我与自己的关系中认识自己，通过自我意识的反省来发现自己。曾子说："吾日三省吾身"，通过对自己思想活动、行为的反省，我们可以进行自我批评与反思，并慢慢学会观察自己，发现自己的盲点与不足，总结经验教训，提升自己的道德修养，不断完善自己的人格修养。

（二）比较法

比较法就是从我与别人的关系中认识自己。《旧唐书·魏徵传》里有句名言："以铜为镜，可以正衣冠；以史为镜，可以知兴替；以人为镜，可以明得失。"这句话说的就是借鉴比较的重要性。如果大学生可以通过与他人的交往和比较来分析自身，对于大学生认识自我、发展自我意识就有巨大的帮助。但在进行比较前，大学生还需选择一个合理的参照点，所以大学生需要优先考虑以下问题。

- 比较的对象是谁？是心中的偶像，是和自己条件类似的人，还是远不如自己的人？如果比较的对象标准过高或过低，比较的参考价值将大大降低，甚至起到反作用。
- 比较的是行动前的条件，还是行动后的结果？大学生如果过分关注比较之前双方的差距，反而会让自己因为缺乏自信而未比先输。假定大学生要和同学比成绩，当然重点是比较对方大学阶段或者大学毕业的成绩。
- 比较的是相对标准还是绝对标准？如果大学生是以家世、相貌等难以改变的条件来和对方做比较，那这样的比较就缺乏意义。但如果是比双方的努力程度，那就有比较的价值和提升的空间。

（三）经验法

经验法就是从做事的经验中了解自己。所谓经一事，长一智。有些大学生不管是面对成功或失败，都会获得经验教训。而有些大学生可能会因为一次成功就扬扬自得，骄傲自大，最后遭受更多的失败；也可能因为一次失败就一蹶不振。在这些经验的背后，大学生都能看到自己在思想、行为上的变化，了解自己的自我特征和人格意识。对其进行分析，也能帮助大学生更好地认识自我。

（四）投射法

投射法就是从他人的评价和态度中了解自己。他人的评价可以帮助大学生纠正自我认识的偏差，了解大学生自己不曾在意或不了解的一面。如果大学生积极地将他人评价的信息综合起来进行分析、比较，就可以重新认识自我、更全面地了解自我，从而完善自己。

但大学生对待他人的评价时，要注意自己的态度，不能因为别人对自己过低的评价而丧失自信，也不能因为他人对自己过高的评价而过于自得。

小贴士

此外，通过一些科学的心理和生理测量，大学生能在外在形象的表象之下认识一个更真实、更内在的自己。因此，专业的测量方法也是认识自我的有效途径。

总而言之，正确认识自我是形成统一的、正确的自我意识的基础。大学生只有全面、客观地认识自我，把握自己与群体的关系，恰如其分地评价自我，才能确定合理的理想自我，并为自己的目标付出不懈努力。

扩展阅读

乔韩窗口

美国心理学家约瑟夫·勒夫特和哈里·英格拉姆提出的关于自我认识的窗口理论，被称为“乔韩窗口”。他们依据“自己知道—自己不知道”和“他人知道—他人不知道”这两个维度对人际沟通的信息进行划分，用来帮助人们展现、提高个人意识，因此乔韩窗口又被称为“自我意识的发现—反馈模型”。乔韩窗口认为每个人都包括 4 个部分，分别是公开的我、盲目的我、秘密的我和未知的我，如图 2-2 所示。

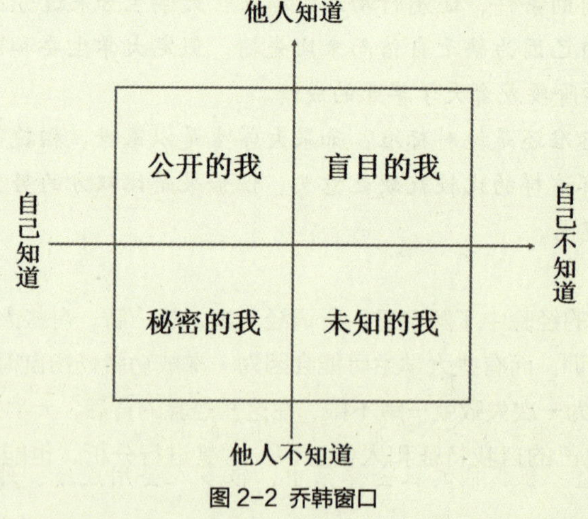

图 2-2 乔韩窗口

公开的我是他人和自己都很了解的“我”；盲目的我是他人了解但自己不了解的“我”，通过他人的反馈，如他人对我的感受或对我的处事方法的评价，盲目的我可以被减少；秘密的我是自己了解但他人不了解的“我”，如“我”的期望、秘密、好恶等；未知的我则是自己和他人都不了解的潜在部分。通过乔韩窗口，我们可以认识一个更明确、更清晰的“我”。

二、积极悦纳自我

悦纳自我指的是个体能够愉快地接受自己。每个个体都是复杂的，既有好的一面，也有不好的一面。一个真正悦纳自我的人，并不代表他的一切都是完美的，而是代表他能在接受自己优点的同时，也能坦然地承认自己的不足，并对此积极改正，不断克服缺点，完善自己。

自我接纳量表

因此，在生活中，我们不能只接受自己的长处和优点，更要勇于接纳自己的不足和缺点。对于大学生而言，悦纳自我不仅是影响其心理健康的重要因素，也是发展健全的自我意识的核心和关键。

案例

李珂的同学林亮虽然性格比较幽默，但由于个子比较矮小，他总是缺乏自信，平时也对自己的身高耿耿于怀。有一次学校开晚会，林亮想邀请一位女生跳舞，却被另一位高个子男生抢先一步。林亮立刻变得满脸通红，恨不能有个地洞钻进去。后来几天，林亮的情绪明显低落，人也变得沉默，甚至开始在网上搜索所谓的“增高的秘方”，希望自己变得更一点。同时他也不再愿意参与各种比赛活动，平时也越来越在意别人的眼光，总觉得别人肯定在心里嘲笑自己，越来越觉得抬不起头。

点评：认识自己容易，但真正接纳自己却很难。林亮就是因为不能接受自己的身高，才产生了诸多的心理问题。“尺有所短，寸有所长”，我们每个人都应该客观、理智地看待自己，接纳自己，对自己的一切都予以肯定、接受，只有这样，我们才能更好地面对生活。

悦纳自我可以帮助我们成为更好的自己，那么如何才能做到悦纳自我呢？大学生可以参考以下方法。

- **要有客观的认识**。大学生需要明白每个人都不可能是完美无缺的，每个人都有自己的长处和短处。大学生要学会以平常心对待自己的不足。
- **相信自己的价值**。在我们的社会体系中，很多人会用成绩、外在条件和物质条件等的好坏来评判一个人的价值，如通过“他的事业获得了很大的成功”“他的学习成绩很好”“他做出的社会贡献大”“他被很多人喜欢”等来确定这个人是有价值或者能创造价值的。而不能达到这些条件的人就会觉得自己有所不足，甚至感到自卑。但要知道，每个人都是独特的、无价的个体，可能我没有好的学习成绩，但我能让家人或周围的人感到快乐，甚至我的存在对于某个人来讲是独一无二、不可取代的。如果大学生能意识到这一点，肯定自己的价值，总有一天会实现真正的悦纳自我。

◆ **学会缺中找优**。从缺点中找优点对于大学生来说也是一种悦纳自我的有效手段。一方面，大学生可以从目标缺点中发现优点，例如，做事拖拉也能是做事细致、谨慎，慢工出细活；另一方面，大学生则可以通过发展其他长处，使自己克服面对缺点的不自信。例如，上述案例中的林亮，虽然个子不高，但幽默的性格能为他加分，俗话说“好看的皮囊千篇一律，有趣的灵魂万里挑一”，林亮可以通过发展自己的内在，如气质、性格等，做到尽量以平常心看待自己的身高。

小贴士

缺中找优并不意味着大学生可以为自己的缺点找借口，只是说可以从另一种角度看待问题。如果大学生由于做事拖拉耽误了学习、生活和工作，就需要做出调整。

◆ **精神“胜利”法**。大学生在面对自己的缺点时，要树立强大、自信的信念，相信自己、肯定自己。以案例中的身高问题举例，如果多想想个子矮依然自信、坚强的名人，如拿破仑、毕加索等，为自己做思想工作，并从这些名人的身上获得启发和前进的方向，林亮很可能做到克服缺点、建立自信，促进自我接纳。

扩展阅读

平凡的伟人

下面提供一些阅读素材，希望大学生能从中汲取精神力量，接纳自己，正视自己的不足或缺点，舞出自己的人生。

（1）凡·高虽然受情绪困扰，但他在绘画上的成就却是超凡的。

（2）贝多芬虽然失聪，但是他仍在乐坛上做出了巨大的贡献，被后人尊称为“乐圣”。

（3）孙膑虽然腿有残疾，但他却是中国古代杰出的军事家。

（4）亚里士多德的沟通能力虽然有障碍，但他是一位内省力很高的哲学家。

（5）海伦·凯勒虽然失聪失明，但她却做出了不凡的成就，被美国《时代周刊》评为“二十世纪美国十大伟人”之一。

（6）洛克菲勒是石油大王，虽然他有学习障碍，但他是社交能手。

每个人都有优点和缺点，关键在于我们如何看待，只有全面、客观地认识自我，大学生才能多角度地接纳自我，并在此基础上，明确完善自我的方向和途径。

随堂活动

天生我材必有用

请各位同学完成下列句子，并思考自己有哪些独特之处。

1. 虽然我____________________（缺点），但我也____________________（优点）。

2. 虽然我____________________（缺点），但我也____________________（优点）。

3. 虽然我____________________（缺点），但我也____________________（优点）。

4. 我最欣赏自己的外表是____________________（如牙齿、发色、身高）。

5. 我最欣赏自己对朋友的态度是____________________。

6. 我最欣赏自己对求学的态度是____________________。

7. 我最欣赏自己的一次成功是____________________。

8. 我最欣赏自己的性格是____________________。

9. 我最欣赏自己对家人的态度是____________________。

10. 我最欣赏自己做事的态度是____________________。

每个人都不是绝对的“优”或“差”，而是独特的、独一无二的个体。通过对上述问题的回答，大学生可以发现自己的闪光点，学会欣赏自我，接纳自己，并建立自信。

三、不断完善自我

认识自我和悦纳自我都是为了完善自我和超越自我。尤其大学阶段是人生的重要转折期，如果大学生能根据现实自我，自觉规划行为目标，积极改善自己、塑造自己，对实现理想自我和全面适应社会都将发挥重要作用。大学生完善自我时可以采取以下措施。

（一）确定理想自我，设计行动目标

理想自我和现实自我从分化走向统一，是大学生完善自我的关键，因此，理想自我的确定非常重要。缺乏理想自我和不恰当的理想自我，会让大学生在自我意识发展的过程中产生偏差。缺乏理想自我，大学生就无法很好地改造客观自我；而理想自我过高或过低，都不利于大学生自我意识的发展和完善。只有理想自我与现实自我保持恰当的差距，才能对自我产生激励作用。

此外，理想自我的实现也需要一定的行动计划，大学生需要根据自己的客观实际拟定具体的发展计划，充分发挥自己的优势、长处，力有不逮的地方则进行适当地调整或有计划地培养，为自我的完善提供一个理想、可实现的蓝图。

（二）做到有效的自我监管和自我控制

自我控制是个体主动、定向改造自我行为、态度、心理的具体化过程，也是个体完善自我的根本途径之一。要有效控制自己，大学生需做到以下 3 点。

1. 要有顽强的精神意志

对自我的改造和监督需要大学生具有一定的自制力和挫折耐受能力，这样大学生才能有实现目标的决心、排除干扰和克服困难的毅力，为目标的实现或理想自我的达成做出坚持不懈的努力。同时，在面对成功或失败时也能持有正确的态度。

2. 要自尊自强

大学生要自尊自强，肯定自己的价值，自我勉励、奋发图强，这样才能使自己在实现理想自我的过程中迸发出更强大的动力，激励自己不断奋进。

3. 要有强大的自控能力

大学生在自我完善的过程中，对自己进行监管是必不可少的，尤其是每一步目标的达成，都需要大学生有强大的自控能力按目标计划进行，这样才能有效监督和修正自我，不断完善自我。

（三）不断超越自我

自我意识的完善本来就是一个不断塑造自我、不断超越自我的过程，对于大学生来说，健康的自我虽然要注重自我价值的实现，但又不能仅追求自我价值的实现。一个完善的自我能够在不断超越和塑造自我的过程中，使人生更具意义，这也意味着自我的完善必然要与社会发展相联结。大学生将自我价值与为祖国建设做贡献、为他人和社会服务统一起来，从小我走向大我，不段超越自我，才能促进真正自我的实现。

（四）塑造健全的人格

具有健全人格的人是能肯定自己的人，也是能自省又乐观、宽容、平和的人，其能达到知、情、意三者的均衡协调，有高度的责任感、良好的心理素质和高尚的情操。人格不仅是人心理面貌的集中反映，也是人心理行为的基础，会影响人的潜能开发、身心发展以及社会适应等多种综合素质。因此，大学生自我意识的完善需要健全人格的支持。

健全的人格能让大学生对自己形成全面的、丰富的认识，而且人格健全的大学生能更准确地从别人的言行举止中了解别人的思想和感受，了解别人对自己的看法，这能帮助大学生不断完善自我，提高自己有效解决问题的能力。要想塑造健全的人格，大学生需要对自己有客观的自我认知、养成良好的行为习惯、建立良好的人际关系。总之，大学生需要向积极的方向发展，而这也与大学生理想自我实现的前进方向协调一致。

集训营

1. 比较你的五指，讨论一下每根手指各有什么不同，尤其是功能方面。最短的大拇指在我们的生活、工作中是不是比其他的手指有更少的价值？你是否从中获得了感悟？

2．王倩的高中同学高秀和她在一个大学上学，最近高秀在为争取国家奖学金努力。高秀并不是一个“天赋型选手”，但凭借自己的刻苦努力，高秀的学业完成得非常出色，每次都能拿到奖学金，从没失败过。这一次，高秀也是铁了心地要争取这个名额，因此经常为了学习放弃休息，但这样的时间久了，她自己也感到很痛苦，可她仍不想要放弃，虽然这只是她出于习惯想要争取。终于有一天，高秀因为过度透支精力在课堂上晕倒了。综合本项目的学习，你会给她什么建议？

推荐资源

1．书籍：《自我》，乔纳森・布朗著，王伟平、陈浩莺译。

每个人都会展开对自我的追问：我自己到底是谁，如何才能更好地了解自己……本书综合哲学、社会学和心理学等方面的知识，将科学理论与研究实践相结合，用严谨又不失趣味的文字对与自我相关的概念和理论做出阐释和说明，帮助读者更透彻地了解自我、发现自我。

2．书籍：《认识自己，接纳自己》，马丁・塞利格曼著，任俊译。

人们总是对自己的不足之处感到苦恼，但却不知道哪些不足是可以改变的，哪些不足又是自己可以接受的。本书就从这样的困惑出发，立足于生物局限性和改变的可能性，对这个困惑做出回答，帮助人们更高效地发现自我提升的途径。

项目三
接纳与调整：培养健全的大学生人格

03

人格究竟是什么意思呢？实际上在心理学领域对人格的定义，与我们平常所说的人格是有区别的，心理学上的“人格”更多地指向我们的个性、性格、气质等方面的独特性。本项目将对人格的相关理论以及大学生健全人格的塑造展开探讨。

本项目学习目标

- 熟悉人格的含义和与其相关的理论。
- 认识大学生的人格特征和影响大学生人格发展的因素。
- 通过人格测量量表测试自己的人格特质。
- 了解常见的人格障碍类型。
- 掌握完善大学生人格的方法。

引导案例

王倩的朋友

音频：案例分析

周日这天，王倩的高中同学小敏打来电话，约她和两人共同的好友小媛去看画展，三人约定一起到车站坐车前往目的地。王倩快到达时，小媛突然在聊天群里发消息称，她刚刚没注意时间，出门晚了，可能要晚一点到达。结果果然是王倩和小敏先到。两人等了不到十分钟，小媛便匆匆赶到，对大家表示抱歉。王倩表示不介意，小敏却很不耐烦，直接表达了对小媛迟到的不满意，之后也一直阴着脸。

到了画展之后，小敏沉浸在画展中，变得兴奋、激动起来，开始和两人说说笑笑，之后也继续邀两人再去其他地方游玩，王倩二人都有些乏累的时候，小敏仍显得活力四射且十分愉悦。后来王倩无意中说了几句话，不知为何又惹得小敏生起气来。王倩心里有些忐忑，她知道小敏在生活中是一个非常热情、积极的朋友，但情绪却反复无常，她知道这是对方个性使然，但不知道怎么办才好。扫描右侧二维码，查看案例分析，讨论大学生性格、气质与人格的关系。

任务一 测量你的人格

人格（Personality）一词来源于拉丁语“Persona”，原指古代戏剧演员在表演时带的面具，这种面具被用来表现剧中人的某种身份与其相应的心理活动，类似于我国京剧中的脸谱，不同的面具代表着不同的性格特征。心理学家将一个面具看作人格的一个侧面，也就是说，人格就是一个人的所有面具，或者表现出的所有行为、性格等的总和。那么人格的具体定义是什么？有关人格的理论有哪些？大学生具有怎样的人格特征？下面将对人格进行探讨，以帮助大学生了解自己的人格。

一、人格的含义及理论

人格是构成一个人思维、情感、行为的特有综合模式，会直接影响个体的发展，而健全人格的培养更是人的立身之本。在熟悉并培养自己的人格之前，我们需要先了解人格的基础知识。

（一）人格的含义

人格又称个性，是指个体在遗传素质的基础上，通过与后天环境（如生活和社会实践等）的相互作用而逐渐形成的相对稳定和独特的思维、情感和行为模式。

在心理学层面，人格是个体所独有的，与他人有区别的性格、气质、能力等特征的总和，是一个人心理特征的统一。这些特征既可能显露于外，也可能是内在的。正是由于人格的特征，才使得每个人在需要、动机、能力、性格、气质、行为等方面与其他人有稳定且显著的区别。

（二）人格的理论

人格的理论是用来探讨人格的结构、形成、发展等的理论。不同流派的心理学家对人格提出了不同的看法，主要可以分为以下 3 个流派的理论。

1. 弗洛伊德的人格结构理论

弗洛伊德是心理学史上第一个对人格进行全面而深刻研究的心理学家，在他的学说中，人格被视为从内部控制行为的一种心理机制。弗洛伊德提出的人格结构理论也是第一个完整的人格理论。

弗洛伊德的人格结构理论认为，人的一切行为都不是某一方面的力量或作用的结果，而是人格内部多种力量相互作用的结果，如图 3-1 所示。

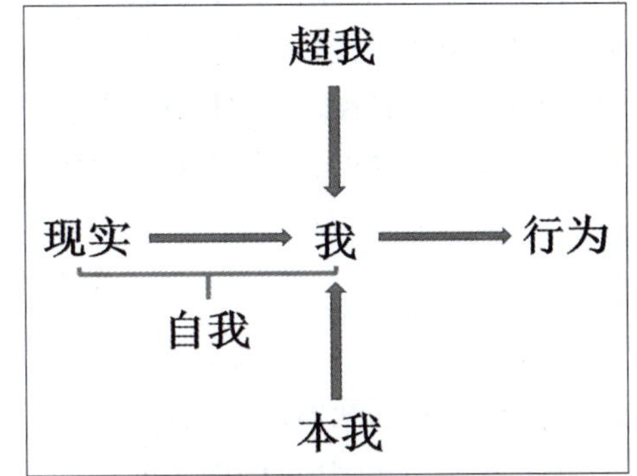

图 3-1 弗洛伊德人格结构理论

完整的人格包含本我、自我和超我 3 个结构。这个内容在项目一与心理防御相关的部分有所涉及。本我指的是本能的我，也是人格中最原始的部分，本我中藏匿着各种本能的、可能不被法律所容的欲望和本能冲动；自我是面对现实的我，是在后天环境作用中发展起来的，是本我与外界环境的调节者；超我则是人格中最具道德感和理想原则的我，它是在各种价值观念和道德的影响下形成的，如果人的行为偏离道德标准，就会使人产生内疚感、罪恶感。

自我起着平衡本我和超我的作用。一方面自我要设法满足本我对本能欲望的追求；另一方面，又要使本我的行为符合超我的道德规范。所以，在人格的发展中，自我的能量必须足够强大，不然一旦人格结构失衡，个体人格的发展就将出现异常，导致不健全人格的产生。

2. 奥尔波特的人格结构理论

不同于弗洛伊德的人格结构理论，美国心理学家奥尔波特认为特质才是人格的基础，特质来源于刻画个体特征的形容词，是人在大多数情景中表现出来的比较稳定和持久的品质。对于奥尔波特来说，特质是能体现个体人格的真正的生物物理结构。

奥尔波特认为人格特质分为两种，分别是共同特质和个人特质。

- **共同特质**。共同特质指的是在某一社会文化形态下，大多数人都会具有的相同的特质，如外向性、内向性、合群、孤独等，而个体之间在这些特质上的差异只是强弱程度不同。
- **个人特质**。个人特质指的是人所特有的某种独特的行为倾向。世上没有两个人有完全相同的个人特质，即便双方有相似的共同特质，但共同特质下表现出来的行为仍各具独特性。奥尔波特也认为只有个人特质才能真正表现个体的人格特征，因此他主张心理学家应集中研究人的个人特质。

同时，奥尔波特也认为个人特质也并不都对人格有同样的作用，他将个人特质划分出了 3 个重要层次。这 3 个特质分别是：在个体生活中具有渗透性优势的、在人格结构中处于支配地位的首要特质；渗透性稍差，但仍具有相当概括性且能构成个体独特性的、数量较少的中心特质；不甚明显的、概括性较差的次要特质。

小贴士

在这 3 个特质中，首要特质是个体最重要的特质，它对个体的整个人格特征起主导作用；中心特质是人格的重要组成部分。相较于前两者，次要特质只在偶然情况或某种特定场合下出现，容易随环境的改变而变化。

奥尔波特的人格结构理论直接从人格特质本身出发探讨人格问题，虽然其理论引起了不少人的争议与抨击，如太强调个例、否认了早期经验与人格发展的关系、缺乏对人格的动态研究等，但他运用问卷、观察、投射测验、行为分析、测试和量表法等研究方法去了解个体行为特点和人格差异的做法也成了实证性研究的典范，使心理学对人格研究只做描述、讲解的困境得到了改善。尤其是其中的一些研究成果，如价值类型的测试，现在也在被使用。

卡特尔的人格特质理论

卡特尔深受奥尔波特的影响，与奥尔波特一样，卡特尔也成了人格特质理论的代表人物之一。卡特尔同样认为，特质是测量人格常用的基本单位，但特质的种类有很多，他确定了 4 个维度的人格模型，分别是表面特质与根源特质，能力特质、气质特质与动力特质，个别特质与共同特质，以及体质特质与环境塑造特质。

同时，卡特尔采用因素分析统计法、科学实验法等方法进行研究后，确认了根源特质是人类潜在、稳定的人格特征。1949 年，卡特尔提出了 16 种相互独立的根源特质，并编制了卡特尔 16 种人格因素测验（16PF）。这 16 种根源特质分别是：乐群性、聪慧性、情绪稳定性、恃强性、兴奋性、有恒性、敢为性、敏感性、怀疑性、幻想性、世故性、忧虑性、激进性、独立性、自律性、紧张性。

卡特尔认为每个人身上都具备这 16 种特质，只是不同人身上的表现有程度上的差异。卡特尔的 16PF 也成了世界上最完善的心理测量工具之一，用以测量人们 16 种基本的性格特质，了解受检者在环境适应、专业成就、工作效率和心理健康等方面的表现，并在人员的选拔与选定、心理咨询、职业指导中成为评估个体心理素质的参考依据。

3. 马斯洛的人格理论

人本主义流派的马斯洛关注心理健康的人，他认为人有积极向上的潜能，可以形成一个非常良好的人格结构。通过对一些杰出人物的研究，马斯洛提出了一种比较全面的人格观点。他认为人类是由一系列内在需要驱动的，人们的动机总是被需要激发，当一种需要被满足后会失去相应的动机与力量，而被另一种需要和动机所替代。因此马斯洛的人格理论建立在人的需要和动机学说之上，马斯洛的人格理论又被称为“需要层次理论”。

马斯洛将人的需要划分为 5 个层次，从低到高分别是生理需要、安全需要、社交需要、尊重需要和自我实现需要，如图 3-2 所示。

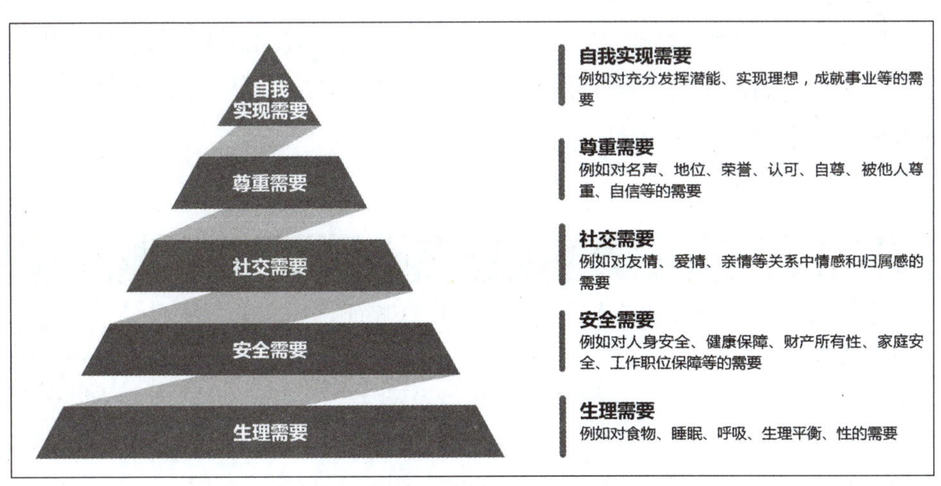

图 3-2 马斯洛需要层次理论

在这 5 种需要之中，马斯洛认为自我实现需要可以促进人格的完善。自我实现就是最高动机的实现，是一个人努力变成他想成为的样子，而这需要对人的天赋、潜能、能力等进行充分的开拓和利用，使人得到全面的发展。也就是说在自我实现的过程中，人格会臻于完美。因此马斯洛的需求层次理论，就是人从低级向高级的运动发展的过程，也是人慢慢成长到拥有完美人格的过程。所以从马斯洛的人格理论来看，人们要想做到真正的人格完善，就需要达到需要层次中最高层次的自我实现。

在马斯洛看来，人的真正本性是体现在杰出人物身上的，也就是已经达到“自我实现的人、心理健康的人、成熟的人和基本需要已经满足的人”，这些极个别、优秀的人更能真实地代表人类，并能集中体现人的各种潜能和终极价值选择。正是从这些人身上，马斯洛提出了需求层次理论和健康人格的概念。

马斯洛健康人格的标准

什么是人格

经历了上述人格含义和理论的学习，你理解人格的定义了吗？判断下面的句子，你认为这些句子的描述都属于心理学上的人格概念吗？它们之间又有哪些不同？并说明你的理由。

（1）人格的魅力是任何语言都难以比拟的。

（2）你不能用金钱侮辱他的人格。

（3）他天生就比较安静，在人群中也不太起眼。

（4）小关平时是个幽默随和的人，在管理班级时，他却公正无私，将公私分得很开。

（5）蒋方觉得同学A平时乐于助人、与人为善，又心胸宽广，还曾经有过见义勇为的事迹，所以人格比较高尚。

二、大学生的人格特征

在人格发展的过程中，大学生的人格主要表现出以下特征。

扫码看微课

（一）社会性

社会性是人格的本质属性。个体人格的成长既受先天因素的影响，又与环境的作用脱不开关系，可以说，人格就是在生理素质的基础上，通过社会化过程发展起来的。在人格形成的过程中，我们会被包围在复杂的社会化内容中，如文化习惯、社会制度、社会环境等。同时，我们会收获理想、需要、能力等人格特征。例如，大学生人格中的勇于追求和拼搏、礼貌文明等特点就是社会性赋予人格的内容。

（二）稳定性

俗话说，江山易改，秉性难移。人的性格、处事等习性是难以改变的，大学生的人格在不同的年龄阶段都趋于稳定，且其人格特征还具有跨情景的一致性，如某大学生在学校和在家里都表现出幽默、乐观的特征。但人格的稳定性是相对的，人格也会在受到事件或环境的影响时表现出其可变的一面，这样我们才有培养健全人格的机会。因此从某种意义上来说，人格是稳定性和可塑性的统一。

小贴士

人格的稳定性说明了个体在行为中偶尔表现出来的心理特征和心理倾向并不能代表其人格，只有从个体经常表现出来的特点中才能看出个体的人格特质。

（三）独特性

大学生在教育、遗传等方面的差异会让其具有不同的性格、特点，这也导致他们在面对同一情景时会有不同的心理特点和行为方式，每个大学生会形成不同的人格，成为独一无二的个体。独特性是人格的基本特征，正如“世界上没有两片完全相同的叶子”，在这世界上，也没有两个完全相同的个体。

（四）完整性

人格并不只是个体某一方面的特质，而是由气质、性格、理想、信念等多个方面的特质组合在一起形成的统一体，身心特质之间的协调统一保证了个体与外界能够和谐相处，保证了个体的健康完整。一旦这些特质之间出现断裂，人格无法统一，个体就会出现人格分裂现象。从大学生的整体现状来看，他们的人格发展中可能会遇到困惑或阻碍，但人格分裂的情况只是个例，因此总体呈现出人格完整的特征。

三、影响大学生人格发展的因素

在心理学家看来，人格的形成与发展离不开先天遗传与后天环境的影响与作用，影响人格发展的因素主要包括生物遗传因素、家庭环境因素、早期童年经验、学校教育环境因素、社会文化因素、自然地理因素等。这些因素是怎么对人格产生影响的呢？这就是本部分想要介绍的内容。

扫码看微课

（一）生物遗传因素

由于人格具有较强的稳定性特征，因此人格研究者更注重生物遗传因素的作用。在日常生活中，我们发现有些父母与子女之间不止外貌等相似，甚至在性格、爱好上也有相似之处，这其中大多是生物遗传因素在起作用。在关于遗传作用的研究中，心理学家常利用双胞胎作为研究对象。曾经有一对同卵双胞胎在出生之后就被分开抚养，过着截然不同的生活，然后 30 年后两人再相见，却发现他们之间仍具有非常大的相似性。因此我们可以发现，在人格发展的过程中，生物遗传因素的作用是不可否认的，尤其是智力、气质等与生物遗传因素关联较大的人格特质。

但大学生也不能将自己呈现出来的人格特征全归结于生物遗传因素的影响，因为后天的环境同样也会影响大学生的人格发展，生物遗传因素并不能真正决定一个人的人格。

（二）家庭环境因素

一个人受影响最早的因素是家庭环境因素，它包括家庭结构、家庭教育、经济条件、居住环境、家庭氛围、父母关系、父母性格方面的因素，这些都会对孩子的人格发展产生不同的影响。

研究发现，家庭教育和家庭氛围主要是由父母的人格决定的，且父母的人格特征会对孩子造成潜移默化的影响，因为父母的一言一行都是孩子注意和学习的对象，如乐观豁达的父母容易培养出具有同样性格特征的孩子。如果父母对孩子过于溺爱，让孩子随心所欲，在这种家庭环境中成长的孩子多会表现出任性、幼稚、自私、蛮横、独立性差、以自我为中心等特征。当然，父母正确的教养方式也会帮助孩子形成直爽、独立、礼貌、善于交往、善于合作等积极的人格品质。由此可见，家庭确实是“人类性格的工厂”，因为它塑造了大学生们不同的人格特质。

（三）早期童年经验

有句俗话：三岁看大，七岁看老。心理学家麦肯侬也说：“早期的亲子关系定出了行为模式，塑造出一切日后的行为。”这都肯定了早期童年经验在大学生人格发展中的重要地位。早期童年经验虽然受到心理学家的重视，但在他们看来，其并不能单独对人格发展造成影响，有些人可能会因为早期童年经验表现出某些特殊的性格特质，但随着年龄的增长、心理的成熟，受早期童年经验，产生的影响会减退或慢慢消失。早期童年经验只有和其他因素一起发挥作用，才可能对人格造成重大或长久的影响。

小贴士

这里需要注意的是，早期童年经验会对个体各方面造成影响，但并不等于幸福的童年经验会帮助大学生形成健康的人格，反之则会形成不良人格，这其中没有对应关系。因为在相对不幸福、多磨难的童年中成长的大学生可能反而会形成更坚强、乐观、勇敢的性格。

（四）学校教育环境因素

学校在大学生成长的过程中承担着“教育者”的角色，对其成长和人格的发展也会产生至关重要的作用。例如，学校若只注重大学生的成绩而忽视其在德、智、体、美、劳等方面的发展，就会妨碍大学生健全人格的形成。

（五）社会文化因素

社会文化会影响大学生的价值观、信念、性格等特质。每个人都处在特定的社会文化中，大学生也是如此，社会文化会塑造大学生的人格结构，使其向与社会主流文化相似的方面发展。例如，在我国古代，社会主张以和为贵、情感表达含蓄；而在现代社会，中西文化的融合使人们更爱表达，更直接、坦率。这其中我们也能发现不同文化的差异对人格形成的影响。另外，电视节目和其他大众传媒传播的信息也会对大学生的价值观、择偶观、个性形成等产生影响，因此社会文化也有对人格的塑造作用。

（六）自然地理因素

地理位置、生态环境、气候条件等自然地理因素也会影响大学生人格的形成与发展，例如，常说南方的姑娘温柔、灵巧，北方的姑娘爽朗、大气，川渝的姑娘率真、热情等，可以发现自然地理位置的差异也会使人形成不同的人格，或者说群体人格对个体人格具有影响。还有很多研究说明了气候条件对人格的影响，例如，气温不同，某些人格特征的出现频率也不同，如炎热地方的人更容易出现攻击行为，寒冷地方的人相对和气等。

以上这些都说明了自然地理因素对人格的重要作用。总之，虽然自然地理因素对人格不起决定性作用，但其仍会影响人格的表现形式，让人在不同地理环境中表现出不同的行为特点。

小贴士

此外，自我意识（包括自我认识、自我体验、自我调控等）以及年龄（如阿尔兹海默病）和意外伤害（如脑部伤害）也是对人格的发展产生影响的因素。

四、气质类型与性格

从前文可以知道，人格包括人的需要、气质、性格、兴趣、理想等方面。其中气质和性格对于人格而言，是非常重要的组成成分。

（一）人格与气质

人格概念上的气质不同于日常生活中经常提到的气质，它主要指的是个体出生时就固有的一种独特、稳定的心理特征。气质并无好坏之分，它是人格中较为稳定的、受文化和教养影响较小的、不容易被改变的一种特性。它偏向于是一种先天因素，主要受神经系统活动过程的特性制约，由大脑的先天活动来决定，如大脑的抑制和兴奋的强度等。人或稳重或急躁的秉性就是个体气质差异的表现。

人的气质差异主要属于气质类型的差异，对于气质类型的划分，现在比较被大众接受认可的是古希腊医生希波克拉底对气质的分类。希波克拉底最早对气质加以分类并给予了细致的描述。他认为，人的体内有 4 种体液：血液、黏液、黄胆汁和黑胆汁。根据人体内这 4 种体液的不同配比，人的气质可以被划分为多血质、黏液质、胆汁质和抑郁质 4 种不同类型。不同类型的气质表现出各自不同的特征，如表 3-1 所示。

表 3-1　气质类型分类介绍

气质类型分类	气质类型特点	代表人物
多血质	多血质的人活泼，反应快，理解能力强，好奇心旺盛，爱交际，适应性强，做事果敢；但兴趣变化快，容易三分钟热度，见异思迁，争强好胜，情绪变化迅速，容易情绪外露	王熙凤（《红楼梦》）、曹操（《三国演义》）
黏液质	黏液质的人安静稳重，考虑事情全面，善于忍耐、克制，自制力强，情绪不外露；但反应性差，有时候灵活度不够，注意力稳定但却难于转移，习惯因循守旧，可塑性差	沙僧（《西游记》）
胆汁质	胆汁质的人直率热情，精力旺盛，思维敏捷，适应能力强，对新事物感兴趣，是活动的积极参与者；但也急躁，莽撞，缺少耐性，易激动，易怒，喜欢争辩，不太能控制自己的情绪，容易感情用事	张飞（《三国演义》）、李逵（《水浒传》）

续表

气质类型分类	气质类型特点	代表人物
抑郁质	抑郁质的人高度敏感，情感细腻，善于发现，谨慎，细致，但也缺乏乐观态度，遇到不顺心的事容易患得患失，对新知识的接受能力差，不善交往，适应力差，易疲劳	林黛玉（《红楼梦》）

在一个剧院的门口，有4位先生看戏迟到了。

第一位先生急匆匆地想要进门，但是剧院的检票员伸手拦住了他，告诉他根据规定，剧院开场后一律不得入内。这位先生便与其争辩剧院的钟快了，争辩无果便大吵起来，并不顾阻拦想硬闯剧院。

第二位先生也迟到了，见这时检票员完全无暇顾及自己，便设法偷溜了进去。

第三位先生走到门口，发现迟到了也不着急，自我安慰说："这场戏肯定不好看，我看其他的也可以。"

第四位先生到门口时自知看戏无望，只得抱怨运气不好，然后遗憾地转身离去。

点评：这4位先生面对同一件事，表现出了不同的行为反应，这其实就和他们的气质类型相关。第一位与人争辩的先生是胆汁质，第二位偷溜进去的先生是多血质，第三位自我安慰的先生是黏液质，第四位自认倒霉的先生则是抑郁质。可以看出不同气质类型的人各自具有鲜明的特点，且其处理事情的方式也截然不同。正如正文中提到的一样，气质无好坏之分，它只是表现出每个人的行为特性，但如果能了解、熟悉自己或别人的气质类型，对于健全人格也会有所帮助。

在现实生活中，大多数人都是属于混合两种及两种以上气质类型的复合气质。相关研究发现，在大学生群体中，复合气质类型的大学生占半数左右，多血质占比稍大，黏液质次之；而男生中胆汁质、多血质的人数超过女生，女生中黏液质的人数超过男生。

实际上，特定的气质类型会有相对其他气质而言更适合的岗位，例如，黏液质的人相对安静、稳重，处理突发事件的能力相对较低，因此比较适合教师、会计等细致和偏程序化的岗位。所以大学生可以综合自己的气质类型，选择比较适合自己的工作岗位，或确定理想岗位之后，对自己的气质类型进行有针对性的培养，发扬气质类型的积极面，压制气质类型的消极面，以形成良好的气质。

小贴士

在对我国一线城市大学生就业情况的调查中发现，应届生毕业一年内换工作的频率在逐年升高，除去其他因素外，可以发现部分大学生中可能存在职业方向不确定的情况。如果大学生能在大学期间及时了解和发现自己的气质类型，对自己确定职业类型、稳定就业也是有帮助的。综合各类研究分析后，发现多血质的人比较适合从事导游、外事接待、销售、管理等偏好与人打交道的工作；黏液质的人比较适合从事会计、外科医生、出纳员、法官、播音员等需要稳健、沉着的工作；胆汁质的人适合从事主持人、导游、演员、运动、探险等挑战性较大、环境变化快的工作；抑郁质的人比较适合从事文字处理、编辑、美术类等需要耐心的工作。大学生可将此作为自己选择职业方向的参考。

（二）人格与性格

性格指的是个体表现在对现实的态度和行为方式上比较稳定的心理特征，是先天和后天都可以发挥作用的、一种可被改变的因素。

随着大学生年龄的增长，先天的气质类型会形成性格类型，与其共同作用于人格。人的气质会作用于性格，并影响性格的形成和改造速度；反之性格也会掩盖气质，使其符合生活实践的要求。因此大学生在健全人格时，实际上更多的是在改造由先天气质类型散发出来的性格，对气质本身的影响反而较小。而且一个人的性格往往会有好或坏的评价，因此性格也具有道德评价的意义。性格无疑对人格的形成和发展具有重要作用，奥特波尔甚至更愿意“把性格定义为加以评定的人格，而把人格定义为不加以评定的性格”，性格差异也是个体之间人格差异的核心部分。

由于性格这一心理现象极为复杂，至今对性格也没有一个统一的分类标准。根据知、情、意的划分标准，性格可以被分为理智型、情绪型和意志型；按心理活动分类，性格可以被分为外向型和内向型。心理学家根据人的性格和表现出来的形式将人的性格划分为 A、B、C 三大类，或者也称 A 型人格、B 型人格和 C 型人格。

A 型人格的人说话做事的节奏快，干劲十足，争强好胜，易动肝火；B 型人格的人则专心致志，从容不迫，能冷静、理智地处理各种问题，以平常心对待挫折；C 型人格的人容易产生焦虑、不安、怨恨等消极情绪，而且总是把情绪藏在心里，通过掩藏自己的真实情感换取和谐的人际关系，因此行为和心理活动的不一致是 C 型人格非常重要的特点。

在与心理学相关的文献中，从生理健康的角度来看，心理学家们往往推崇 B 型人格而非 A 型人格，因为 A 型人格的人的性格特征使得其比其他人格的人更容易患心血管疾病等，据美国心肺和血液研究所的调查可知， A 型人格的人患心脏病的比例，高达 98%。而我国的相关研究也表明 A 型人格的人患心脏病的概率比 B 型人格的人高 3~6 倍。但面对激烈的现实竞争，大学生具备一些 A 型人格也是很有必要的，同时如果能更好地管理性格中的愤怒部分，健康问题将得到更好的控制。

小贴士

A、B、C 型人格的划分常与疾病联系在一起。医学研究发现，A 型人格是心脏疾病的危险因素，B 型人格则被视作“长寿人格”，C 型人格是一种有损机体免疫机能的人格，因此被认为是容易患癌症的人格。

五、人格的特质——大五人格量表

在人格的理论中，特质说和类型说一直存在争议，类型说倾向于对人进行分类，特质说则倾向于从不同的维度来勾勒一个人的人格。虽然现在关于类型说的人格划分，如 MBTI 职业性格测试等测验还在使用，但在人格心理学的研究方面，特质说的发展势头非常强盛，在人格特质测试领域也形成了相对稳定而完整的描述人格的测试量表，如大五人格量表是其中一个比较经典的量表。

大五人格量表由美国心理学家科斯塔和麦克雷编制而成。大五人格的发现基于心理学家对人格根源特质的发现。奥尔波特先开始了对形容人格的词汇的研究，希望从词汇中发现人格特质；之后卡特尔继续对奥尔波特选出的 4500 个词进行研究，从中选出了 35 个特别重要的词汇并进行了因素分析；最后菲斯克又从卡特尔的研究中选出了 22 个词进行分析，发现有 5 个因素总会最先出现。经过多年、更多样本的研究后，这 5 个因素的不断重复出现使得大五人格最终被确定下来，科斯塔和麦克雷据此编制了大五人格量表，大五人格量表也成为一个被大范围使用的人格测量工具。

大五人格中的 5 个因素代表 5 个维度，每个维度都有不同的特质表现，这 5 个维度分别是开放性（Openness）、尽责性（Conscientiousness）、外向性 / 外倾性（Extraversion）、宜人性（Agreeableness）和神经质 / 情绪性（Neuroticism），这 5 个英文单词的首字母组成“Ocean（海洋）”一词，因而大五人格又被称为“人格的海洋”。

随堂活动

大五人格问卷测试

扫描右下方二维码，完成大五人格问卷测试。该问卷包括 5 个维度，最后只分别计算各维度总分，不计算问卷所有题目的总分。每个维度有 12 题，共计 60 题。每个维度的题目序号分别如下。

（1）开放性：3（O）、8、13、18（O）、23（O）、28、33（O）、38、43、48（O）、53、58。

（2）尽责性：5、10、15（O）、20、25、30（O）、35、40、45（O）、50、55（O）、60。

（3）外向性 / 外倾性：2、7、12（O）、17、22、27（O）、32、37、42（O）、47、52、57（O）。

（4）宜人性：4、9（O）、14（O）、19（O）、24（O）、29、34、39（O）、44、49、54（O）、59（O）。

（5）神经质 / 情绪性：1（O）、6、11、16（O）、21、26、31（O）、36、41、46（O）、51、56。

其中，带“（O）”的题目需反向计分，即若原分为 x 分，反向计分为 $y=5-x$。因为目前缺乏我国人口在各维度上的平均数与标准差的可靠数据，而各维度得分范围在 0 ~ 60 分，所以可以取中间数 30 分作为参考值，评估各维度的水平是高还是低。

大五人格问卷测试

大五人格的各维度的水平各有高低，高分和低分有非常大的差异，并表现出不同的人格特质，如表 3-2 所示。

表 3-2　大五人格各维度高分和低分的人格特质表现

维度	高分表现	低分表现
开放性	创造力强、富于想象、兴趣广泛、反对保守、好奇心强	无艺术性、讲求实际、兴趣少、遵循惯例、缺乏好奇心
尽责性	谨慎、细心、认真、自律、关注责任和义务、整洁有序	粗心、无目标、懒散、不可靠、意志弱、沉溺于享乐
外向性 / 外倾性	喜爱社交、健谈、合群、关注他人、热情	不好交际、严肃、寡言、冷静、爱独处
宜人性	心软、脾气好、宽宏大量、信任人、直率、助人为乐	强硬、苛刻、挑剔、多疑、易怒、控制欲强、不合作、
神经质 / 情绪性	紧张化、情绪化、焦躁、压抑、忧虑、神经质、不安全感、自怜	平静、稳定、自在、安全感、自我满意

大学生可以将大五人格量表作为测量自己人格的参考性工具，通过其结果了解自己的人格特质。

扩展阅读

艾森克人格结构维度理论

德裔英国心理学家艾森克发现，虽然可以区分出用以描述人格的特质，但这些特质大多并不绝对独立，而是相互之间存在着某种联系。因此艾森克主张用特征群，而不是用散在的特质去描述人格。他主张将人格的类型模式和特质模式有机结合，充分利用两种模式的特点，使人格的描述更加全面、更具层次性。

艾森克将人格特质归结到 3 个基本维度上，分别是外 - 内倾、神经质和精神质。其中精神质独立于神经质，用来表示倔强、粗暴这类特点，这种特质在每个人身上都存在，只是程度不同，并不等同于精神病（精神质可以和神经质一起用来表示各种神经症和精神疾病）。而外 - 内倾和神经质在人格测量描述系统中处于比较显著和醒目的地位，因此艾森克以外 - 内倾为纬度，以神经质为经度（表现为情绪稳定的一端和情绪不稳定的一端）绘制出关于人格的结构图，其中共包括 32 种人格特质，并与希波克拉底提出的 4 种气质类型相对应。

每种气质类型包含 8 种人格特质，如图 3-3 所示。大学生可根据自己的高分特质，看图查看自己所属的人格类型，或从气质类型和人格特质的结合中预测自己可能会出现的人格问题。当然，这种做法仅作参考。

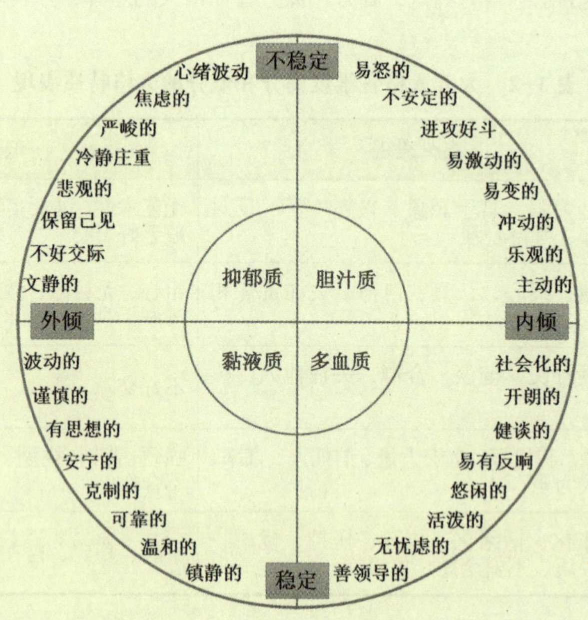

图 3-3 艾森克人格结构图

事实上，艾克森人格问卷是比较专业的人格量表，得到了多种实验心理学研究的印证，将量表结果和人格结构图综合进行分析，大学生或许可以得到有较高可信度的测量结果。

任务二 人格发展异常的表现与评估

大学生人格发展的过程中，难免会出现偏差或异常，人格障碍和人格发展中的常见缺陷就是典型的人格异常发展的表现。有人格障碍的大学生意识和智力都没有异常，但由于缺乏对自己人格的认知，会很难与人和谐相处，难以适应正常的社会生活。人格缺陷则比较常见，严重程度也更低。本任务将进行人格障碍、人格发展缺陷以及健康人格的标准方面的介绍，帮助大学生更好地促进自己的人格发展。

一、常见人格障碍的类型

人格障碍是指个体的人格特质显著偏离正常人，并形成自己特殊的行为模式。从心理健康的角度来讲，人格障碍也是心理疾病的一种表现。健康的人格特质是统一的，言行一致的，但有些人会由于各种因素的影响，导致自己的人格特质在某些方面出现不稳定的、言行不一的异常表现。常见的人格障碍主要有以下 6 种。

（一）表演型人格障碍

表演型人格障碍曾称为癔症型人格障碍，这类人格障碍的主要特点是以过分感情用事或夸张的言行来吸引他人的注意。有表演型人格障碍的人好表现自己，常常做出过分夸张、做作的事，装腔作势。他们经常渴望受到表扬和同情；自我暗示性高，被他人暗示的可能性也高；说话常夸大其词，掺杂幻想情节，难以与真实情况核对；情感易变，完全按个人的情感判断好坏；同时，有表演型人格障碍的人也比较以自我为中心，会强烈要求他人服从自己的意志，不如意就会强烈不满或给他人难堪。

（二）回避型人格障碍

回避型人格障碍又称逃避型人格障碍，其最大的特点就是行为退缩，心理自卑。有这类人格障碍的人既渴望建立亲密关系，又害怕建立亲密关系；他们缺乏与人交往的勇气，害怕失败带来的羞辱与痛苦，害怕自己受到批评。回避型人格障碍的临床表现有自我敏感、自我评价较低，明显的不安感、自卑感和紧张感等，有回避型人格障碍的人会认为自己社交笨拙，有在社交场合被批评或被拒绝的先占观念，也会因为可能产生的困窘而不愿意冒风险或参与任何新活动。这种人格障碍一般是起源于童年经历或受父母的影响。一般的社交回避可以通过训练或书籍的指导来进行转化，但症状严重时就需要根据心理医生的诊断来进行调整。

（三）偏执型人格障碍

有偏执型人格障碍的男性一般多于女性。偏执型人格障碍主要表现为对自己评价过高，理解问题片面，失败时不从自己身上找原因，自尊心很强但又自卑。例如，在恋爱关系中比较霸道，认为“我爱你，所以你必须爱我”，怀疑伴侣的忠贞度等，其实这都是缺乏安全感的表现。

小贴士

有些大学生会在大学期间与别人建立恋爱关系，尤其要注意伴侣是否有偏执型人格障碍的特征。如果有，就需要好好审视这段恋爱关系，因为有偏执型人格障碍的人比较容易有家暴的倾向，大学生需要在恋爱中好好保护自己。

（四）依赖型人格障碍

依赖型人格障碍是日常生活中较为常见的人格障碍，一般有依赖型人格障碍的女性多于男性。有依赖型人格障碍的人一般会表现出无主见、过度容忍、害怕孤独等特征，他们常常会有无助感、被遗弃感，在面对选择时总是想依靠他人来做决定，要求并容忍别人安排自己的生活。当然，他们也会将责任推给被自己依附的对象，自己不能承担起选择和完成各项工作及任务的责任。

有依赖型人格障碍的人常有的想法是“我不知道该怎么办，所以我希望你帮我做决定”“既然你帮我做了决定，那么这件事我也需要你来解决”等。这种人格障碍主要是因为大学生对父母、家庭太过依赖，所以这类人的自立性和独立性也很弱，甚至会为了有一个“靠山”而放弃自己的趣味和爱好，委屈求全。

（五）自恋型人格障碍

自恋型人格障碍多存在于受宠爱的大学生，或在家里备受宠爱，在学校却得不到迁就和宠爱的大学生中。有这类人格障碍的大学生常常希望受到别人的关注，坚信自己关注的问题是独特的，自己也应享受别人没有的特权。他们喜欢指使他人，渴望获得持久的关注与赞美，对自己的才能会夸大其词。有自恋型人格障碍的人在面对批评的时候会觉得愤怒、羞愧或耻辱，他们有很强的嫉妒心，缺乏同情心。

案例

李珂的堂兄李兆是学校里的风云人物，他不仅以高分考取了大学，还在大学期间因表现优异被保研。大约一个月前，李兆在准备论文开题时，发生了一件令他十分苦恼的事。起因是他想写一篇自认为创新性很强的论文，并深信该论文会产生较大的影响，但他的导师却认为他的研究缺少理论价值和应用价值，劝他另行选题。他认为导师是在刁难他，而同学对他的劝告也被他认为是嫉妒心作祟且缺乏眼光。实际上，李兆平时就有过分标榜和展示自己的行为，甚至在稍有不如别人时妒性大发，把别人贬得一文不值。

点评：李兆的言谈举止，确实表现出了明显的自恋型人格障碍的倾向。自恋其实是所有人都具有的特质，也就是说，所有的人都倾向于认为自己是特殊的，这种特质会让我们敢于想象、敢于追求。但不健康的自恋则会让人总是感觉自己是特殊的，为此可以做出任何事，这并不利于人格的健全发展，也很容易给身边的人带来伤害，形成较差的人际交往关系并影响我们在做决定过程中的判断，如做出错误决定而不自知，使其成为人生路上的绊脚石。

小贴士

除常见的外向型自恋者之外，还有一种内向型自恋者，他们不爱说大话、吹牛。哈佛医学院讲师马尔金认为这类人理解的（自恋的）特殊感像是一种受害者的情绪，他们会认为“我觉得自己的喜怒无常与大多数人不同”或“似乎没有谁能理解我的一些困扰”，这种自恋表现多发生在青少年身上，也难以被注意到。大学生也需注意这类自恋的特征。

（六）反社会型人格障碍

反社会型人格障碍在男性中比在女性中更常见，在反社会型人格障碍的人通常会表现出较高攻击性、行为无计划性、无羞愧感、社会适应不良的特点，是人格障碍中社会危害性较大的一种。

有反社会型人格障碍的人也会有表演型人格障碍的某些症状，如情绪不稳定、高度利己等，且有反社会型人格障碍的人往往对自己的人格缺陷缺乏认识、情感淡漠甚至冷酷、自我控制不良、缺乏责任感、行为受偶然动机或情感冲动驱使。一般有这种类型人格障碍的人也会在幼年时期表现出逃学、性浪荡、偷窃违纪、反复饮酒、攻击人等症状。反社会型人格障碍的病因复杂，且目前尚缺乏十分有效的调整方法，其被公认为是最难治疗的心理障碍之一。但这并不意味着这种人格障碍不能得到控制，通过道德感的培养以及厌恶疗法等也能达到行为矫正的目的。这就要求大学生平时注意树立正确的价值观和道德观，提高法律意识和责任感，谨防自己的人格发展出现偏差。

小贴士

一般反社会型人格障碍的诊断需要满足一定的年龄标准，即个体满 18 岁且有证据表明其人格障碍出现于 15 岁之前。而且需要注意的是，有反社会型人格障碍的人虽然经常有违纪行为，有高攻击性，但并不代表其一定会有攻击甚至凶杀行为。

除了以上 6 种人格障碍之外，还有强迫型人格障碍、分裂型人格障碍、边缘型人格障碍和分裂型人格障碍等，这些都是精神疾病诊断标准 DSM-IV 中一些主要的人格障碍类型。人格障碍属于精神疾病的范畴，需要有专业的精神科医生的诊断才能确定某大学生是否患有人格障碍的病症。若大学生确实存在人格障碍，就需要接受精神科医生的治疗。大学生不能根据自己的行为表现自主判定自己有人格障碍，也不能盲目地、搜罗所谓的治疗方法自主排解，以免因“杞人忧天”而导致正常的人格发展出现问题。

二、常见的人格发展缺陷

有人格障碍的大学生是少数，除了人格障碍之外，常见的人格发展的缺陷是值得大学生重点关注的，下面进行介绍。

扫码看微课

（一）拖拉

拖拉指的是一个人办事缓慢，经常拖延，对能完成的事情不按时完成的表现。有的大学生常常会因为害怕困难、逃避现实、过于追求完美、缺乏自我约束力等多种原因，将早该做完的事延后，拖拖拉拉不愿完成。拖拉也是大学生人格发展不健全的表现，长期拖拉就会形成拖延症。

要解决这个问题，大学生要注意这 4 点：一是要制订计划，并一步步落实，推动事情的完成；二是分清事情的轻重缓急，不要过分追求完美；三是减轻对困难的畏惧，克服拖延心态；四是学会时间管理，养成按时、按计划做事的习惯。这些方法都可以帮助大学生改变做事拖拉的不良行为习惯。

（二）狭隘

狭隘也就是人们常说的“小心眼”，有这类人格发展缺陷的人常常表现出斤斤计较、嫉妒、挑剔的行为与态度，情感脆弱，意志薄弱，对个人得失看得较重。

要调适狭隘这一人格发展缺陷，大学生首先要丰富自己，通过阅读和交往开阔自己的眼界；同时要有开阔的胸襟，做到以大局为重，将目光放得更长远；还要学会宽以待人，经常保持宽容、包容的心态，增加自己的“肚”量。

（三）猜疑

猜疑指在交往过程中自我牵连倾向太重，在没有事实依据的基础上也认为许多事与自己有关，从而对别人的言行过分敏感、多疑。有这类人格发展缺陷的人常常无中生有，认为别人不可信，对别人的任何言行都会多思多想，去寻找其中的“潜台词”，这样的行为会损害人际交往关系，造成自我怀疑等。

大学生要调适猜疑这一人格发展缺陷，需要做到以下 4 点：一是要胸怀坦荡，宽以待人；二是要加强与他人的沟通，消除误解；三是要学会自我暗示，不斤斤计较，不被负面情绪纠缠，冷静思考，减少怀疑；四是要培养自信，当大学生有足够的自信时，就不会担心别人是否会议论、挑剔自己的行为了。

小贴士

猜疑的显著心理特点就是容易怀疑。当大学生开始怀疑别人时，应立即寻找自己产生怀疑的原因，不要让无谓的猜疑破坏了自己与朋友之间的关系，造成“疑邻窃斧”的局面。例如，可以综合分析所怀疑对象平日的所作所为和表现等，这样可以将错误的猜疑掐灭于萌芽状态，同时也可以避免形成习惯性猜疑。

（四）社交障碍

有社交障碍的大学生常常处于焦虑状态，会害怕在公众场合出现，不敢或不能与人交往。社交障碍一般是大学生自我防御心过重的结果，伴随着社交障碍而生的还有过度羞涩、怯懦、自卑、孤僻、封闭、对人有敌意等会对人格发展造成不良影响的缺陷。在对 100 多所高校大学生进行调查的过程中发现，在他们咨询的与人际关系相关的问题中，“社交困难”的咨询率占据首位，占比超过一半，可见不少大学生都被社交问题所困扰。

调适社交障碍，一方面需要大学生学会自我接纳，如认可在社交场合沉默的正常性，不苛求自己，肯定自己的价值等，或者通过帮助别人忘记自己的烦恼，做到不刻意迎合别人，练习在人多的地方向人们微笑；另一方面则可以采取一些专业的、有效的心理疗法，包括系统脱敏法、代币法等行为疗法，以及药物治疗法、强迫疗法、利用梦与自由联想的解析的精神分析法和催眠疗法等，当然，部分方法需要在医生的指导下使用。

（五）悲观

悲观是指看待事情、遇到困难时就会往坏的地方想，遭遇挫折就会垂头丧气、失去信心，并感到悲观绝望。有这类人格发展缺陷的人常常看不到自己的优势、成绩，总将目光聚焦于自己的弱点和事情的消极面，夸大困难，弱化自己的能力。

悲观是一种认知的偏差，也是人格不成熟的表现，对大学生的日常生活有不良的影响，可能会让大学生在敢于拼搏的年纪因为丧失信心而做出让自己遗憾的选择。要调适自己的悲观心态，大学生就需要树立乐观的人生态度，加强对自己信心的培养。

此外，急躁、害羞、鲁莽、抑郁、焦虑等都是大学生人格发展中的常见缺陷。这些缺陷都会妨碍大学生学习活动的顺利开展，对其人际交往、学习潜能的发挥和社会适应等都会带来不利影响。因此，大学生要学会及时认清自己的人格发展缺陷并对其做出恰当的调适。

三、健康人格的标准

健康人格是一种完善的人格模式与人格典范，是指人格结构通过不断发展和完善，人格的各种特征完备结合与有机联系。很多心理学家根据其临床检测并综合观察法、心理测验法等，提出了不同的健康人格标准，其中比较有名的学者有马斯洛、奥尔波特、罗杰斯、皮尔斯、黄希庭、弗洛姆等。前面介绍了马斯洛健康人格的标准，这里主要介绍罗杰斯和奥尔波特的健康人格标准。

（一）罗杰斯的“功能充分发挥者”模型

美国人本主义心理学家罗杰斯是人格现象学理论有名的代表人物之一，他认为人的本性就是要努力保持乐观和对生活的满足，但不在于个体所有生物性需求的满足，而在于积极参与和持续奋斗的过程。健全人格不应该被理解为一个固定的状态，而应该是一种过程或趋势。因此，罗杰斯提出了“功能充分发挥者”模型，他认为健康的人格就是功能充分发挥的个体，其可以按照自己的情感来行动，而个体成为自己的过程即实现健康人格的过程。他把“功能充分发挥者”的优秀特征概括为以下 6 个方面。

- 他们的社会经验都能正确地进入意识领域。他们对个人的各种经验均开放接受，不拒绝、不扭曲，能正确地将其符号化，变为意识。
- 协调的自我。他们的自我是开放的，能和经验协调一致，能不断接受新事物。
- 他们以自己内在的实现倾向作为经验评估的参考系，而非外在的社会价值，并充分相信个人的体验能够引导个人做出正确的决策。
- 有自由感，相信自己能掌握自己的命运，感到自己想要的一切都有能力去得到。
- 具有创造性。他们在做的一切事上都表现出创造性，即使已满足了原始动机，但仍会热情、主动地做事。
- 乐意给他人以无条件的关怀，能与其他人和谐相处。

（二）奥尔波特的“成熟者”模型

美国人格心理学家奥尔波特在哈佛大学长期研究高心理健康水平的人，并把他们称为“成熟的人”。奥尔波特认为具有健康人格的人是成熟的人，他认为成熟的人在理性和有意识的水平上活动，对激励他们活动的力量是完全能够意识到并可以控制的。成熟的人的视线应该看向当前和未来的事件，而不是看向童年的事件。与此同时，奥尔波特也从成熟的人身上归纳出 7 个特点，作为健康人格的标准。

- 有自我扩展的能力。
- 与他人热情交往，人际关系融洽。
- 情绪上有安全感，自我接纳。
- 具有现实性知觉。
- 专注地投入自己的工作。
- 客观地看待自己。
- 心理与行为的一致性是自己的人生哲学。

菲尔人格测试

菲尔人格测试由美国的菲尔博士于某节目中提出，目前被许多公司作为员工测试的工具。请你回答以下问题，并扫码查看测试结果，看看你属于哪种人。

1. 你何时感觉最好？（　）

A. 早晨　　B. 下午及傍晚　　C. 夜里

2. 你走路时是（　）。

A. 大步地快走　　B. 小步地快走　　C. 不快，仰着头面对着世界

菲尔人格测试评分标准及结果

D. 不快，低着头　　E. 很慢

3. 与人说话时，你（　）。

A. 手臂交叠站着　　B. 双手紧握着

C. 一只手或两手放在臀部　　D. 碰着或推着与你说话的人

E. 玩着你的耳朵、摸着你的下巴或用手整理头发

4. 坐着休息时，你的姿势是（　）。

A. 双膝并拢　　B. 两腿交叉

C. 两腿伸直　　D. 一条腿蜷在身下

5. 碰到让你发笑的事情时，你的反应是（　）。

A. 欣赏地大笑　　B. 笑着，但不大声

C. 轻声地笑　　D. 羞怯地微笑

6. 当你去一个派对或社交场合时，你（　）。

A. 很大声地入场以引起注意　　B. 安静地入场，找认识的人

C. 非常安静地入场，尽量保持不被注意

7. 当你非常专心地工作时，有人打断你，你会（　）。

A. 欢迎他　　B. 感到非常恼怒　　C. 在上述两个极端情绪之间

8. 下列颜色中，你最喜欢哪一种颜色？（　）

A. 红色或橘色　　B. 黑色　　C. 黄色或浅蓝色

D. 绿色　　E. 深蓝色或紫色　　F. 白色

G. 棕色或灰色

9. 临入睡的前几分钟，你在床上的姿势是（　）。

A. 仰躺，伸直躯干　　B. 俯卧，伸直躯干　　C. 侧躺，微蜷

D. 头睡在一只手臂上　　E. 被子盖过头

10. 你经常梦到自己在（　）。

A. 落下　　B. 打架或挣扎　　C. 找东西或人

D. 飞或漂浮　　E. 你平常不做梦　　F. 你的梦都是愉快的

任务三　优化和完善大学生人格

培养健全的人格不仅是大学生素质教育的需要，也是大学生个人发展的需要。人格的发展就是

大学生各方面潜能充分、和谐的发展。当代大学生不仅需要学习专业的知识技能，还要重视人文素质教育和心灵教化，而健全的人格可以使大学生发展得更为全面，这不仅是大学生大学阶段的重要任务，也是现代教育面对社会应做出的必然选择。这种完善过程甚至会贯穿大学生的一生，以帮助其更好地面对社会的发展变化，适应激烈的竞争，经受挫折和考验，成长为一个更健康、更有素养的人。对大学生人格的完善，可以从以下 4 个方面进行。

一、升华价值观 

人格教育会在很大程度上影响大学生的素质结构，同时它还具有推动、升华社会文明的作用。在人格完善的过程中，尤其要注意价值观对人格的影响力。价值观对人格有解释、定向、过滤和调节的功能，因为价值观会影响大学生的性格、态度和行为模式，使其形成与价值观相对应的人格。而通过对价值观的升华，大学生的人格将更加健全，如帮助大学生克服外界的不良影响、通过学习好的行为品质使大学生的人格积极、正面地发展、引导大学生主动和自觉地进行人格塑造等，这些都是价值观的升华对人格产生促进作用的表现。升华价值观的途径如下。

- **引导大学生树立理想**。大学生应当树立远大的理想，这样他们会更积极、乐观地面对生活，努力进取，在追求理想的过程中体验幸福与快乐，发现人生的美好与价值，也能让他们做更好的人。
- **引导大学生践行社会主义核心价值观**。这主要是对大学生思想道德的塑造，享乐主义、拜金主义、利己主义等腐朽思想，可能会给大学生带来消极影响，而社会主义核心价值观可以作为一个道德标杆来约束大学生的思想与行为，使其形成良好的道德认知，努力成为正面的、健康的人。
- **引导大学生开展社会实践活动**。大学生可以积极参与多种形式的社会实践活动，去深入接触社会、了解社会，在实践中形成积极、正确的价值观。

价值观的升华涉及的范围较广，对于大学生而言，除了以上途径之外，更多的是从小事着手。例如，善良、积极、乐观、心胸开阔、与人保持亲密互助的关系、给他人信赖感和安全感、追求自我完善、在批评社会价值观的同时多反省自身等，这都是现实可行的通过自我改变去完善自我人格的做法。

二、坚持自律与他律的结合 

作为当代大学生，要加强个人修身的主动性、自觉性，处理好自律与他律的关系。坚持以自律为主，通过长期不懈的努力，不断提高思想境界；以他律为辅，结合社会和他人的力量，促进自我的完善。

市场经济有追求利益最大化、竞争性、创新性等特点，这要求大学生作为一个即将面对市场的社会主体，应具备全面发展的、完备的人格素质，要有独立性、创新性、规范性、道德性等方面的人格特征，而这些需要大学生经过不断的加强自我修养才能实现。一方面，大学生要认识到他人对自己的要求，提高自我认知，对自己做出正确的评价并慢慢调整自己的行为；另一方面，即便是优秀的大学生个体组成的群体，该群体也会出现低智化倾向，这就需要群体之外的朋友、同学、家庭、学校、社会等作为他律主体对大学生的人格塑造过程进行调整，如大学生受到学校教育后，道德观和价值观得到正面引导等。在大学生人格塑造的过程中，只有外在客体他律与内在主体自律相结合，才能取得较好的效果。

三、注意人格熏陶

熏陶就是指个体被某种思想、品行、习惯、风气濡染而趋向同化。对被熏陶的对象而言，这是一个将外在影响逐渐内化的过程。人格要在与他人相处、合作时才能表现出来，而通过人格熏陶可以由外及内促进大学生产生情感震动，达到情感内化，从而影响其品德、提升其人格境界。

人格熏陶既可以是一种被动接收，也可以是一种主动探索，这主要体现在大学生可以接收学校等他方传递的人格教育。例如，学校通过美术、古典、人文教育来感染大学生，展示高尚的情感品格，以此激发和培养大学生的审美情操，提升其人文素养，为其人格塑造和未来发展树立正确的道德观念和价值取向。另外，班集体关系、课堂气氛、实践活动等来自环境的熏陶也能促进大学生的合作互助、良好竞争、心灵净化，培养其乐观积极的心态，使其得到人格的升华。而大学生也可以通过与品格、个性、素养更好的人或者具备其理想性格的人成为朋友，从而进行学习、改变，或者通过主动发现和观察人格更完善的人，去认识、学习和反思。

在这种主动或被动的过程中，大学生通过被熏陶、感染，其意识、观念及品德可以在认知、体验等过程中得到升华，其人格得到完善。

四、制订协调的发展计划

大学生人格完善的过程，实际上是从现实自我到理想自我的过程。要想逐步达到自己的理想状态，大学生就需要制订发展计划，按照计划一步步进行完善。

大学生在正确认识自己、了解自己的性格特征、发现自己需要完善的地方之后，可以通过制订计划，剔除对人格发展不利的部分。给自己定下在乐观、创造、决心、纠正懦弱等不同方面的目标。在决心栏可以写下详细的计划，如“去游乐场所玩刺激项目，锻炼做决定的勇气”“细致分析并等待机会”“当机会到来时，坚决采取行动”“一旦做出决定，不要后悔”；在纠正懦弱栏下写“提升自信心”“多创造与人交往的机会”“大胆做事”“独立做事”，其中在“提升自信心”方面可进一步将细节和内容补足，包括提升自信的技巧等。

总之，在提出大的方向以后，大学生最好贴近自己的实际提出切实可行的具体策略，保证计划可实现、可完成，以使计划顺利执行。在一个学期或达到大学生认定的一个阶段后，大学生可进行计划总结，分析自己的改进结果并调整计划，以帮助自己成长为更好的自己。

小贴士

计划的制订比实施更加容易。很多大学生可能会因为缺乏自制力而难以完成自己定下的各种计划，如学习计划、阅读计划等。完善人格的计划也是如此。因此，大学生要准备好监督自己完成计划的措施，如加入专门的相互监督小组，或者与朋友、同学一起为实现理想的自己的共同努力、互帮互助、互相监督等。

集训营

1. 你认为你的人格发展状况如何？存在哪些缺陷？综合分析思考之后，请为自己制订一份人格完善的发展计划。

2. 李珂最近有一个烦恼，不知道是不是“宅”习惯了，他发现自己现在越来越不爱交际，不仅面对异性时变得少言，不知道聊什么，和以前的朋友出去聚会时，也像是一个边缘人物。他尝试变得更活泼，却发现自己会更尴尬。他甚至不愿意出现在人很多的地方，尤其是当很多人都注视他时，他会格外不自在。他对自己现在的状况感到十分无力，不知道该如何改变。李珂的室友陈宇也有烦恼，他的朋友都说他变了，他以前比较温和、斯文，现在却会时常说一些别人听不懂的词，还动不动就说脏话，脾气也变得暴躁、易激动，和以前大不相同。陈宇心想，一个人的气质类型不是天生的吗？还是说玩游戏对我的性格造成了很大的改变？请你结合本项目学习的内容为他们解惑。

推荐资源

1. 书籍：《解读中国人的人格》，王登峰、崔红著。

大五人格结构来源于西方，从东西方文化差异的角度来讲，大五人格结构更符合西方人的人格特质和人格结构分析。北京大学心理学系的王登峰、崔红等人则根据大五人格进行了更本土化的人格研究，他们从词汇分类中得出“大七”人格结构，用来描述中国人人格的真实状态。通过这本书，我们可以了解到更符合中国人特征的人格结构。

2. 电影：《秘窗》（*Secret Window*）。

男主人公雷尼与妻子协议离婚之后，婚姻带来的阴影让身为作家的他再也找不到以前的创作激情了。为此，他搬到一个湖畔小屋疗伤、创作。然而，离奇的事件却陆续出现……随着故事的进展，我们可以看到人在遭遇心灵创伤之后的严重后果。可能每个人的心里都有一扇秘窗，但有的人被窗后的黑暗吞噬，而有的人却选择让阳光在这个角落留下光明。

项目四 上下求索：大学生活的适应

适应是心理健康的重要标志之一，同时也是大学生应当具备的基本心理素质。大学生踏入校园后，处于发展的新起点，在一个几乎完全陌生的环境中产生的各种不适感需要大学生尽快克服。只有加快对大学生活的适应，大学生才能获得更好的发展，开始全面的新生活。

本项目学习目标

- 了解大学生活的特点。
- 熟悉大学生涯规划的相关知识。
- 认识大学生需要发展的能力目标和能力拓展途径。
- 掌握时间管理的方法。

引导案例

大学新生活

音频：案例分析

在上大学之前，曹阳本来对大学生活抱着无限的期待：自己开学之后，一定要积极主动地参与班级和学生会的竞选，争取获得职位；学习应该不成问题，大学的课业肯定没有高中紧；要多参加几个有趣的社团，培养自己的兴趣爱好，同时多交一些朋友；虽然没有合住的经验，但也一定要和室友搞好关系；如果能收获一份甜蜜的爱情就更好了……

谁知真正到了大学，他才发现班级竞争很激烈，有些同学军训期间就因为表现优秀获得了不少同学的支持，而自己则因身体原因经常未参加训练；自己在课后也只想着和相熟的朋友玩乐；参加的社团活动也不如想象中有趣；和室友、同学也常因为生活矛盾引发争吵，等等。种种问题使他感到既孤独又焦虑，长期的烦躁情绪使他神经衰弱，他变得厌恶同学，不想学习，整日处在压抑的氛围中，完全丧失了当初的激情。曹阳反复思考，不知道哪里出了问题才让自己走到如今的局面。

扫描右侧二维码，查看案例分析，讨论如何适应大学生活。

任务一　认识和适应大学生活

在上大学之前，大学生对大学总是有着诸多的想象：优美的环境、甜蜜的爱情、理想的新起点……大学生大多都怀揣着对新生活的憧憬，带着自己的希望和梦想踏进自己心中理想的殿堂。然而在真的面对这一切时，在紧张、兴奋之余是否也有些许失落和不满呢？在大学生活的初期，不少大学新生都有这样的心理，这其实就是对大学新生活的不适应造成的。而本任务的目标就是帮助大学生认识大学生活，并帮助大学生解决不适应问题。

一、大学生活的特点

大学生活与初高中生活存在着较大的差别。大学生活主要呈现出以下 4 个方面的特点。

（一）学习的自主性

在多数大学生以往的学习生涯中，老师通常“盯得较紧”，学校会有较多的课业和测试，个人自习时间较少，教师在学习中的指导作用突出。而大学，通常是课堂教学与一系列教学辅助活动齐头并进，大学生有大量独立自习的时间，新知识的理解、巩固和消化通常都需要大学生自己独立完成。

大学生不仅要学习基础文化知识、学科专业知识，还要加强自己其他能力的培养，以更好地面对未来的发展，适应社会，而这些也更多地需要大学生自己去探索、思考、规划、学习。因此，学习的自主性是大学生活的必然特点，也是大学生进行自我培养的需要。

（二）生活的独立性

以往，许多大学生在衣食住行等方面都由父母安排妥当，自己的主要任务就是学习；而现在大学生普遍进入集体生活，要逐渐摆脱对父母的依赖，学会自己管理钱财、收拾起居、看病就医，处理生活中的各种琐事，探索生活的新领域。因此，生活的独立性是大学生活的又一个显著特点。

（三）人际交往的广泛性

大学生活人际交往的广泛性主要体现在这些方面：一方面，大学生活丰富多彩，大学期间的各种学习活动、社团活动、学校晚会等常常需要不同学院、专业、年级、班级的大学生聚集在一起进行沟通、交流，这不仅大大拓宽了大学生的交际圈，也促进了大学生对不同地区文化的理解；另一方面，其他向外辐射的活动，如知识技能竞赛、社会实践、交换生等形式多样的活动能更进一步扩大大学生的交友范围。这些不同形式的生活、工作、学习、娱乐活动带来的人际交往，都是大学生活人际交往广泛性的体现。

（四）管理上的自律性

随着年龄的增长，大学生的心理也渐趋成熟，较多的大学生都能做到自律、自我管理，同时大学教育也更注重培养大学生的自我管理、自我服务、自我教育和自我约束的能力。再加上学校健全的规章制度的约束，以及大学生逐渐产生的对自己学习、生活等方面的自我监督和管理的意识，大学生也就能更好地培养自律意识。

二、大学新生的常见问题

扫码看微课

不同大学生对自己的大学生活怀揣着不同的想象，如怀着对高考成绩的不满想立志苦读、想要在自己喜欢的领域遨游、想要见识不一样的新鲜的世界、想要在大学过“自由恣意”的人生等。不少人都把大学当作“象牙塔”，认为自己的理想都能在大学里一个个实现，大学生活一定非常美妙，在大学里自己可以活成理想的样子。但大多数大学新生都会面临现实与想象的落差，产生各个方面的困扰。大学新生产生的问题和困扰主要涉及如下 5 个方面。

（一）生活适应问题

大学生生活适应方面的问题主要表现为：有些大学生因为独立生活能力差，生活上难以自理；支出无计划；不习惯学校多样的校园文化和活动；不适应集体生活；不适应学校当地的气候、饮食习惯和文化差异等。由此产生较强的思乡之情和焦虑、烦躁、痛苦等心理不适症状。

（二）学习适应问题

大学生学习适应方面的问题主要表现为：就读的专业非所愿而产生不满、感到学习困难；不愿学习，学不进去；专业内容在想象与现实上的落差；学习面广、难度大；学习形式丰富，难以很快适应；没有明确的学习目标，以及因学习内容和学习时间的选择权增大而产生的不适感等。

（三）人际适应问题

来到大学之后，大学生普遍面临结交新朋友的需要，他们一方面想要找到新的知心朋友，另一方面可能会缺乏主动交往的勇气。有的大学生会因不适应集体住宿而与室友产生各种摩擦；有的大学生因为语言、文化方面的差异不能与同学尽快熟悉或及时沟通、交流而感到苦恼；还有的大学生会因为交际圈太小，有尽快扩大人际交往的急迫需求等。这些都是常见的大学新生在人际适应上的问题。

（四）就业问题

有些大学生在入学初期就已经有意识地想制订自己的职业规划了，却又不知道如何入手。他们会思考：我的专业适合什么岗位；我想做什么；环境支持我做什么；为了更好地就业，我应该做哪些准备；我是否需要考驾照和其他资格证书，等等。就业问题几乎贯穿大学生的整个大学生活，大学生要做的就是在制订了职业规划的基础上，安排好自己的大学生涯，这也是下一个任务需要我们去探索、学习的内容。

（五）心理健康问题

许多大学生还可能因为学校适应不良而产生适应性障碍，这是大学生群体中常见的一种适应性障碍，主要表现在情绪、行为和生理功能 3 个方面。

情绪障碍主要表现为大学生产生焦虑、自卑、忧郁、压抑、厌烦、悲伤、孤独等不同的心理，不愿意或害怕上学，上课的注意力涣散；行为上的障碍主要表现为学习状态差，记性变差，遇事消极，出现说谎、上网成瘾、逃学、打架等行为品性上的问题；生理功能上的障碍主要表现为大学生出现脑胀、乏力、心悸、入睡困难等问题，但身体检查并无异常。如果大学生适应不良的问题不能得到有效解决，将严重影响大学生的学习和身心健康，甚至导致休学或辍学等后果。

三、促进新生适应的策略

来到一个新环境，总会经历一个从不适应到适应的过程，而如何减缓或调适这种不适感以顺利

度过大学的适应期，对于大学生而言是一门重要的“功课”。大学生要想尽快适应新的大学生活，可以参考以下策略。

（一）确立新目标

有些大学生迈入大学后产生无所适从之感是因为其缺乏人生的新方向，觉得自己在相对轻松的大学校园内不知道该干什么，就连玩也觉得“累”，缺乏以往备战高考时的充实感。这时，大学生不妨为自己定下一个目标，让自己有事可做，在有目标的情况下，大学生活也会变得充实、丰富，自己自然也就可以更快地忽视最初的不适感，尽快融入大学生活。

案例

李珂在走过最初那段觉得什么都很新鲜的日子后，觉得日子又恢复了平淡，这样的感觉和生活与他想象中的大学很不一样。他觉得自己很忙，不停歇地做这做那，但又不知道自己具体应该做什么、自己适合什么、大学生活的意义又在哪里。他对这样的生活感到十分迷茫，不知道自己应该怎么办。

点评：李珂感到迷茫是因为他的忙碌没有目的性、计划性，缺乏具体的目标，所以即便处于做事的状态，他也感受不到真正的大学生活的意义。对于李珂而言，当务之急就是确定新目标，做好大学生活的规划，这样他就能尽快体会到为达到目标而奋斗的经历给大学生活赋予的意义，自然他对大学生活也不再会因缺乏目标而产生不适感。

（二）关注开学教育

许多大学都会设置“开学第一课”，对大学生进行入学教育，包括安全教育、校纪校规教育、学校情况教育、课程安排与专业发展的讲解、军训相关事宜的介绍等，涵盖了大学生活的许多方面，以增进大学生对学校环境、教育和对自己专业情况的熟悉与了解。大学生在入学初期掌握这些教育活动传递的信息也有助于排除不适感，尽快确定大学的新方向。

（三）学会自我独立

生活上的不适感是大学生面临的比较显著的不适问题，这就需要大学生摆脱对家人的依赖、对故乡的思念，培养对新环境的归属感，提高自己独立生活的意识。大学生不仅要学会独立处理问题，还要有独立思考的能力，从心理上做一个真正独立的人。只有这样，大学生才能更自如地面对新环境。自我独立也是大学生适应大学生活，甚至是面对未来、面对人生的必然要求。

（四）学会与人相处

大学生进入大学后，认识新朋友几乎是一个不可避免的问题，不论是和室友相处、与社团成员来往，还是通过同学关系认识新的朋友，都是大学生常见的人际交往，大学生可以通过建立新的社交圈子加快对新生活的适应。面对人际关系问题，首先，大学生不应对交际怀有退缩心态，大学其实是一个浓缩的社会，通过大学期间的人际交往，大学生可以锻炼自己的人际交往能力，这也是大学生活中不应忽视的一门“课程”；其次，大学生要学会与同学和谐相处，相互尊重，互帮互助，这能帮助大学生与他人保持良好的人际关系；最后，大学生还要学会处理同学之间的矛盾与冲突，有意识地培养自己的人际交往意识，逐步提高自己的人际交往能力。

（五）学会主动学习

大学的专业性学习、较多的可自由支配的时间和丰富的校园资源等决定了大学生对自己的学习安排需要有更好的管理和规划。大学生要主动学习、自主学习、高效学习，在结合社会需求、专业特点、人生理想的基础上，通过对时间的合理利用形成自己独特的时间规划，以及掌握有效的学习方法。通过掌控自己的学习节奏，在学海里遨游也能帮助大学生改善对大学生活适应不良的情况。

（六）学会求助他人

适应性问题通常不是个别的、独特的，不少大学生都可能产生类似的困惑。这时候，大学生不妨求助他人，如朋友、适应良好的同学等，向他们“取经”。如果有生活、学习上的不适，除了自己积极调适之外，大学生也可向老师反映，取得老师的理解和帮助，这也不失为一种加快适应的好方法。

任务二 科学规划你的大学生涯

生涯规划是指大学生根据自己的兴趣、爱好、能力等进行综合权衡，并结合时代特色、职业需求趋势、校园资源、职业倾向等，对自己未来的发展做出的主动的、自觉的设计和规划。大学生涯规划则是指大学生在大学期间通过对自身和外在环境的了解，为实现自己的生涯目标制订的关于自己整个校园生活的计划。通过制订大学生涯规划，大学生可以促使自己的能力获得发展，从而实现人生目标。

一、为什么要进行大学生涯规划

假如要开始一段旅行，要做些什么呢？可能会考虑自己有没有足够的时间、金钱，乘坐什么样的交通工具、计划去哪些景点、当地的气候条件如何等。一趟游玩的旅行尚且如此，那么对于生涯规划这场人生中非常重要的旅行，我们真的想要毫无准备地出发吗？

答案当然是否定的。哈佛大学曾经做过一个非常有名的跟踪调查，即对一群智力、学历等差不多的年轻人进行人生目标的调查。调查发现，25 年后，其中目标模糊或没有目标的年轻人基本都生活在社会的中下层或底层；而其中少数目标非常明确及往后数年几乎没有更改过人生目标的人，大多都成了社会各阶层的精英人士。这体现了人生目标和规划对人生发展的重要作用。

对于大学生而言，大学期间的规划也同样重要。在大学这个人生的新阶段，我们不禁会问自己以下问题。

- 我想干什么？喜欢干什么？适合干什么？能干什么？
- 这个社会需要怎样的人才？
- 职业领域都包含哪些行业？
- 我的专业在未来是怎样的发展情况？
- 我是考研、就业还是出国深造呢？考研想考什么专业？就业找什么工作？出国又想去哪个国家？

许多同学在初入大学时就已经在思考自己未来的方向，其实，这样的思考对于大学生而言是必要的，也是应该进行的。常言道“凡事预则立，不预则废”。大学生涯规划不仅能减少大学生对大学生活的迷茫，如解决许多大学生对大学期间应该做什么、发展哪些方面的能力、学习哪些知识、应该达到什么样的目标等问题的困惑，还能帮助大学生更好地管理大学生活，并让大学生通过各种目标、计划的完成，成为一个更优秀、更有发展眼光的人。总的来说，大学生涯规划对于大学生而言非常重要，它的意义可以总结为以下 4 点。

- 大学生涯规划有利于提高大学生的综合素质，避免学习的盲目性与被动性。
- 大学生涯规划为大学生高效利用时间提供了指导，有利于大学生加强自我管理，发挥潜能。
- 大学生涯规划可以与大学生职业生涯规划相结合，对大学生将来从事的职业和实现人生目标具有方向性的指导作用。
- 大学生涯规划作为生涯规划的一个阶段的内容，增强了大学生未来人生发展的目的性与计划性，可以提升大学生成功的机会。

二、大学生涯发展的过程与特征

大学阶段是大多数人从中学生成长为一个社会职业人的过渡阶段，能否顺利完成这个转变就要看大学生在校期间自我规划的能力与意识。总的来说，在校大学生的生涯发展过程如表 4-1 所示。在发展的不同阶段，大学生也展现出不同的特征，在进行具体的生涯规划时，大学生最好根据不同的阶段和特征制订合理的规划。

表 4-1　大学生涯发展过程

大学生涯发展阶段	特征
大一第一学期前半期	①实际角色转变为大学生，心理上大多还未转换 ②对自我和环境探索不够，对大学生活的认识主要停留在从他人口中听说上 ③目标的确定多来自成长经历与外界影响，目标高远但显得空洞
大一第一学期后半学期	①对自我和大学生活的了解增加，具体目标开始显现 ②目标逐渐与所学专业相结合
大一第二学期	①基本适应大学生活，自我探索深入 ②目标开始与自我性格、爱好、能力等结合
大二第一学期	①适应的压力逐渐消退，基本适应大学生活 ②关注自己的成长，对自己性格、优劣势、能力、社会需求、职业发展趋势等的探索更加积极，希望自己快速成长 ③目标开始结合个人需要和社会需要
大二第二学期前半期	目标在长远规划的基础上更加具体、切合实际
大二第二学期后半期	①自我价值与社会价值结合 ②探索职业环境，制订明确的职业生涯规划
大三第一学期	长远目标逐渐明确和坚定，近期目标更加具体，更具有现实性和可操作性
大三第二学期	由于与社会密切接触，职业生涯目标得到有效修正，修正后的目标进一步反映了个人理想与社会现实的结合

三、大学生涯规划的常见问题

大学生涯规划并不是一件简单的、马上就能办好的事，这其实需要大学生花足够多的时间思考与计划。许多大学生在进行大学生涯规划时，会面临许多问题，如下所示。

- 缺乏生涯规划的意识，不重视生涯规划，认为计划不如变化快，没有意识到生涯规划对大学生自身发展的重要性。
- 不能准确、客观地表达“我是谁”，或只重视人才评估（标准测试得出的结果），不重视自我探索。
- 对目标与自身情况之间的关联性、针对性分析不足。
- 制订的计划操作性不强。
- 无法正确判断自己能干什么、想干什么。
- 社会认知模糊，不知道如何选择职业目标。
- 价值取向出现偏差，对未来产生较多的经济利益倾向，将自己的长远追求转化为对收入和福利的追求。

其实这些问题都有解决的办法。首先，大学生要明白大学生涯规划的意义，对其予以足够的重视；然后再结合自我评价，对生涯目标进行综合考虑。需要注意的是，客观的自我评价非常重要，除了标准评估测验之外，大学生还要注意结合自我探索的结果和别人的评价，并对目标与自身情况进行全面的、综合的分析。

如果大学生对自己的职业方向不够确定，还可通过“生涯度假计划”对自己做一个初步的评估，选择适合自己的发展方向。同时，大学生还要树立正确的职业价值取向，掌握当前的就业形式、职业的发展趋势等，学会获取就业信息、做好就业定位并制订详细的发展计划，不能华而不实。在计划的执行上，大学生可以参考本项目后文讲述的时间管理的方法。很多时候，问题本身并不可怕，关键是要发现问题，这样才能解决问题，办法总比困难多。如果大学生在生涯规划上遇到自己难以解决的问题，也可以咨询专业的生涯规划老师，寻求他们的意见。

案例

上大学前，钱文一心想读化学专业。因为高中时他的化学成绩一直名列前茅，还在全国性的比赛中取得过名次。钱文的化学老师也十分关心和看好他，认为他在化学领域很有天赋，可以往这方面发展。但上了大学以后，钱文很苦恼，他发现专业课程学习的内容与他设想的大相径庭，枯燥的理论和烦琐的计算让他对化学的兴趣锐减，甚至认为自己根本不适合学习这个专业。他每天都不想学习，只想玩游戏打发时间，可他又觉得就如此浑浑噩噩地过下去没有意义。但自己喜欢什么专业？自己如何重新选择未来的发展方向？如何才能让自己的大学“无悔”呢？钱文陷入了困惑与迷茫之中。

点评： 钱文遇到的问题其实就是对自己缺乏认识，不知道自己能干什么、想干什么。首先，这需要钱文进行自我评估，学会认识自己；其次，钱文还可以寻求专业的生涯规划老师的建议，现在的高校都有与职业生涯规划相关的课程；最后，钱文还可以通过相关测评，通过了解自己的偏好等寻找自己适合的行业。如果综合分析后发现确实有换专业的必要，那么钱文可以重新选择自己喜欢并适合的专业，重新规划自己的大学生活。人生如白驹过隙，不能得过且过，希望每个大学生都能走好自己的每一步。

生涯度假计划

假设你获得了一次免费度假的机会，可以去下列 6 个岛屿中的一个。唯一的要求是你必须在这个岛上与岛上的居民一起生活至少 6 个月。请不要考虑其他因素，仅凭自己的兴趣挑出你最想前往的岛屿。

第一个岛屿的代号是 A，岛上遍布小型的美术馆与音乐馆，当地的居民保留了传统的舞蹈、音乐与绘画。许多文艺界的朋友都喜欢来这里寻找灵感。

第二个岛屿的代号是 S，岛上发展出了一套独具特色的教育方式，岛上的居民形成了一个服务的网络，互助合作。岛上的居民个性温和，十分友善且乐于助人。

第三个岛屿的代号是E，岛民豪爽热情，善于岛际贸易，到处是高级旅馆、乡村俱乐部、高尔夫球场，熙熙攘攘，十分热闹。来往者以企业家、政治家、律师居多。

第四个岛屿的代号是 C，十分现代化，已有进步的都市形态，以完善的户政管理、地政管理、金融管理见长。岛民的个性冷静、保守，处事有条不紊。

第五个岛屿的代号是 R，岛上保留了热带的原始森林，也有相当规模的动物园、植物园、水族馆。岛上的居民以手工见长，自己种植蔬菜、修缮屋舍、打造器物、制造器械。

第六个岛屿的代号是 I，本岛与其他岛屿距离较远。由于地理位置的关系，可以夜观星象，有助于思考。整座岛屿都是天文馆、科技馆及与科学有关的图书馆。岛上的居民喜好沉思，很喜欢与来自各地的哲学家、科学家、心理学家等交换心得。

如果旅游变成了终身定居，请问你会选择哪个岛屿？除了这个岛屿之外，你还可以接受哪两个岛？

扫描右侧二维码即可获取与你的选择相对应的结果分析，其可以作为大学生职业选择的参考。大学生可以通过对不同岛屿的选择，发现自己的一些（潜在的或自己尚未发现的）性格特点和适合的行业领域，以更好地确定自己的生涯目标，这样也有利于大学生更好地规划自己的大学生涯。

生涯度假计划结果分析

四、大学生涯规划的制订

大学生涯规划常涉及多个方面的内容，如学习目标的确定、人际交往的实现、身体素质的提高、心理素质的训练、社会实践的参与、职业生涯的设计等。这些内容都需要一步步得到落实。那么大学生应该如何进行大学生涯规划呢？一般来说，大学生需要做到以下5点。

（一）树立规划意识

树立规划意识是制订大学生涯规划的第一步。开学伊始，大学生先要适应大学生活，在这个过程中，是否觉得现在的大学生活缺少意义？是否觉得每天都在忙碌却没有收获呢？是否觉得应该利用大学时间做点什么，不管是为未来做准备还是为了找到人生的价值？有没有想过改变自己的现状呢？如果给出了肯定的答案，那么说明对现状不满，已经萌生规划的意识了。而树立规划意识，是大学生进行大学生涯规划的开端。

（二）进行自我评估

大学生的生涯规划，不仅涉及大学生活的规划，其中也包含对职业发展、个人能力的考量。这种规划是"由内而外"的过程，需要大学生诚实自问，对自我进行评估。

自我评估是对自己进行科学、全面、彻底的解剖，包括对现在的"我"、过去的"我"的剖析，对将来的"我"的设想。自我评估的目的是让大学生认识自己、了解自己。自我评估包括自己的不足、报考专业的动机、对专业的了解情况、毕业后的发展预期、今后想从事的职业以及自己的性格、兴趣、特长、知识、技能、情商、思维方式、道德水平等的综合评估。大学生的自我评估可以通过思考以下问题来进行。

- 自己在身体、头脑、特长、思想方面想获得怎样的发展？想达到什么目标？在家庭、朋友、社会、职业方面又想达到怎样的目标？
- 自己懂得什么，又能够做什么？
- 自己有什么特长？
- 自己最欣赏什么，又最厌恶什么？
- 自己人生中的闪光时刻是什么时候？
- 自己如何利用时间？
- 最影响自己生活的人是谁？
- 使自己开心、难过、生气、成熟、意志消沉、意识得到激励的事分别是什么？
- 自己的人生目标是什么？
- 自己面临怎样的机遇与挑战？

只有正确地进行了自我评估，大学生才能对自己的大学生活做出正确的选择，才能选定适合自己发展的路线，利用好大学这段时光。

（三）确立目标

是否能确立正确的目标决定了大学生在大学期间的发展方向和发展道路，也直接关系大学生整个大学期间的收获。大学生可将目标制订为长期目标、中期目标和短期目标3种。

- 长期目标指大学生未来10年内的目标或人生目标。
- 中期目标指大学生未来5年左右的目标，如大学阶段的目标。
- 短期目标主要是细化到一年、一个月、一周、一日的目标，如大学期间大一、大二、大三等不同阶段的目标。为了制订切实可行的计划，大学生还可以将目标分解为若干个小目标，一个一个地去实现。

俗话说“一口吃不成胖子，一步跨不到天边”，不少成功的人之所以能取得想要的成就，就在于他们懂得制订方案，能够客观地将自己的目标分解，阶段性地往前奋斗，大学生也要有这样的意识，以更好地规划自己的大学生涯。大学生可以结合自己的长远目标确定大学的生活目标，再由大学的生活目标分解出学年目标和学期目标。表4-2为王倩制订的短期目标规划示例。

表4-2　大学生短期目标规划示例

阶段	目标
大学阶段	通过专业学习，掌握现代管理理论，熟悉管理的各类基本技能和科学方法，让自己毕业后能胜任企业管理工作
大一阶段	①适应大学的新生活 ②巩固基础知识，学习专业知识，并注重英语学习。英语争取过四级，期末考试成绩必须名列前茅 ③加入学生会，并积极参与学校、班级组织的各项活动 ④广泛涉猎书籍，多去图书馆 ⑤适当做兼职工作
大二阶段	①必须通过英语六级考试和计算机二级考试 ②必须学好专业知识，保持较前列的专业排名 ③扩大社交圈子，多结交其他专业或学院的同学 ④掌握与就业相关的信息，包括法律、政策、就业程序 ⑤成为学生会的骨干成员 ⑥参与社会实践，最好有一次实习机会
大三阶段	①进一步明确自己的职业方向，如是否考研或具体想要成为的职场角色 ②学会简历的制作，并根据自己的情况制作一份简历

王倩主要确定的是大学目标和学年目标，当然，这些目标也可以进一步细化为更小的目标，以便于制订详细的实施计划。对于大学生而言，为了让自己的校园生活充满价值，让自己的未来不留遗憾，大学生一定要确定好自己的目标，合理安排大学生活。

（四）计划实施

制订方案的过程中必然会产生一个具体性的、细节性的计划，这就是平时行动的指南。它会帮助大学生更好地分配和管理自己的时间、精力，指导大学生在什么时间该做什么。在执行计划的过程中，大学生一定要严格要求自己，同时要坚持不懈、持之以恒。切不可马虎了事，三天打鱼，两天晒网。

（五）评估修正

正所谓“人非圣贤，孰能无过”，在制订大学生涯规划的过程中，大学生难以做到尽善尽美，可能会犯一些错误或走弯路，所以大学生要能够冷静地思考，分析问题到底出在哪个环节，同时要有推翻重来的勇气。

又所谓“计划赶不上变化”，有些事是大学生难以完全预估和规划到位的，且变化是时代永恒的主题，许多因素都会影响大学生的大学生涯规划，因此在制订大学生涯规划的过程中，大学生还要不断地进行评估、调整和修正。修正的内容一般包括职业的重新选择、人生目标的修正、实施措施与计划的变更等。

此外，可以只对某个阶段性目标的实施路径进行修正，也可以对理想的发展目标进行更改等，但这都应符合客观现实的需要。当然，如果大学生涯规划无须进行重大调整，那么大学生在略做修改后就要坚定不移地继续执行自己的计划，直到取得成功。

年轻是大学生雄厚的资本，大学又能为大学生提供成长的环境和养分，大学生可以综合利用，好好规划自己的大学生涯。相信通过科学的规划，大学生将在大学这个舞台上充分发挥潜能、提升个人能力，给自己的大学生活交上一份完美的答卷，并在最后收获属于自己的成功。

扩展阅读

职业生涯规划

职业生涯规划是生涯规划中的一项重要内容。职业生涯规划又叫职业生涯设计，指对职业生涯和人生的发展制订系统而持续的计划。或可以表述为：通过个人与外部环境结合，对职业环境等外在因素进行测定、分析和总结，再结合个人的兴趣、爱好、能力和个性等内在因素进行综合分析与权衡，然后根据个人的职业倾向和时代特点，确定最佳的职业定位和人生目标，并为实现这一目标做出行之有效的安排和策划。

职业生涯规划最主要的目的是帮助个人真实、全面地了解自己，引导个人寻找最合适的努力方式和方法，最终实现人生目标。许多高校都会开设相关课程，帮助大学生更好地规划未来、顺利就业。对于当代大学生而言，对职业生涯进行规划就是给自己的未来绘制理想蓝图的过程。

职业生涯规划书是大学生对自己职业生涯规划的书面呈现，它主要包括以下内容。

- **标题或封面**。职业生涯规划书的封面包括题目、撰写人姓名、规划的年限和起止时间。职业生涯的规划年限一般不做硬性要求，可以根据自身的具体情况而定，分为1年、3年、5年和10年等。大学生拟定的职业生涯规划书，不管规划年限有多长，其规划都应该以开始职业生涯规划到毕业的这段时间为规划的重点对象，这是大学生这种特殊身份所决定的。
- **个人生平简历**。这部分主要是简单地描述自己所受过的教育、培训、实习或工作经历。将这些经历记录下来，使自己对过往所学知识和技能有一个总体的把握，也能对自己的成长过程有清楚的认识。
- **个人因素分析**。简要罗列个人因素并进行分析。这里需运用自我认知时分析出的结果，将个人的生理、兴趣、性格、能力和价值观等因素分别罗列出来并进行分析。可重点对兴趣、性格、能力进行分析。

◆ **外部环境分析**。简要罗列外部环境因素并进行分析。结合具体的外部环境因素，分析哪些外部环境因素对自身的职业发展有利、哪些不利，分析外部环境可能带来的机遇和挑战，以及可能对自身职业生涯发展形成的障碍。

◆ **职业生涯目标**。这部分主要描述所选择的职业方向、职业总体目标和阶段性目标。所选择的职业方向指的是第一职业目标和备选职业；职业总体目标指的是职业生涯中想要达成的最终目标；而阶段性目标则是指在达成最终目标之前，将时间划分为具体的时间段，为每个时间段都设置一个具体的目标，通常可以将阶段性目标分为短期目标、中期目标和长期目标。在这里，需要对短期目标进行重点阐述，罗列出具体的短期规划，例如，在两年内要花多长时间去掌握某种知识技能，如何在工作中学习以提升工作技能等；而对中期和长期目标，则不必过于详细地描述。

◆ **实现目标的方案**。通过前面的分析，尽可能找出自身与职业实际需求之间的所有差距，并针对性地制订具体的方案、措施来缩小差距，从而实现职业生涯规划中各个阶段的目标。

◆ **评估结果的标准**。设定一个科学、客观的参考标准来评估目标是否完成、职业生涯是否成功。另外，如果在职业生涯发展的过程中发现目标难以完成，还需设定一个对职业目标进行修改、调整的方法。

在大学生活期间，为了更好地规划自己的未来和大学生涯，大学生可以在规划详细的大学生涯之前先制订一份职业生涯规划。

任务三　积极拓展你的能力

大学生能力的发展是大学生涯规划的重要环节。通过对能力目标的认识和能力拓展，大学生可以更好地推进大学生涯规划的完成，适应大学生活，并达到提升自我的目的。

一、能力的概述

能力通常指完成一项目标或任务所体现出来的综合素质。能力总是和人完成一定的活动联系在一起，它是完成任务或达到目标的必备条件。

能力不仅包含了一个人现在已经达到的水平，而且包含了一个人所具有的潜力。根据能力属于的活动领域的不同，能力可以被划分为不同的类型，如一般能力和特殊能力、模仿能力和创造能力、认知能力和元认知能力等。

◆ 一般能力通常称为智力，智力的核心是思维能力。

- 特殊能力指顺利完成某种专门活动所必备的能力，又称专业能力，如数学能力、音乐能力等。一般而言，人的职业能力倾向指的也是人的特殊能力。
- 模仿能力又称再造能力，主要指通过观察学习，能以相同方式做出反应的能力，其是创造的前提和基础。
- 创造能力指的是产生新思想和新产品的能力，与模仿能力相互包容、渗透。
- 认知能力指的是个体接受信息、加工信息和运用信息的能力。
- 元认知能力是指个体对自己的认识过程进行认知和控制的能力，如个人怎样评价自己的认知活动、怎样及时停止做一件难事、怎样判断目标与能力是否一致等。

另外，能力还包括操作能力、口头表达及书写能力、社交能力、液体能力（取决于个人禀赋的，在信息加工和问题处理中所表现的能力，如逻辑推理关系认识等能力）和晶体能力（取决于后天学习的，获得语言教学知识的能力）等。每个人的能力都是多方面的，其中有较强的能力，也有相对较弱的能力。相同的能力，也存在类型的区别。例如，同样是识记能力，有的人属于视觉型识记，有的人属于听觉型识记。正是因为能力的涉及范围广且能直接影响活动的效率、促进活动的顺利完成，所以大学生更应该注重自己能力的培养与发展。

二、能力与职业的关系

培养和提高大学生的能力不仅是大学生自身成长与适应社会的要求，也是时代发展和社会进步的需要。在现代社会，大学生要想成为一个真正的人才，做一个对社会有用、能实现自身价值的人，除了要有扎实的理论基础和专业知识，还要具备良好的综合能力。也就是说，大学生为了能最大限度地实现个人的人生价值，提高个人在社会发展中的核心竞争力，应该构建以学习能力为中心的核心能力体系。心理学家在关于能力的研究中，根据个人的能力特点与职业成就之间的规律，将与职业成就和职业满意度相关的能力分为以下 3 种。

- **知识性能力**。知识性能力是与工作内容相关的能力，是具体的、专业化的、针对某一特定工作的基本能力，大学生了解自己这方面的能力并不困难。在学校学习的具体科目，如计算机编程、质量检测等，是为了培养大学生的知识性能力。它的特点是不容易迁移到其他工作中，一般需要经过有意识的、专业的培训，并通过记忆掌握一些特殊的词汇、程序和学科。例如，拥有计算机编程的能力，但无法利用该能力进行服装设计。
- **适应性能力**。适应性能力是人们进行自我管理的能力，也被称为情商，指的是个人的特质。它经常被形容为人格特征，如热情、执着、自信、冷静等。通常认为适应性能力包括自我觉察能力、情绪管理能力、自我激励能力、认知他人情绪能力和理解他人情绪能力这五大能力。这种能力能帮助大学生更好地适应周围环境，以及在环境中更好地调整自己。适应性能力可以从日常生活领域迁移到工作领域。
- **可迁移能力**。可迁移能力是指在日常活动中就能够获得或改善，并对所有工作都适用的、有价值的能力，一般用行为动词来描述，如沟通、组织、计划、决策、装配、修理、调查和操作等。这种能力可以从一项活动迁移到其他活动中。例如，拥有沟通的能力，那么在其他工作中也具备该项能力。

大学生在大学期间树立能力目标时，需要综合考虑与职业相关的能力，有计划、有目的地确定自己的能力发展方向，为以后的社会适应打好基础。

三、大学生需要发展的能力目标

俗话说："前进的方向比前进的速度更重要。"大学生只有确定明确的能力目标，才能明确个人发展的方向，合理计划、分配时间和精力去完成既定任务，让自己更符合自己的心理预期，最终促进自我实现。大学生的能力目标可以从以下两个方面去发展。

扫码看微课

（一）职业能力目标

职业能力指一个人完成工作任务、从事与职业相关的活动所必备的本领，它是大学生从事职业活动需要具备的能力。职业能力包括一般职业能力、专业职业能力和特殊职业能力 3 类。这 3 类职业能力与前文能力分类中的部分内容既有相似的地方，又有不同之处。

1. 一般职业能力

一般职业能力指与各种岗位、各种职业有关的共同能力，适用于广泛的职业活动，能满足多种职业的需求。一般职业能力通常与人的思维、感知和意识联系在一起，具有抽象性，如观察能力、想象能力、记忆能力、思维能力等都属于一般职业能力。简单来说，可以把一般职业能力等同于人的智力。

2. 专业职业能力

专业职业能力是职业能力中的核心能力，指个人从事某个具体的职业时必须具备的能力。如今社会职业分工越来越细，一般职业能力越来越难满足工作的精细化需求，这就要求大学生具有更高水平的专业技能。尤其是要任职专业技术岗位，扎实的专业基础是最重要的。例如，想要成为一名工程师，就必须掌握工程经济、工程法规和工程管理实务等相关专业知识与技能。作为大学生，应该提高自己对专业知识的重视程度，稳扎稳打地学好专业基础知识，并时刻关注与专业相关的最新动态。

3. 特殊职业能力

特殊职业能力指一个人在具备专业职业能力的基础上，能够通过一些方法提高职业活动的效率和质量的能力。国外学者通常把这种在一般职业能力领域以外但又能对职业活动产生积极影响，甚至起到举足轻重作用的特殊职业能力，称为关键能力。特殊职业能力又可分为方法能力和社会能力。

- **方法能力**。方法能力指在职业活动过程中，个人能够运用各种各样的方式、方法来促进职业活动顺利开展，达到事半功倍效果的能力。方法能力包含分析判断能力、创新能力、逻辑推理能力和决策能力等。
- **社会能力**。社会能力指个体灵活、有效地综合运用环境及自身内部资源，实现积极发展的能力。社会能力包括组织协调能力、适应能力、语言表达能力和合作交往能力等。

总体来说，一般职业能力、专业职业能力和特殊职业能力三者相互联系、密不可分，没有哪一种职业会只运用到其中一种职业能力。例如，要想当一名数学教师，除了要满足智力、数学基础知识等要求外，还需要具备教学管理能力、数理能力与形象思维能力等。这就要求大学生在不断巩固自己专业基础知识的同时，既要勤于思考与动脑，还要注重对自己的特殊职业能力的培养。只有这样，才能增加自身的就业竞争优势。

（二）个人能力目标

个人能力目标涉及大学生的学习能力、人际交往能力、思维分析能力、工作能力和组织协调能力等方面。

- **学习能力**。学习能力主要指学习的方法与技巧，大学生要能在学习知识的过程中，通过不断地反思和总结，找到一套对自己行之有效的学习方法，提升自身的学习能力。
- **人际交往能力**。人际交往能力直接影响大学生人际关系的网络建设和全面发展，甚至个人未来的发展走向。大学生可以通过学习社会交往知识、参加校园活动等与人建立良好关系。
- **思维分析能力**。思维分析是非常重要的能力，只有通过思维分析，大学生才能将零碎的知识整理成系统的知识，并将整理好的系统知识转化为自身的能力。对于大学生来说，社会竞争的加剧和知识的爆炸式增长，都需要大学生利用良好的思维分析能力去面对。思维分析能力的培养要求大学生加强对逻辑思维知识的学习、学会批判性思考，全面、客观地解决问题。
- **工作能力**。工作能力包括大学生对知识的应用能力、接受能力和决策能力等，这种能力也是大学生应对未来市场竞争的有力武器。大学生可以通过参加实习工作、根据职业目标定位弥补自己知识技能的不足、参与班集体建设、参与社会事件等来磨练自己的工作能力。
- **组织协调能力**。组织协调能力指根据工作要求，对资源进行合理配置，同时协调个体使之相互配合，从而实现组织目标的能力。大学生要有较好的组织协调能力，才能胜任以后的工作。大学生可以通过成为班级干部、学生会成员等来培养自己的组织协调能力。

四、大学生的能力拓展途径 

大学生通过能力的拓展，可以向着理想的自己前进。那么大学生可以采取怎样的措施来拓展自己的能力呢？本部分主要提供以下 5 种途径供大学生参考。

（一）打好文化知识的基础

大学生知识结构的完善、知识水平的提高有助于大学生树立正确的价值取向，这是大学生能力发展的基础，可以为大学生能力目标的规划和完成提供方法论的指导。因此，大学生要努力学习科学文化知识，做好知识的积累、技能的训练和能力的储备，使目标与能力得到统一。大学生在学习科学文化知识方面可参考以下方法。

- 系统掌握本专业的理论知识，打好坚实的基础。
- 适当拓宽领域，向与本专业相近的学科延伸。
- 密切关注本专业的前沿情况。

（二）勇于参加社会实践

大学生不仅可以在社会实践中巩固自己所学的知识，改正自己的不足，不断锻炼自己的能力，还可以通过社会实践，在成就和认可中充实自己的精神世界，获得更多的启发与鼓舞，使自己具有达成能力目标、实现自我价值的信心。

同时，通过社会实践，大学生还可根据自己的表现进行自我评估，对自己的能力目标规划进行与时俱进的调整。例如，某大学生本来想在实践中提升自己的组织协调能力，然而通过分析自己在实践中的表现，该大学生发现自己这方面的能力已经有所提升，反而是思维分析方面的能力有所不足，那么就可以转移重心，将思维分析方面的能力列为重点提升对象。

（三）善于总结经验

前事不忘，后事之师。当大学生发现自己在某种能力上有所欠缺时，就要有针对性地去提升这种能力。在平时的生活中，也应该不断地进行反思和总结，及时发现自己能力的不足，完善自我。只有这样，大学生才能不断提升自己的核心竞争力，使自己可以今后的竞争中脱颖而出。

（四）参加技能培训活动

技能培训涉及许多方面，主要是对大学生专业能力的培养，如办公自动化、游戏设计、网页设计等的培训。一般这些技能培训活动都与大学生的专业、就业和市场需求有关，能帮助大学生更快地与市场接轨。现在常见的考证现象就是技能培训活动的一种产物，这也是大学生拓展能力的途径之一。

（五）参加就业实习

实习能对大学生从学校走向社会起到很好的过渡作用，实习能增强大学生的工作能力，使大学生在就业后很快适应工作。同时，实习还可以锻炼大学生的人际交往能力、沟通协调能力、应变能力，可以培养大学生分析问题和解决问题以及综合运用所学基础知识与基本技能的能力，大学生也可以在实习中不断提升自己。

做好时间管理

时间是一种非常宝贵的资源，不少大学生往往会在毕业之后才遗憾地发现自己其实错过了许多光阴，但过去已不可追。对于当代大学生而言，时间管理不仅是克服拖延症的有力武器，同时也是帮助大学生掌握高效支配时间的方法，可以帮助大学生做一个有效率、有计划、适应当代激烈社会竞争的人。本任务将带领大学生一起探索时间管理的奥秘。

一、时间管理的含义及原则

席勒曾说："时间的步伐有三种：未来姗姗来迟，现在像箭一样飞逝，过去永远静止不动。"许多人对该说法深有体会。有些大学生可能会有这样的思考：为什么同样的阅读篇目，我总觉得这点时间根本看不完，而同学早已完成？为什么同样都是学习，有些同学就是比我学得好？这其中，除了其他同学本身的努力和使用的学习技巧之外，非常重要的一个因素就是时间管理。下面将介绍时间管理的含义和原则。

（一）时间管理的含义

时间管理是为提高时间的利用率和有效性而对时间进行合理计划与控制、有效安排与运用的管理过程。时间管理与个人的生活质量密切相关，通过时间管理，大学生可以合理地安排自己的个人生活，并有效利用任何可以支配的时间。能做到对时间的灵活和有效运用、掌握时间管理的大学生，能比其他大学生更高效地完成任务，将时间效益发挥到最大。

据《中国青年报》调查显示，有超过九成的大学生被拖延症困扰，超过七成的大学生感叹计划还没实施时间就过去了，有近四成的大学生认为自己的时间管理能力差。其他的调查研究发现，有超过一半的大学生认为自己不惜时，也不善于根据自己的实际情况对每天、每周的日程进行安排。从中可以窥见，大学生群体的时间管理情况不容乐观。

（二）时间管理的原则

事实上，大学生的时间管理具有非常重要的意义。时间管理的对象其实是使用时间的人，因此时间管理的核心其实就是对自我的管理。大学生在管理时间时，不仅是单纯地安排时间，其中也涉及对时间价值、对事情看法的衡量，大学生往往能从时间管理的过程中更加清楚、深入地了解自己的价值观，并认识到价值本身的重要性。例如，同样的时间，不同的人能发挥不同的价值。因此，时间管理与个体发展紧密相连。要想更有效率地安排好时间，大学生需要遵循以下 4 个时间管理的原则。

- **目标明确原则**。时间管理的目的在于让大学生在较短的时间内实现尽量多的目标，因此需要大学生设定明确的目标，罗列任务清单。在此过程中，大学生要适当分解目标，使目标具体并切实可行，例如，将年度目标分解为季度目标，再将季度目标一层层分解为每周及每天的目标等，这样能帮助大学生根据具体目标投入时间，在正确的时间做正确的事。
- **积极能动原则**。自我效能感和罗森塔尔效应都肯定了积极的主观信念对自我的激励作用。个体越相信自己的能力，越具有自己能取得某个特定成就的信念，其思维、行动等就会受到相应信念的积极影响，这在时间管理上同样适用。因此，大学生要主动选择并确立自己的人生理想，将自己的精力投注其中；同时选择积极的生活方式，这样才能帮助大学生更好地进行自我管理。

扩展阅读

罗森塔尔效应

罗森塔尔效应又称“皮格马利翁效应”“人际期望效应”，由美国心理学家罗森塔尔和雅各布森提出。

当时，罗森塔尔和雅各布森来到一所小学，要进行 7 项实验。他们从一至六年级各选了 3 个班，对这 18 个班的学生进行了“未来发展趋势测验”。之后，罗森塔尔将一份他认为“最有发展前途者”的名单交给了校长和相关教师，并叮嘱他们务必要保密，以免影响实验的准确性。实际上，名单上的学生是随机抽取的，但罗森塔尔撒的

“权威性谎言”提升了教师们对名单上的学生的期待。8个月后，罗森塔尔和助手们对那些学生进行了复试，结果发现凡是上了名单的学生，不仅学习成绩有了较大的进步，教师也给了他们良好的品行评语。

罗森塔尔认为，教师对名单上的学生抱有更高期望并有意无意地通过辅导、赞许等行为方式传递给学生时，学生也会给予积极的反馈并按教师期望的方向发展。后来，罗森塔尔效应多暗喻人在情感、观念和倾向上，会不同程度地受到他人下意识的影响，而被影响的人自身也愿意相信。也就是说，如果个体在做事时愿意相信事情能顺利完成并充满期待，那么就可能得到这样的效果。

- **计划控制原则**。许多难题都是由未经认真思考的行动引起的。在制订有效计划的过程中每多花费1小时，在实施计划中就可能多节省3小时，并得到更好的结果。而计划要更加高效、完善，就需要大学生学会根据自己的目标确定优先顺序，统筹安排自己的活动并合理分配时间。例如，安排不受干扰的时间做最重要的事或能做到排除各种干扰，会让计划的实施更加高效、顺利。
- **实践发展原则**。时间管理的实践发展原则是指大学生要学会根据自己角色的变化，根据时代、社会、环境、科技的发展，不断学习新的时间管理方法，并加以运用和完善。

在管理时间时，大学生要注意做好时间日志，将自己每天的时间安排一一记录下来，如吃饭、穿衣、出行等花了多长时间。只有做好时间记录，大学生才能知道自己的时间都浪费在了哪里，才有机会做出改变，这也是时间管理环节中的重要一环。

时间纸条

每位同学统一准备两张长约70厘米、宽2厘米的纸条，一张使用，一张作为原始纸条。现在你手里的纸条就代表你一天所拥有的24小时。想想自己的一天是如何度过的，吃饭、睡觉、逛街、上厕所、发呆、看剧、玩游戏、聊天……这些事情花了你多长时间，并从纸条上撕去对应的部分，仅将代表学习时间的部分保留下来。现在看看你手里的纸条还剩多少，比比自己和同学的纸条有多大差异，与原始纸条又有多大的差别。大家交流一下，然后回答以下问题。

你一天大概有多少时间是在学习中度过的？

____

____

你的绝大部分时间在做什么？闲暇时间又在做什么？

____

____

____

如果可以选择，你愿意将被撕去的纸条中的哪些时间用在学习上？

____

____

从这次活动中，你得到哪些关于时间管理的启发？

____

____

____

____

二、时间管理策略 

对于大学生而言，可供选择的时间管理策略有许多，如番茄工作法、打卡表格法、ABCD 时间管理法、三十四枚金币法、计划清单表格法、吞青蛙表格法、甘特图法等。大学生可以根据自己的实际情况选择自己最喜欢、最适合自己实际情况的策略。

（一）番茄工作法

番茄工作法由弗朗西斯科·西里洛提出。有不少研究表明，人的注意力很难集中半个小时以上，而番茄工作法则将工作或学习时间进行拆分，以 25 分钟为一个单位，将这个时间单位称作一个番茄钟。通过这种强迫式的分解，大学生可以更好地专注于当下的时间和手头的任务。每天，大学生可以将要完成的活动列入一个代办清单中，然后使用番茄工作法，使用方法如下。

- 开始活动时，将时间设定为 25 分钟，启动闹钟。
- 当闹钟铃响时，在该任务栏右侧打一个钩或画一个番茄图案，代表一个番茄钟的时间。
- 接下来休息 3 ~ 5 分钟，活动、喝水、解决生理问题等。
- 开始下一个番茄钟，继续做该任务，直到任务完成，将任务划掉。
- 4 个番茄钟后，休息 25 分钟。

需要注意的是，不要在非工作或非学习时间使用番茄钟，也不能把番茄钟进行分割。如果在一个番茄钟未结束时有其他的事需要处理，这个番茄钟需宣告作废并在之后重新开启新的番茄钟。另外，如果一个任务需要的番茄钟超过5个，那么最好将该任务进行合理拆分。如果完成一个任务的时间不满一个番茄钟，应将该任务与其他任务合并。

在番茄钟的中途，可能会遇到内、外部干扰；内部干扰如自己觉得冷，想要取个暖手宝，外部干扰表现为受到同学和朋友的干扰等。这时大学生需要立刻将自己的想法记录下来或立马与他人进行协商，表示稍后再议，使自己尽快回归学习状态。总之，要等番茄钟结束后再处理。如果大学生不严格遵循番茄钟，总是被打断或按自己的想法做事，那么番茄工作法就失去了它的意义。

在一天的番茄钟结束后，大学生需要将自己的被打断记录和中断次数等归档，写入专门的记录表格，然后找出自己进行改进的思路。

（二）打卡表格法

打卡表格法是比较简单、易上手的时间管理方法。大学生可利用表4-3，确定自己需要完成的目标。例如，早上7点起床，目标完成则做“√”标记，未完成则保留空白，不做“×”标记。若连续获得多个标记，大学生还可对自己进行奖励，如吃一顿美食、看一次电影等。

表4-3 打卡表格

周一	周二	周三	……	周日
7点起床√				
预习两篇课文√				
完成5张卷子				
打一小时羽毛球√				
完成命题诗一首√				
背100个新单词√				

这种时间管理策略可以对大学生起到正面的暗示作用，更有助于帮助大学生建立自信心。

（三）ABCD时间管理法

ABCD时间管理法也叫四象限时间管理法，是以事项的紧急程度和重要性为指标安排工作事项，从而提高时间利用率的方法。这种时间管理法以事项的重要与否和紧急与否设立一个坐标系，将所有的待办事项划入A、B、C、D 4个象限。

A区（第一象限）代表重要且紧急的事项，B区（第二象限）代表重要但不紧急的事项，C区（第三象限）代表紧急但不重要的事项，D区（第四象限）代表既不紧急又不重要的事项。每个区间大致的划分标准如图 4-1 所示，大学生可以按照图中的内容来合理安排自己的学习和生活。

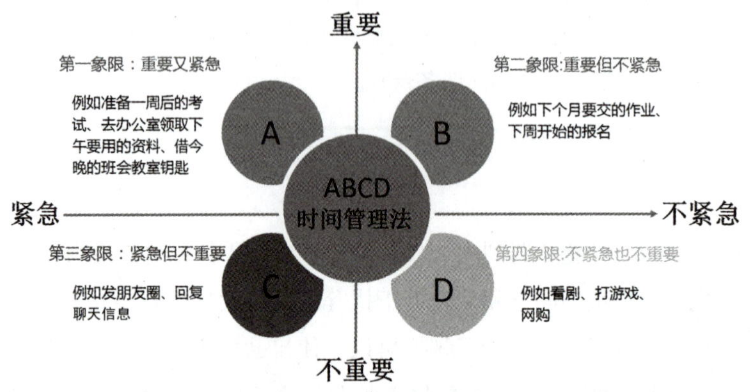

图 4-1　ABCD 时间管理法

需要注意的是，B 区和 C 区的划分很关键，大学生一定要对待办事项仔细区分，一般 B 区的事项更有价值，C 区的事项则没太大价值。在这 4 个象限中，事项的重要程度关系是“A 区 > B 区 > C 区 > D 区”，大学生按照从大到小的顺序完成事项即可。

扩展阅读

新四象限法

现在出现了一种新四象限法，它是在传统的四象限时间管理法基础上进行的改变，如图 4-2 所示，它对原有的四象限中的内容做了新的规划。第一象限为执行计划，即按部就班地处理自己计划清单里的所有事项；第二象限为随机事项，如突发事项的处理等；第三象限为制订计划，指考虑事情如何做，将计划列入代办事项；第四象限为“发呆”，指玩游戏、看剧等消磨时间的娱乐项目。

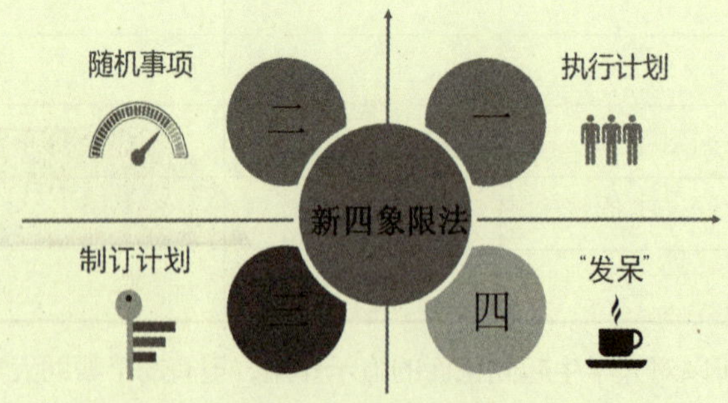

图 4-2　新四象限法

新四象限法也按照“第一象限 > 第二象限 > 第三象限 > 第四象限”的顺序来处理事项。原则上完成第一象限内的事项时会被第二象限内的事项打断，但执行时一般还是以第一象限为先。另外，虽然劳逸结合的原则要求大学生有“发呆”时间，但大学生也不可自我放纵，还是应适当减少第四象限的时间占比。

（四）三十四枚金币法

三十四枚金币时间管理法又称三十四枚金币法（以下将用此简称），这种时间管理方式由酷艾英语创始人艾力独创。它的原理是将早晨 7 点到晚上 12 点间的 17 个小时分为 34 枚金币，每半个小时为一枚金币，睡前可花费 5 分钟左右的时间将每个金币内完成的事件或活动用不同的颜色来分类，总结这一天的收获，看自己是否对时间进行了有效利用。这种时间管理策略是“通过记录改变人生”，让生活变得更有效率。

图 4-3 所示为三十四枚金币法创始人所做表格的截图示例。这种时间管理方式不是对下一天进行预先的计划，而是对这一天内事情的总结，一天结束后要做一次“小统计”，一周结束后做一次“大盘点”。一般情况下，三十四枚金币法会利用 5 种颜色来做标记，它们分别代表着不同的含义。

	4.27	4.28	4.29	4.3	5.1	5.2	5.3	本周看的剧
7:00——7:30	洗漱，吃早餐	洗漱，吃早餐	洗漱，吃早餐	跑步	洗漱，吃早餐	洗漱，吃早餐	洗漱，吃早餐	《丝绸之路》
7:30——8:00	玩手机	看短剧	看短剧	洗漱，吃早餐				本周读的书
8:00——8:30	出发上课，听课	阅读	无聊	看短剧	出门，快迟到了	拖延	睡觉	《皮囊》
8:30——9:00			上吉他课程	玩手机	车上打游戏			《堂吉诃德》
9:00——9:30				压力		写文章，背诗		本周读的文章
9:30——10:00	回寝室		做作业			休息		《经济学人》
10:00——10:30	临时会议	外出逛街		出门散步	下车排队	整理读书笔记		本周关键词
10:30——12:00			排练话剧		车上休息		上网课	阅读、购物、提升

图 4-3　三十四枚金币法示例

- **黄色区域**。黄色区域用来表示完成日常工作、任务或高效工作的时间，如学习、读书。
- **橙色区域**。橙色区域用来表示自己被迫做不喜欢做的事或让自己觉得被动的事的时间，如临时开会。
- **绿色区域**。绿色区域用来表示自己的休息时间或做让自己觉得放松的事的时间，如吃饭、睡觉、运动、上下学。
- **蓝色区域**。蓝色区域用来表示花在尽兴娱乐的项目上的时间，如出门聚会、玩游戏。
- **红色区域**。红色区域用来表示花在拖延、浪费时间的事上的时间，如无所事事、无目的网购。

在表格的最右边，大学生可以设置一个“本周复盘”栏或“本周自评”栏，将本周的学习和生活情况记录下来，包括本周得分（分值可以为负，由自己决定）、本周的关键词、本周读的书、本周做的有意义的事、本周做的最愚蠢的事、本周奖励自己的时间、本周听过最有价值的话、本周请吃饭的人等。当然，这些内容可以根据自己的情况增减。最后，可以根据各颜色区域的占比做一个饼状数据统计图，如图 4-4 所示。通过这种量化时间的管理方式，我们可以审视自己花费的时间，更好地感受时间的意义，并根据自己的记录总结及时调整自己平时的行为方式，增强时间管理意识和提高时间的有效利用率。

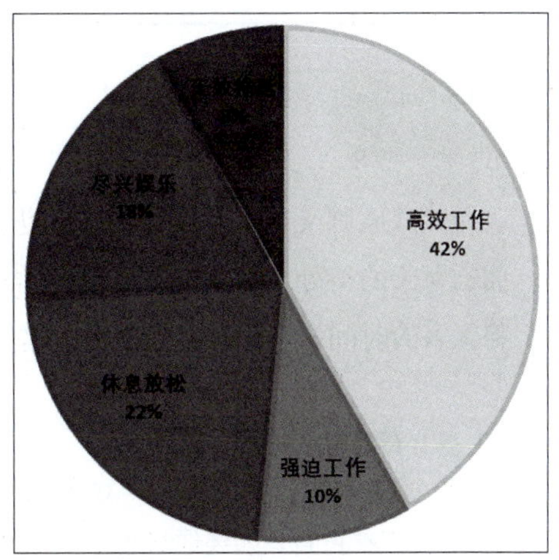

图 4-4　饼状数据统计图

小贴士

三十四枚金币法并不是固定的。每个人的作息时间不同，有些人可能习惯早上 8 点起床，或晚上 11 点入睡，因此也可以根据自己的实际情况使用三十二枚金币法或三十枚金币法，总之每半小时为一枚金币。

（五）计划清单表格法

计划清单表格法比较简单。首先大学生每天需要花费约 10 分钟的时间对一整天进行规划，也就是把要办的事项罗列出来，不用思考这些事是否合理或有必要；然后大学生要将事项的主次关系弄清楚，选出最有价值和必须要做的事放入计划清单中；最后按照二八原则，优先将主要精力放在最有价值的事情上，不太重要、对自己帮助不大且耗费时间的事情可延后处理、交给别人处理或者直接放弃。大学生可参考表 4-4 来进行准备。

表 4-4　计划清单表格

每日计划（2020 年　月　日）			
时间	整日规划	计划清单	备忘 / 笔记
8 点		① ××××××××××××××	
9 点		② ××××××××××××××	
10 点		③ ×××××××××××××	
11 点		④ ××××××××××××××	
12 点		⑤ ××××	
……		……	
22 点			

小贴士

二八原则又名二八定律，就是花费 80% 的时间来做 20% 最重要的事情。大学生在面临每天的待处理事项时，最好遵循此原则，先找出其中最紧要的事项进行处理，避免将太多的时间和精力放在琐事上，这样才能做到有效利用时间。

（六）吞青蛙表格法

吞青蛙表格法中来源于博恩•崔西，他在《吃掉那只青蛙》里说：“如果你必须吃掉一只青蛙，不要长时间盯着它看。如果你必须连着吃掉三只青蛙，记得要先吃掉最大、最丑的那只。”这里的青蛙，指的就是一天中最重要的任务。

在生活中，大学生总是有各种各样即将面对或想完成的事情，但并不是所有事情都能得到解决，只有学会放弃，将自己的时间和精力放在那些最重要、最有价值的事情上，才能有效地安排好要解决的事情。

大学生需要找出一年、一个月、一周、一天中最重要的3件事，那就是必须吃掉的“3只青蛙”。表4-5为吞青蛙表格示例。

表4-5　吞青蛙表格示例

青蛙列表	周一	周二	周三	周四	周五	周六	周日
1							
2							
3							
总结							

在运用吞青蛙表格时，大学生需要谨记以下原则。

- “先吃掉最大、最丑的那只”，即先解决最具挑战性、最重要、最困难的任务。
- “不要长时间盯着它看”，即大学生需要行动起来，立即动手去做。

大学生可使用Excel表格制作电子表格，并在上述表格的基础上补充“月度青蛙”“年度青蛙”和相对应的完成情况，以便自己及时掌握任务的完成情况，并调整自己的进度。一般要求每天的“3只青蛙”必须吃掉。

吞青蛙表格法其实也是对二八原则的运用，但在“吞青蛙”的时间中，大学生要学会对浪费时间的其他琐事说“不”，专注于优先事项的解决，同时尽量在规定时间内高效率地“吃完青蛙”。大学生还可以将这种吞青蛙表格法运用到学习、生活、工作、健康等领域，通过这种专注于重要事项的时间管理策略，大学生可以养成有效利用时间、将时间用在“刀刃”上的好习惯。

（七）甘特图法

甘特图由亨利·劳伦斯·甘特提出，又称为横道图、条状图。甘特图一般由横轴表示时间，纵轴表示任务或项目，通过条状线条表示项目的进度或完成情况。当然，大学生也可以使用表4-6的表格制作甘特图，原理基本一致。

表 4-6　甘特图示例

时间 任务	时间 1	时间 2	时间 3	时间 4	时间 5	时间 6
任务 1						
任务 2						
任务 3						
任务 4						
任务 5						
任务 6						

表中的任务和时间需要具体标明，如将时间 1 和时间 2 分别设置为“8 时”“10 时”或“1 月 1 日”“1 月 2 日”等。这需要大学生根据自己具体的任务计划来决定。

利用甘特图，大学生可以通过任务列表和事件刻度，清楚记录任务的持续时间，还可将完成任务的时间与自己的预期完成时间做对比，让自己及时按需调整进度。大学生还可记录同时间进行的某些任务，十分方便、醒目，且易于编制。

碎片时间管理

在对时间的安排管理中，不能忽视对碎片时间的利用，其实将碎片时间利用好，大学生也能完成不少事情。有人统计过职场人一天的碎片时间约 3 小时，而大学生由于灵活的课程安排和丰富的活动，可以利用的碎片时间可能更多。需要注意的是，碎片时间很难精准安排，因此大学生可以列出碎片时间清单，并提前想好在不同碎片时间可以完成的事，如 3 分钟的碎片时间，大学生可以用来打电话、记 10 个单词、站起来活动一会儿、刷牙、整理书桌一角、思考等。

在安排碎片时间时，大学生可以灵活利用思维导图，如图 4-5 所示。

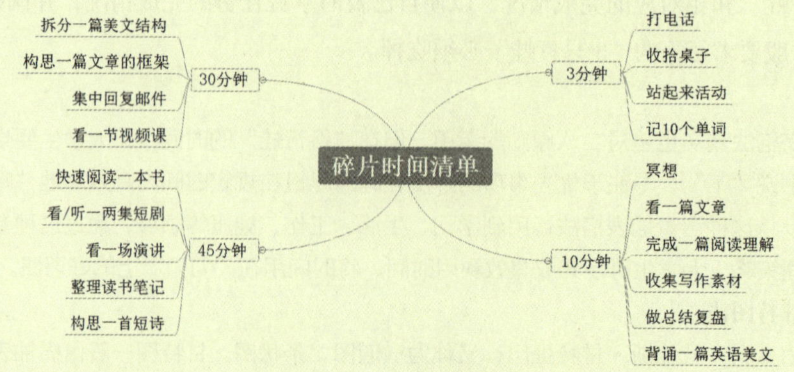

图 4-5　碎片时间清单

当碎片时间来临时，大学生根据碎片时间清单选择自己可以做的事即可，这种碎片时间的管理方法可以帮助大学生迅速、准确、高效地利用时间。

三、制订时间管理计划表

扫码看微课

在了解了那么多的时间管理策略后，大学生需要制作属于自己的时间管理计划表。有许多管理专家都认为，一天中最有价值的时间是用来制订计划的时间。时间管理如此重要，大学生应当如何制订时间管理计划表呢？

（一）确定一份可行的计划清单

时间管理的目标是在有限的时间里更好地完成要做的事，因此大学生做好时间管理的第一步就是确认自己的待办清单，确定自己的日度、月度和年度待办事项。不少人都有“鸵鸟心态”，他们会错误地认为逃避现实比面对众多事项更加轻松，但事实上，该做的事还是需要处理，尽快分析并解决自己要办的事情，才会让我们的生活更加轻松。

在确定待办事项时，大学生也要确定这些事都是可被衡量的、切实可行的。例如，“我要减肥”这样的目标就不及“我要减 20 斤”具体，而后者也不及“我要减 6 斤”更具可行性。再如有的人目标是“毕业后当老师”，那么这样的待办事项应该被分解为更小、可操作的其他待办目标，如“购买考教师资格证的教材”“报名教师资格证考试”“学习《教育学》第一章前两节的内容”等明显比前者更具体可行的目标。

（二）根据待办事项做好时间规划

大学生做好时间管理的第二步则是合理分配自己的时间，一般大学生制作时间管理计划表是为了合理利用自己的空闲时间，大学生应为自己的课余时间制作表格，当然，为了方便大学生浏览整日或整周的时间安排，大学生应制作一个通览表，标出上课时间，才能对自己的课余时间有清楚的认识。

接下来大学生需审视自己的待办事项，排出事项的优先级，然后选出在特定的时间完成最有价值的事项，最后按照轻重缓急的原则在空余的时间里完成其他事项。

（三）限制计划数目

每个人的精力都是有限的，过度透支精力可能会对大学生的身体造成难以预计的伤害。因此，大学生制订时间管理计划表的第三步就是限制一天之内的计划数目，让自己处在一个较为和谐、协调的环境中，避免将时间安排得“密不透风”。过度的精力和体力透支不仅会给大学生带来身体压力，还会对大学生的心理、精神带来不良影响，降低大学生完成任务的热情，影响计划的完成度。

（四）确定并准备适合自己的时间管理计划表

时间和待办事项是先决条件，经过充分考虑后，大学生可以根据自己的实际情况确定并准备自己的时间管理计划表，这是制订时间管理计划表的第四步。这时，大学生可以考虑前面所讲的时间管理策略，确定自己需要制作哪种形式的表格。例如，有的同学选择使用计划清单表格法，那么其需要制订相应的表格，然后进行填写，并按原理执行自己的计划；有的同学觉得吞青蛙表格法和番茄工作法比较适合自己，那么其可以选择制作吞青蛙表格，依次填写自己的 3 项待办事务，然后使用番茄工作法来执行并做出标记。

如果大学生有自己比较习惯使用的时间管理计划表，且确实能十分高效地管理时间，那么大学生根据自己原有的习惯继续执行即可。

（五）适时检查计划表

最后，大学生还需要对自己计划表的完成情况进行适时的检查，看自己是严格执行。如果执行顺利，可继续保持，也便于大学生进行后一日工作的安排；如果执行不顺利，如遇到了某些阻碍，影响了计划的完成，那么大学生需要反思，是换一种时间管理策略还是在原计划表的基础上做出调整，具体的改进方法有哪些等。例如，有些大学生可能有很多的活动安排被很多临时事件干扰，没有大片的完整时间，那么这类大学生可能就不适合使用番茄工作法。

对计划表适时检查不仅有利于大学生做好前后工作的衔接，鞭策大学生树立时间管理的意识，还能帮助大学生更好地发现和掌握更科学、更适合自己的时间管理策略，合理安排自己的大学生活，让自己的大学生活更加丰富充实、多姿多彩。

集训营

1. 请为自己的大学生活做一份详细的规划，字数不限。

2. 你有怎样的能力发展目标，你会如何将其实现？

3. 这天穆瑶看剧时，听到室友王倩问大家是否把老师布置的 PPT 作业做好了，穆瑶顿时一惊，忙说：“我把这事儿给忘了，我只记得我们有英语作业，我还想着看完剧就做呢，唉，这下可好，这么多作业可怎么办？”王倩说：“那你可得赶快了，看来就我俩没做了，陈琦她们早就做完了。”穆瑶听了，想起陈琦最近还在准备英语等级考试，平时社团、学生会的活动也挺忙的，但她什么都完成得很好，顿时大感佩服。她同时也不由得深深自省，思考自己应该怎么做才能让自己的时间安排更有条理。请你结合本项目所学内容，为穆瑶提供一些时间管理的建议。

推荐资源

1. 书籍：《谁动了我的奶酪》，斯宾塞·约翰逊著，魏平译。

这本书讲了一个简单的寓言故事，描绘了 4 个住在“迷宫”里的人物竭尽所能地寻找能滋养他们身心、使他们快乐的“奶酪”的过程。这本书充满了人生中与变化有关的寓意深长的真理，读完这本书，也许你能更好地面对变化和抉择。

2. 书籍：《优秀到不能被忽视》，卡尔·纽波特著，张宝译。

这是一本职业规划的书籍，作者提出了关于人生和职场的 4 大规则，向读者介绍如何从探究自己是谁、工作意义是什么、正确的工作是什么中解脱出来。就像一句短评：“与其追求激情和梦想，不如脚踏实地、专注发展自己的技能和核心竞争力，让你在工作中优秀到不能被忽视。”

项目五 学海无涯：探索大学生学习心理

与中学时期一样，在大学期间大学生的主要任务仍是学习，但迈入新的人生阶段之后，大学生难免会因为学习目标、学习内容、学习时间、学习节奏等的变化或其他因素产生学习上的困惑或心理障碍。如何通过积极调适来提高大学生的学习效率是本项目要重点探讨的内容。

本项目学习目标

- 了解学习的相关理论。
- 了解大学生学习活动的特点以及影响大学生学习活动的心理要素。
- 认识大学生常见的学习心理障碍及调适方法。
- 掌握大学生高效学习的方法。

引导案例

阿伟的困扰

音频：案例分析

阿伟高中时英语水平十分不错，但进入大学后他发现自己的英语在班上不过是中等水平，且口语也十分一般。于是有了巨大的心理压力，总感觉自己比别人差，上课抬不起头，也很少与同学交往，总是独来独往。

同寝室的乔一看阿伟总是沉默、低落的样子，便问他最近是不是有什么烦恼，阿伟苦笑着说："我考上这个大学，虽然不算很优秀，但也算是学习不错，没想到在班上成绩一般。"乔一安慰说："你不要妄自菲薄，你也不差啊，我们班优秀的同学多，说明我们班人才济济，我们有更多进步的空间啊，大家可以相互学习嘛。"阿伟听了只勉强一笑，没再说什么。

一个学期下来，阿伟的英语笔试勉强通过，口语成绩也在末流。他难以接受这样的现实，心里十分痛苦，他默默地想：××同学为什么那么优秀，他是怎么做到的？我难道真的比别人差很多吗？

扫描右侧二维码，查看案例分析，进一步认识阿伟学习心理的变化。

任务一 认知学习

进入大学后，部分大学生会出现一定程度的学习困惑，个别大学生甚至会因为不良的学习状态产生各种情绪问题，陷入心理误区。这不仅会影响大学生的学业完成度，还会对大学生的身心健康产生负面影响。那么学习是什么？有哪些关于学习的理论学说？大学生存在怎样的学习特点？什么影响了大学生的学习活动？本任务将带领大家一起探索这些问题的答案。

一、学习的理论

学习有狭义与广义之分，狭义的学习指学生的学习，是学生在各类学校情境中，在老师的指导下，通过阅读、听讲、研究、理解、观察、实践等手段获得前人的文化经验，以发展个人的知识和技能的过程；而广义的学习指在生活过程中，个体通过获得经验而产生的行为或行为潜能的相对持久的行为方式。

学习是人类社会永恒的话题。心理学家从不同的角度，采用不同的方式进行了与学习有关的实验和研究，并提出了许多关于学习的理论。这些理论可以帮助大学生深入地理解学习活动，掌握学习的本质，并为大学生掌握科学的学习策略提供方法论的指导。行为主义、认知主义、人本主义和建构主义等心理学流派都对学习提出了自己的看法。这里主要介绍行为主义的代表人物桑代克、巴甫洛夫、斯金纳，以及认知主义的代表人物奥苏贝尔提出的理论。

（一）桑代克——试误说

美国心理学家桑代克做过一个有名的“迷笼实验”，他将一只处于饥饿状态的猫放入笼中，再在笼外放一盘鱼，猫可以在笼内看到外面的食物。但要逃出笼子，猫必须学会打开放在门上的门闩装置，猫只要碰到该装置，门就会开启，如图 5-1 所示。

刚开始，猫只是漫无目的地乱撞乱抓，但在偶然碰到可以打开门的踏板之后，猫成功逃出笼子获得了食物。然后再将该饿猫放入笼子，重复多次，渐渐地，猫的无效动作减少，最后它一进入笼中就可以打开笼门。通过实验数据，桑代克得出一个结论：猫的学习是经过多次的试误，由刺激情境与正确反应之间的联结所构成的。这表明，学习是试误形成的刺激与反应之间的联结，这个理论也被称为“试误说”。

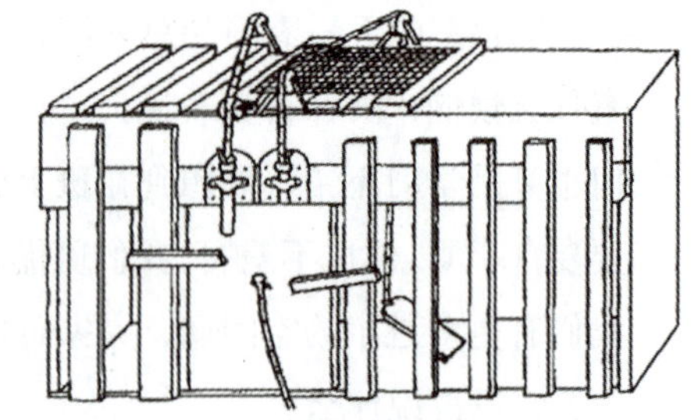

图 5-1 桑代克“迷笼实验”

同时，桑代克认为人学习的本质和猫是一样的，但学习方式可能更加复杂。为此，他提出了三大学习定律：准备律、练习律和效果律。

- **准备律**。准备律是指学习开始前的预备定势。学习者如果在开始某学习活动之前就做好了相关的准备，例如，有了动机，刺激－反应的过程中就会伴随着满意刺激；反之则会引起烦恼。因此利用好准备律，学习者能更自如地掌握学习内容。
- **练习律**。练习率指学习要经过反复练习。练习律中还涉及应用律和失用律的说法，如果频繁练习和使用，会增强刺激—反应这一联结的力量，这就是联结的应用律；而失用律（联结的失用）则指如果长久不练习，刺激－反应联结的力量就会被减弱甚至被遗忘。

- **效果律**。效果律指学习者在学习过程中得到的反馈会加强或减弱学习者头脑中的某种联结。如果一个动作会带来情境中一个满意的变化，在类似的情境中这个动作重复的可能性就会增加；反之，这个动作重复的可能性就会减少。

大学生在学习之前，可有效利用这三大学习定律制订定学习计划，例如，做好心理准备、课前预习，利用奖惩激发学习动机，之后通过完成作业、及时复习等巩固知识。这种手段——对三大学习规律的运用，对大学生提高学习效果也具备重要的参考价值。

（二）巴甫洛夫——经典性条件反射

经典性条件反射是刺激与刺激的一种联结，该理论认为，当一个刺激和另一个带有奖赏或惩罚的无条件刺激多次联结后，可使学习者在单独面对该刺激时，也能产生类似无条件反应的条件反应。因为该理论表示学习是由条件刺激引起反应的过程，所以这个理论又被称为 S-R（Stimulus-Reflex，刺激—反应）联结。

该理论来源于俄国生理学家巴甫洛夫的一个实验。他将狗用一副套具固定住，用连接在狗颚外侧的管道收集唾液，并将该管道与一个测量唾液分泌状况的装置相连。他发现，当狗嘴里有食物时，会自然分泌唾液，而听到另一种刺激（铃声）时，则不会。但接下来他发现，如果在给食物的同时再给予狗另一个中性刺激，也就是铃声，对这个刺激进行强化，狗就会逐渐开始在铃响而没有食物的情况下分泌唾液，这就是经典性条件反射，如图 5-2 所示。其中，食物属于无条件刺激，铃响属于条件刺激，条件刺激寄生于无条件刺激，两者在时间上的结合可以形成狗听到铃声就分泌唾液这一条件反射的强化，强化次数越多，条件反射越强烈。但如果该条件反射建立，不用无条件刺激予以强化，只让铃响，不给食物，长此以往，该条件反射就会渐渐消退。

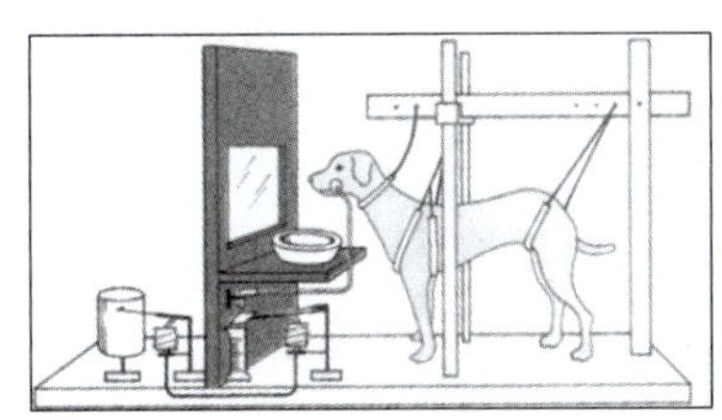

条件作用前	无条件刺激（食物）	无条件反射（分泌唾液）
	条件刺激（铃响）	无唾液分泌
条件作用中	条件刺激（铃响） ＋ 无条件刺激（食物）	无条件反射（分泌唾液）
条件作用后	条件刺激（铃响）	条件反射（分泌唾液）

图 5-2 经典性条件反射

这样的理论为培养大学生形成良好的行为习惯提供了理论指导，例如，大学生可以通过训练来建立条件反射，形成技巧性或程序性学习记忆，也就是形成关于学习的自动化反应，类似舞蹈动作、体操动作等就可以通过条件反射被快速记忆学习。此外，大学生也可以借助该理论改变原来不良的习惯或不好的学习体验，重新建立起能帮助自己提高学习兴趣、做到快乐学习的条件刺激。

（三）斯金纳——操作性条件反射

斯金纳是新行为主义心理学的创始人之一，在心理研究方面，他根据巴甫洛夫和桑代克的研究，设计了一个用来研究操作性条件反射的实验装置——斯金纳箱，利用小白鼠或鸽子的行为表现来揭示操作性条件反射的规律。

该实验是将一只饥饿的小白鼠放在一个箱子中，并在箱外设置可以记录其活动的装置，让小白鼠在箱内自由活动。实验发现：当小白鼠发现按按钮就会有一团食物掉进箱子下方的盘子里后，小白鼠就能学会按按钮；当小白鼠发现不按按钮，箱子就会通电后，它也能学会按按钮；当小白鼠发现多次按钮钮会有一定概率掉落食物后，在很长一段时间内它都会持续按按钮……斯金纳的实验证明，在一定的刺激情境中，如果动物做出某种行为后产生的后果能满足该动物的某种需要，则以后它做出这种行为的概率就会提高。操作性条件反射的实验说明学习是学习者先做某种操作行为，然后使该行为得到强化，甚至养成习惯的过程，因此也叫作 R–S（Reflex–Stimulus，反应—刺激）联结。

相较于巴甫洛夫的实验，斯金纳更强调主体操作的自发性、主动适应性以及行为后果对原有行为模式的影响。他认为，学习的本质实际上是反应的改变，而强化刺激与反应同步，人的行为几乎都是操作强化的结果。因此如果将要达成的学习目标分解和强化，那么根据操作性条件反射的原理，人是可以完成学习目标的。和经典性条件反射理论的运用类似，操作性条件反射理论不仅有助于教师教学，也有助于大学生在进行生涯规划时通过这种原理刺激或塑造自己的行为习惯。

（四）奥苏贝尔——认知同化说

认知同化说由美国心理学家奥苏贝尔提出，他认为学习是一种有意义的言语学习活动，是符号代表的新知识、新观念与学习者认知结构中已有的适当观念建立起实质性的、非人为的联系。其中，非人为的联系是指新知识、新观念与认知结构中已有的适当观念的联系建立在合乎逻辑的基础上，而不是任意的。认知同化说的观点主要有以下 3 点。

1. 有意义学习

奥苏贝尔认为，学习者的学习是有意义的接受学习，这种学习建立在新旧观念的相互作用上，只有当新旧观念相互作用时，才能产生有意义学习。这样，新的观念获得了意义，旧的观念也得到了扩展，或两者产生了新的联合。

2. 同化理论

同化是有意义学习的心理机制，在有意义学习的过程中，原有的起固定作用的观念结构发生了改变，形成了更为分化的认知结构。这样的过程也叫作同化，即将新的信息纳入原有认知结构中，或改变原有认知结构以容纳新的信息。

3. 先行组织者

奥苏贝尔认为，为了促进学习和防止干扰，教师可以在展示教学内容之前，提供一种比学习任务本身具有更高的抽象、概括和综合水平且与学习内容有关的、较清晰和较稳定的引导性材料，这种材料就是所谓的先行组织者。它可以帮助学习者确立有意义学习的基础，为新知识提供观念上的固定点，并成为新旧知识联系的桥梁。

认知同化说有利于锻炼大学生的思维迁移能力，在新知识与原有认知结构中的知识建立联系的过程中，促进新旧知识的融合，从而使大学生能尽快掌握新知识，并建立良好的认知结构。这样的学习方式不仅可以使知识系统化，还可以使大学生学习思维的灵活性得到增强。

二、学习的方式

实际上，人从出生开始，学习这个行为就从未间断，从开口说话到流利发言、从被动接收到主动思考……这些发生在人身上的变化大多都是由于人不断学习、进步所产生的。实际上，

大学生对学习这个行为已经十分熟悉，因为在过去的岁月里，学习已经成为了大学生潜移默化的一种习惯。但在新的学习环境下，大学生仍然存在一些困扰，这与学习方式有关。那么主要的学习方式有哪些呢？学习方式可以根据不同的划分标准划分为不同的类型，具体内容如表5-1所示。

表5-1　学习方式的分类

划分标准	类别
学习过程控制程度的不同	①自主学习。自主学习指个体自觉制订学习目标和学习计划，并实时监督学习情况，如自学一门乐器 ②他主学习。他主学习指个体被动地接受他人（如教师）安排的学习任务，如完成老师布置的阅读任务
学习进行形式的不同	①接受学习。接受学习指通过占有或吸收，将他人发现的经验转化为自己的经验，如上课听讲 ②发现学习。发现学习指个体利用已提供的条件独立思考，自己探索学习，获得规律性的知识，如学生根据课本内容独立排演话剧
学习性质的不同	①机械学习。机械学习指死记硬背式的学习，如背菜谱 ②有意义学习。有意义学习指在理解基础上进行的学习，如在学完新单词后看懂了一篇文章
感官偏重的不同	①视觉类学习。视觉类学习指个体更喜欢通过视觉方法接受信息，如喜欢从图表、视频、图片和板书中获取信息 ②听觉类学习。听觉类学习指个体习惯于利用听觉通道获取材料，如善于复述、在新地方学会当地方言较快 ③动觉类学习。动觉类学习指个体习惯于通过身体动作探索、获取相关信息，如在课本上划线、做课堂笔记等动手操作性强的行为
学习目标与动机的不同	①兴趣型学习。兴趣型学习指完全出于兴趣选择想学的知识，如爱好写作而选择了中文专业 ②现实型学习。现实型学习指基于社会需求选择学习内容，如考取专业证书 ③盲从型学习。盲从型学习指不从自身实际出发，而是根据别人的喜好选择学习内容，如邯郸学步 ④理智型学习。理智型学习指根据自己的工作需要来选择自己的学习内容，如想当教师则选择师范方面的专业而非文学写作专业

小贴士

兴趣虽然能激发人的学习动机，但理智能更好地支撑一个人在辛苦的钻研和探索中始终坚守初心。有些人的兴趣容易被现实打碎，但如果清楚地知道自己要什么，知道自己如何前进，并为之付出不懈努力，具有针对性地选择学习内容，这样的人将更可能完成自己想做的事并获得成功。

加涅的学习层次分类

1970 年，美国心理学家加涅根据学习情境由简单到复杂、学习水平由低到高的顺序将学习分为了 8 类。他认为人的发展是第①类学习向第⑧类学习积累的结果，因此加涅的学习层次分类又被称为累积式学习理论，其具体内容如下。

①信号学习。信号学习即学习对某种信号做出某种反应。这是最低层次的学习，其过程是：刺激—强化—反应。例如，巴甫洛夫的实验中，狗听到铃声分泌唾液，或者人过马路时看到红灯止步等就是信号学习的表现。

②刺激—反应学习。刺激－反应学习即操作性条件作用，指学习使一定的情境或刺激与一定的反应相结合，并得到加强；学会以某种反应获得某种结果。例如，小孩由于正确回答问题受到表扬，次数多了以后增加了喜欢回答问题的行为。

③连锁学习。连锁学习是一系列刺激—反应的联合。例如，看到篮板，就会想投篮；篮板太远，就会运球前进等一系列的反应。

④语言联合。语言联合也是一系列刺激—反应的联合，但它是由言语单位所联结的连锁化，如将单词组合为合乎语法规则的句子。

⑤多重辨别学习。多重辨别学习即学会识别多种刺激的异同并对之做出不同的反应。例如，简单的多重辨别包括分辨不同形状、颜色的物体等；复杂的多重辨别包括对相似的、易混淆的单词分别做出正确的反应，如“confirm”和“conform”。

⑥概念学习。概念学习指对刺激进行分类时，学会对一类刺激做出同样的反应，也就是对事物的抽象特征的反应。概念可分为具体概念和定义概念两类，具体概念的学习可通过直接观察、归纳得到，可用具体对象来表示，如纸巾、保温杯等；而定义概念一般是抽象的，如学习定义概念要学习定义的组成部分和语法规则。

⑦规则学习。规则学习又称原理学习，规则指两个或两个以上概念的联合。规则学习即了解两个或两个以上概念之间的关系，如学习等边三角形的角都是 60 度这一规则。

⑧解决问题的学习。这是一种高级规则的学习，指在各种条件下应用规则或者规则组合去解决问题。

学习方式会影响个体的学习活动。例如，背诗、背单词的时候使用机械记忆，死记硬背，对某些人来讲会花费较多的时间，甚至记忆的程度也不深；但如果采取有意义学习，如通过词根联想背单词，不仅能更快记住单词本身，就连其释义也更容易在理解的基础上被记忆。同理，背诗歌也是如此，可通过熟悉诗人生平和当时的时代背景了解作诗的心境和描写对象，以帮助学习记忆。总之，大学生需要认识学习方式的重要性。不管是在怎样的学习过程中，只有对学习有所思考，运用对于自己来说有用的学习方法，大学生才能更自如地学习。

三、大学生学习活动的特点

在大多数大学生的学习生涯中，中学时期的学习多依赖于师长的监管、学校严格的学习与作息安排，习惯于被动学习。而到了大学，大学生掌握了更多的自主权，考试的压力大大减小，大学生能选择学习自己感兴趣的知识。但与此同时，由于学习强度的减弱，在学习过程中，大学生需要更注意自我的监管，以免对学习产生懈怠心理。总的来说，大学生的学习活动主要有以下 5 个特点。

扫码看微课

（一）主动性

首先，大学生基本都具备主动自习的习惯，这有利于及时更新、吸收新知识，适应步入社会后的发展。这也意味着大学生在学习过程中能化被动为主动，更好地发挥自己的主观能动性，展开补充课堂学习内容的自学活动、相互学习进步的活动和各种独立的创造性活动，在学习过程保持更高的积极性，从而提高学习能力。

（二）自主性

在大学阶段，大学生作为行为主体，可以依照自己的意愿选择自己感兴趣的领域，自由地安排自己的学习时间、学习地点、学科和工具书，制订适合自己的学习计划，如什么时候不学，什么时候学、学什么、怎么学等。学校和老师大多数时候“退居幕后”，在合理的前提下将“舞台”更多地留给大学生去表现自己，更大程度地尊重大学生的自主性。

（三）专业性

大学教育具有明显的定向性，在报考大学之时，大学生基本上已经决定了今后的职业发展方向。而大学阶段的学习，基本围绕这一专业领域展开，帮助大学生进行更加专业的、深入的、高层次的学习，让大学生能够掌握自己专业领域内的理论知识。

（四）多元性

在大学校园里，虽然大学生的主要任务是进行专业知识的学习，但是大学生的其他能力也应得到发展和锻炼，如逻辑思维能力、人际交往能力、动手能力、管理能力、沟通协调能力等。另外，大学生也会获得更多参与社会实践、活动、比赛和竞赛的机会，学习内容和学习形式更加丰富多彩，大学生也能发展更多元、更全面的能力。

（五）探索性

大学里，大学生会学习更专业的知识，更具有探索和钻研的精神，深入研究自己的专业领域，同时，大学生也会增强探索未知领域的勇气，去创新、创造，不断发展自身。

四、学习的内驱力

大学生学习的内驱力由学习需要、学习动机与学习目标构成，其中学习需要的满足是为了激发学习动机，而学习目标的达成也需要学习动机的激发，由此可以看出学习动机在学习活动中的重要性；同时，学习动机也是影响大学生学习活动的重要心理要素。本部分将聚焦于学习动机的研究。

动机基于个体需要产生，对个体的活动与行为有激励和引导作用。学习动机是指引发和维持个体学习活动，并使该学习活动指向某特定学习目标的动力机制。学习动机相当于学习的源动力，能直接推动大学生学习，支撑大学生的整个学习行为。

（一）学习动机的分类

不同的学习动机会使人在学习过程中做出差别较大的反应，例如，出于兴趣的学习，个体的学习积极性会较高，甚至会主动克服诸多学习中的困难；而出于获得奖励的学习，一旦得到奖励，个体的学习积极性就会大大降低。大学生对不同学习动机进行了解，可以帮助剖析自己的学习行为，审视自己的学习观，更好地激发自己的学习动机。一般来讲，学习动机可以按照以下的标准进行划分。

- **按诱因来源划分**。按诱因来源划分，学习动机可被分为内部动机和外部动机。内部动机是指由个体内在心理要素转化而来的动机，表现为大学生出于兴趣、好奇、求知欲、提升自己能力的愿望等产生学习的内驱力。而外部动机来自学习活动以外的因素，由外部原因诱发，达到外部目标即可，如为了得到某种奖励或避免受到惩罚。虽然外部动机也具有积极作用，但相较于内部动机，外部动机一旦完成或失败，大学生的学习激情就会大大下降。
- **按作用和学习活动划分**。按作用和学习活动划分，学习动机可被分为近景的直接性动机和远景的间接性动机。前者又被称为暂时的直接性动机，直接与学习活动相关，主要来源于大学生对学习内容或结果的兴趣，如因课程内容新颖有趣、教师讲解生动或对某课程有浓厚兴趣等所诱发的学习兴趣；后者又被称为长远的间接性动机，这种动机与个人前途和社会意义有关，如为了使自己获得荣誉、使近期的考试获得更好的结果、为社会发展做贡献等。
- **按学习成就动机划分**。按学习成就动机划分，学习动机可被分为认知内驱力、自我提高内驱力和附属内驱力。认知内驱力指个体为了掌握知识、技能和解决问题产生的某种需要，派生于好奇心，是一种内部动机；自我提高内驱力则是个体为了凭自己的能力胜任某岗位或工作能力而赢得相应地位的需要；而附属内驱力则指一个人因想获得自己所附属的赞许和认可产生的需要，它与自我提高内驱力同属于外部动机。

（二）学习动机的强弱

学习动机的强弱也与学习效率有很大关系，学习动机和学习效率并不完全成正比。研究发现，一般每个任务都有一个最佳动机水平，当动机强度处于中等水平时，最有利于学习任务的完成，而学习动机太强或太弱，都会导致学习效率下降。此外，最佳动机水平还会随着任务难度的不同而不同。一般较低的动机水平反而能激发完成难度较高的任务，而简单的任务反而需要更强的动机激发才能完成。动机水平与工作效率之间呈现一种倒U型的曲线关系，这一理论研究的提出者是心理学家耶克斯与多德森，通过图5-3，大学生可以清楚地了解在完成不同难度的任务时，动机水平与效率的关系。

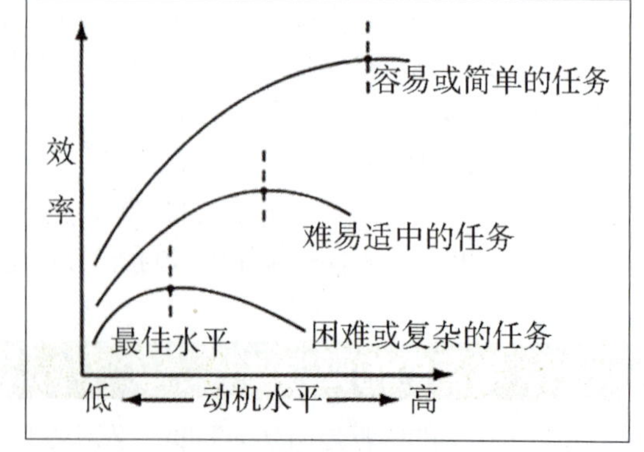

图5-3 耶克斯－多德森定律

很多大学生在学习或处理事情时，常常会忽略对该定律的应用，简单的事一拖再拖，在难以完成的事上又对自己施加太多的压力。因此大学生在学习时，应该注重对自己学习动机的把握，调整心态，更好地帮助自己进行有效的学习。

（三）学习动机的激发与培养

学习动机受内外多种因素的影响，内部因素涉及学习情绪、自我需求、归因方式、自我效能感等，外部因素则包括学习结果的反馈与评价、老师或父母的期望与管教、奖励与惩罚等。以这些影响因素为出发点，大学生可以获得激发与培养学习动机的方法。下面主要介绍4种方法。

1. 培养学习兴趣

大学生的许多行为都会受兴趣的影响，学习同样如此。如果大学生对学习充满兴趣，那么他的学习行为就会更加专注，并充满快乐。每个人感兴趣的事情并不相同，由此产生的学习兴趣也不一致。但兴趣是可以培养的，大学生可以通过以下途径来培养自己的学习兴趣。

- **良好的学习态度**。如果大学生在开始学习之前做好心理工作，发现学习的乐趣所在，有利于培养学习兴趣。
- **保持好奇**。柏拉图曾经说过“好奇者，知识之门。”好奇心与求知欲能有效激发大学生的学习兴趣，而经常提问也会让大学生产生更多的思考，让学习兴趣在探究中变得更加浓厚。
- **提高专注度**。许多大学生在学习活动中可能存在浮躁或敷衍了事的态度，沉不下心，这样很难真正体会到学习过程的乐趣，也更容易失败。而专注不仅会让大学生更容易获得成就感，而且会让大学生在成就感中发现兴趣所在。
- **参加相关竞赛**。心理学实验证明，竞赛可有效激发学习的积极性。事实也确实如此，在竞赛过程中，大学生会更有斗志，也更加专注，在不知不觉间，产生的兴趣也会不断增加。
- **做好动机迁移**。大学生可以将自己感兴趣的活动与自己缺乏学习动力的部分联系起来，并将兴趣转化为学习需要，以此来激发学习动机和提升学习兴趣。

2. 建立学习目标

大学生可以通过制订一个不难实现的学习目标来体验实现目标的喜悦及成就感，然后再制订下一个目标，让自己在目标的引领下步步前进，不断激发学习的兴趣。

3. 引导归因，提高自我效能感

一般来讲，成功的经历会提高自我效能感，失败则反之，但成败的具体归因方式，也会对自我效能感造成影响。成败归因是指将成功或失败的原因归纳为表 5-2 所示的 3 个维度 6 个因素。积极的归因可以增强对成功的渴望，因此大学生在归因时，要多做内部的可控归因，如努力程度的归因；少做外部的不可控归因，如任务难度、运气好坏等归因，帮助自己获得良好的情绪体验，提高自我效能感。

表 5-2　成败归因理论

成败归因	成败归因维度					
	内部与外部		稳定性与非稳定性		可控性与不可控性	
	内部的	外部的	稳定的	不稳定的	可控的	不可控的
能力高低	+		+			+
努力程度	+			+	+	
任务难易		+	+			+
运气好坏		+		+		+
身心状况	+			+		+
外界环境		+		+		+

同时，大学生要慎用能力高低的归因。将成功的经历归因于能力可能会提升大学生的自信心，但将每一次的成功都归因于能力可能会导致部分大学生产生骄傲自负的心理，这是不利于学习活动的。此外，在经历挫折或失败时大学生也不能总是归因为自己能力不足，不然很容易使自己丧失自信，造成“习得性无助”的心理，不利于后续的学习与生活。

小贴士

习得性无助是学习上的一种消极心理，指通过学习形成的一种对现实的无望和无可奈何的心态。习得性无助来源于美国心理学家塞利格曼在1967年做的一个动物研究实验，其实验内容为：把狗关在笼子里，当蜂音器一响就给狗以电击，而狗因为被关在笼子里躲避不了电击；多次实验后，研究人员将笼门打开，发现在蜂音器响、电击之前，狗不但不逃，还在被电击之前就倒在地上呻吟和颤抖。这种本来可以主动逃避却绝望地等待痛苦来临的行为就是习得性无助。之后心理学家也在大学生身上进行了类似的实验，结果证明这种习得性无助也会在人身上发生。因此在学习的过程中，大学生要谨防这种心理的形成。但如果大学生已经出现了这种心理，也不能破罐子破摔，而是需要重新定义自己，建立新的目标，重塑信心。

扩展阅读

成败归因理论和自我效能感

成败归因理论最早由社会心理学家海德提出，他发现一个人在获得成功或失败后，会把原因归于外部环境或个人内部因素。之后罗特又提出了控制点的概念，它把个体分为内控型和外控型。内控型的人认为自己可以控制周围的环境，自己的行为结果都是自己的能力或努力等内部因素造成的；外控型的人则认为自己无法控制周围的环境，将成败都归因为他人的影响或运气等外在因素，不愿对自己的行为负责。维纳在此基础上进行了系统的探讨，他认为人们倾向于将活动成败的原因即行为责任归结为以下 6 个因素，即能力高低、努力程度、任务难易、运气（机遇）好坏、身心状态、外界环境。同时，维纳认为这 6 个因素可归为 3 个维度，即内部归因和外部归因、稳定性归因和非稳定性归因、可控归因和不可控归因。最后，将 3 个维度和 6 个因素结合起来，就组成了归因模式。

自我效能感是美国心理学家班杜拉提出的，是指个体对自己是否有能力完成某一行为所进行的推测与判断。他认为人的行为受行为的结果因素和先行因素的影响，提出了“期望”概念，其中结果期望是指人预测到了某一行为会导致的特定结果，这一行为就很可能被选择；而效能期望则是个体对自己行为能力的推测，如果个体知道某种行为能导致某结果且自己有能力完成该行为，就会产生高度的“自我效能感”，从而促进该行为的产生。

4. 合理利用外部奖惩

奖励与惩罚运用得当，也可以起到强化学习动机的效果。奖励指通过表扬、鼓励、赞赏等行为给大学生带来精神上的享受，以增强学习动机；惩罚是指通过不愉快的体验减少或消除某种不良行为再次出现的可能性，如否定或批评等。

有一个非常有名的关于奖惩的运用的故事。一位老人住所的附近有一群非常顽皮的孩子，他们天天追逐打闹，吵闹声让老人无法好好休息。在屡教不改的情况下，老人想出了一个办法：他把孩子们都叫到一起，告诉他们谁叫的声音越大，谁得到的奖励就越多。他每次都根据孩子们吵闹的情况给予不同的奖金，直到孩子们已经习惯靠吵闹获取奖金时，老人却开始逐渐减少所给的奖金，最后，孩子们认为自己受到的待遇越来越不公正，就再也不到老人所住的房子附近大声吵闹了。这个故事中的老人就是利用外部的惩罚来降低吵闹的吸引力，使孩子们丧失继续吵闹的动机。在生活中，大学生也可以利用这种方法来激发自己的学习动机，如“如果我这次竞赛拿了第一名，我就去看演唱会或去旅游”“如果我这次考试失败，我寒假就宅在家里学习”“如果我这周没有完成学习计划，我就不去看心爱的音乐剧”等。

需要注意的是，过分运用奖励增加大学生的外部动机，反而会削弱内部动机，上述故事就是典型例子。因此，大学生在运用外部奖励时，最好选择没有内部兴趣驱动的某个学习活动，且奖励需与大学生的付出一致；如是已有内部动机的活动，则要慎用外部奖励。另外，最好不要对一个行为进行多次的外部奖励，不然一旦没有奖励，就会导致行为动机的丧失。只有这样，才能更好地发挥外部奖励的作用。

行为与动机

回顾自己的生活，列举你平时最喜欢做的两种活动和最想参与的两种活动，你认为它们之间有怎样的共性？谈谈它们带给你的感受。

____

____

____

____

你一直坚持到现在的事情是什么？是什么驱使你的行为？

____

____

____

____

你最渴望完成什么事？你的动机一如既往地强烈吗？请具体谈谈你的动机的整个变化过程。

____

____

____

____

人在做任何一件事时，都会有一定的原因在驱使其行动，一般动机越强，付诸实践且成功的可能性就越高。当然，大学生需要合理控制动机程度，避免对自己造成不利影响。大学期间是大学生进行生涯规划和提高学习专业能力的重要阶段，在此期间大学生难免会遇到艰难险阻、感到迷茫，因此大学生最好为自己寻找一个内驱力，以鞭策自己学习并不断前进。所以，真实地内视自己吧！找准自己想要的，有意识地培养学习兴趣，真正投入热情，爱上学习。

任务二 大学生常见的学习心理障碍分析及调适

学习是大学生活的主要内容，而学习效率和学习成果受大学生自身的心理健康和心理发展情况制约，这也是影响大学生学习状况的重要因素。众多研究也表明，在影响大学生学习的各种因素中，学习心理的健康状况的影响较大。这就要求大学生在学习过程中，要注重自己的心理健康状况，及时发现并调试出现的学习心理障碍。通过对大学生学习心态的了解，我们可以总结出常见的大学生学习心理障碍主要有以下 4 种，如图 5-4 所示，下面分别进行介绍。

图 5-4　常见的学习心理障碍

一、学习适应困难

不少大学生在迈入大学后，会产生一系列不适应的情况，如学习目标不明确、缺乏学习规划、不会管理学习时间等。同时，有些大学生对大学新的教学模式也不适应，包括教学内容、课程安排

和教师教学的风格等，有部分大学生还因为自主能力、独立性不够，影响整个学习心态。而且大学期间的考试较中学少，能力学习的覆盖面更广，很多大学生难以找到更快、更有效的途径检验自己的学习状况，这些都是大学生容易不适应的地方。

面对这些问题，大学生可以参考以下建议调适自己的适应性问题。

- **培养独立性**。大学生的不适应感可能来源于学习环境和生活环境的改变，由此产生的孤独感、无所适从感，使大学生不愿意或排斥去适应新的学习环境。如果大学生树立了独立意识，减少自己对原来的生活习惯和学习目标的依赖感，对于自己变得坚强、自信，以及适应能力的提高都是有帮助的。
- **学会自我调节**。大学生可以通过自我反思调整自己的情绪和注意力，或多参与校园活动以消除不适感，让自己尽快适应大学新生活。
- **接受职业生涯辅导**。接受职业生涯辅导可以帮助大学生找准未来定位，合理规划大学生活，认识自己，放眼社会，以饱满的精神状态克服环境改变带来的诸多不适。当然，如有严重的学习问题，大学生还可以寻求心理辅导。
- **加强人际交流**。大学生之间互相交流彼此对新校园生活的看法，如生活感悟与学习心得等，既可以改善大学生的精神状态，缓解不适应感，还可以帮助大学生在习得新的解决策略的同时，增进同学间的关系，这也有利于大学生尽快适应大学生活。

二、学习动机不足或过强

学习动机不足或学习动机过强都是学习动机不当的表现，这两种情况都会造成大学生在学习时陷入不同程度的心理困境。下面分别对这两种学习心理进行介绍。

（一）学习动机不足

学习动机不足是指大学生因为各种各样的原因对学习缺乏积极性和主动性，如不想学、所学非所愿、不知道学什么、目标不合理、自卑等。

1. 不想学

上大学后，有些大学生会认为自己不再有升学的压力，可以好好放松，从而产生懈怠心理，将更多精力投放到其他地方，沉迷手机、游戏或其他兴趣拓展活动，不想学习、不愿学习。对于抱有这种心态的大学生，培养学习兴趣是关键。

案例

小关是C大刚入学的新生，入学一段时间后，他就感到大学的学习压力远没有中学大，上完课后自由度很高，考试的次数少，老师也不会经常布置作业，一学期下来也就只有几次检查，随便对付一下就行，比较轻松。于是小关逐渐松懈下来，丧失了学习的热情，偶尔想学的时候就学一下，不想学就玩，课堂的参与度和积极性不高，上课还经常悄悄玩手机。本来他入学成绩是班级前三，可期末考试各科成绩综合考评位列全班下游水平，学习积极性很低。

点评： 大学期间的任何学习活动都需要大学生有足够的自控能力。小关产生上述一系列行为就是由于丧失了学习兴趣，缺乏学习动力，以至于学习积极性不高，沉溺于玩乐，这其实是大学生中非常常见的现象。除了不想学之外，还有因为不适应新的学习环境、不喜欢学习内容而产生了厌学、畏学等心理，影响了学习效率。虽然学习成绩并不是评判一切的标准，但却是检验大学生大学期间学习成果的重要评判依据。如果大学生不认真学习，不根据自己的发展方向努力完善自己，是对大学光阴的浪费，这也是需要大学生引以为戒的地方。

2．所学非所愿

这种情况主要来源于以下原因：一是大学生在填志愿阶段由于缺乏对所学专业的了解，进校后才发现其和自己想象的不一样，并不喜欢；二是接受专业调剂，被分到了自己不喜欢的专业，同时又缺乏换专业的勇气和条件；三是听从了家长从当前社会“热点”出发的建议，选择了自己并不喜欢的专业。这些原因都可能导致大学生缺少学习动机。

3．不知道学什么

有些大学生在大学阶段知道即将面临新的挑战，也想要为求职做准备，却又一时不知道该确定什么样的人生目标、往哪方面发展，对自己需要着重学习和提升的部分也没有清楚准确的规划，自然缺乏学习动机。

案例

李倩高中的成绩一直非常优异。上大学后，她心中感到茫然，学习没有动力，生活没有目标，有时候想到辍学在家的妹妹和年迈的父母，她暗恨自己，觉得自己不争气。但她找不到奋斗的目标与学习的动力，学习上得过且过，生活上马马虎虎，毫无目的，上课打不起精神，课后做完老师布置的作业就玩手游打发时间，一整个学期下来，她觉得自己浑浑噩噩，几乎一无所获。

点评： 相较于小关，李倩同样面临学习动机不足的问题。小关是不愿意学，而李倩则缺乏学习目标。如果李倩能够正确认识自己，设立一个清晰、明确的目标，制订学习计划，就能找到学习方向，步入正常的学习轨道，成为一名优秀的大学生。

4．目标不合理

目标设置不合理也会导致大学生的学习动机不足。目标太过简单，轻易就能完成，长期下来大学生很容易丧失积极性，觉得无趣，不愿意再设置学习目标；而目标太难，大学生在努力学习后看不到明显的学习效果，就会丧失学习的乐趣，产生挫败感，久而久之，也就没有了学习的动机。

5．自卑

自卑心理会导致大学生不敢尝试，缺乏行动力，觉得自己这也做不好，那也做不好，甚至不愿意迈出尝试的步伐。这会让大学生放大学习任务的难度，在心理上形成无助感，自然也就缺乏学习的积极态度了。

上述 5 种原因都会导致大学生学习动机不足，缺乏学习动机的大学生很容易受各种因素的干扰，变得上课不专心、注意力分散，完成作业也不够认真，对学习是一种“应付”的姿态，甚至产生厌学情绪，不愿上课。要么不求上进，天天浑浑噩噩；要么表现出对与学习无关的内容投入更多的时间和精力的特点。要解决学习动机不足的问题，大学生可以采取以下策略，做到有的放矢。

- **正确归因**。学习动机不足可能是多方面的原因导致的，如专业选择错误或是受到家庭、社会的影响等。大学生可以结合成败归因理论，对自己学习动机不足的原因进行分析，调整自己的学习心态和学习策略，而不要置之不理。大学阶段短暂而美好，是步入职场的重要准备期，大学生要在这段时间内好好学习、提升自己，千万不能虚度光阴。
- **强化学习动机**。学习动机是推动学生学习的主要力量，有正确的、强烈的学习动机的大学生会更具备学习的主动性，更能克服学习中的众多困难，做到专心致志、刻苦钻研。
- **培养学习兴趣**。俗话说：“兴趣是最好的老师”。科学研究也表明，大学生对学习本身的兴趣会增加学习的积极性，大大激发自己对学习的关注甚至能忽视或缓解疲劳感，因此通过培养学习兴趣，大学生会变得更爱学习、更会学习。

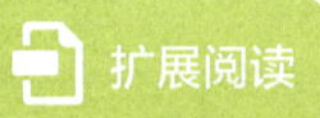

拖延症

拖延症也是学习动机不足的表现，它指的是个体在预料到结果可能有害的情况下，仍将计划好的事情往后推迟的行为。这在当代青年以及大学生群体中极为常见。有数据显示，有一半以上的大学生认为自己存在拖延情况，且拖延情况涉及其工作、学习、生活的诸多方面，如推迟入睡、推迟完成作业甚至复习等。

形成拖延症的原因有很多：有些人是因为任务太难或太简单，想推迟完成或不想完成；有些人则是出于害怕的心理，如不想面对任务完成之后的更多任务、害怕得到负面评价等；有的人是由于抗拒任务的流程、截止日期方面的安排；还有的人是由于行动时产生的瞬间犹豫、过分追求完美或自我怀疑等。在很大程度上，可以将产生拖延的原因归纳为缺乏自控力。很多大学生在拖延之后会产生自怨自艾、愧疚、后悔等感受。拖延症不仅会影响学习效率，还会对大学生的生活、工作等造成不良影响，同时，也不利于大学生身心的健康发展，容易使大学生精神萎靡，导致其自我怀疑、焦虑等不良情绪的滋生。大学生要想改变自己的拖延现状，就需要采取科学的措施克服自己想拖延的心理。

可供参考的方法包括：（1）大学生可以改变自己的思维方式，用“立即行动”思维对抗“明日再做”思维，通过自我调节鼓励自己尽快展开行动；（2）可以通过奖惩系统来对自己的拖延行为进行反馈，形成行动的压力，以强迫自己减少拖延行为；（3）学会自我关怀，使自己保持积极的、正面的情绪，接纳自己，调查研究也证明，这样的人也更自律、更自控；（4）将任务目标分解成若干具体可行的阶段性目标，并制订一个具体的计划去落实。

（二）学习动机过强

相较于学习动机不足，有部分人认为学习动机过强能更大程度地激发学习动力，促进学习。但事实上，这样的心态也会造成不良的影响。例如，有些同学会因为自己短时间内成绩没有提高而感到懊恼、烦恼、情绪低落，怀疑自己能力不足，甚至产生厌学心理。研究早已证明，学习动机并不是越强越好，学习动机过强也会导致出现情绪障碍，可能还会导致自暴自弃，这对学习效率的影响是很大的。因此，如果大学生发现自己的得失心过重、要求过高，经常因为成绩情绪不稳定时，就要通过有效措施改变自己的这种心态。一般情况下，学习动机过强时大学生可采取以下措施。

- 改变“学不好什么都完了”的错误心态，缓解关于学习的紧张情绪。
- 科学、理智地看待学习与成绩的关系，成绩并不代表一切。
- 掌握科学的学习方法以提高学习效率，同时避免陷入“读死书，死读书”的牛角尖，这样会妨碍大学生潜能的挖掘与发挥。
- 及时进行心理咨询或通过其他途径疏导情绪，调整心态。

学习动机自我测试量表

学习动机自我测试量表主要帮助大学生了解自己在学习动机、学习兴趣、学习目标上是否存在困扰，共 20 个项目。请你实事求是地在与自己情况相符的项目后画“√”，不相符的项目后画“×”。

1. 如果别人不督促你，你就极少主动地学习。（ ）
2. 你一读书就觉得疲劳与厌烦，只想睡觉。（ ）
3. 当你读书时，需要很长时间才能提起精神。（ ）
4. 除了老师指定的作业外，你不想再多看书。（ ）
5. 如有不懂的地方，你根本不想设法弄懂它。（ ）
6. 你常觉得自己不用花太多的时间学习，成绩也会超过别人。（ ）
7. 你迫切希望自己在短时间内就能大幅度地提高自己的学习成绩。（ ）
8. 你常为短时间内成绩没能提高而烦恼。（ ）
9. 为了及时完成某项作业，你宁愿废寝忘食、通宵达旦。（ ）
10. 为了把功课学好，你放弃了许多你感兴趣的活动，如体育锻炼、看电影与郊游等。（ ）
11. 你觉得读书没意思，想去找个工作。（ ）
12. 你常认为课本上的基础知识没有学习价值，只有看高深的理论、读大部头作品才有意义。（ ）
13. 你只在喜欢的科目上狠下功夫，对不喜欢的科目则放任自流。（ ）

14. 你花在课外读物上的时间比花在教科书上的时间要多很多。（　）

15. 你把自己的时间平均分配在各科上。（　）

16. 你给自己定下的学习目标，多数因做不到而不得不放弃。（　）

17. 你几乎毫不费力地就实现了你的学习目标。（　）

18. 你总是同时为实现几个学习目标忙得焦头烂额。（　）

19. 为了完成每天的学习任务，你已经感到力不从心。（　）

20. 为了实现一个大目标，你不会给自己制订循序渐进的小目标。（　）

测查你在4个方面的困扰程度：上述20个项目分成4组，它们分别测查你在4个方面的困扰程度。

1～5项测查你的学习动机是不是不足。

6～10项测查你的学习动机是不是过强。

10～15项测查你在学习兴趣方面是否存在困扰。

16～20项测查你在学习目标上是否存在困扰。

假如你对某组（每组5个项目）中的大多数题目持认同的态度，则一般说明你在相应的学习方面存在一些不够正确的认识，或存在一定程度的困扰。计算你画“√”的个数，如果数量在0～5个，说明你的学习动机有少许问题，必要时可调整；如果数量在6～13个，说明你的学习动机有一定问题和困扰，可进行调整；如果数量在14～20个，说明你在学习动机上有问题和困扰，需要进行调整。

三、学习疲劳

学习疲劳指由于长时间的学习，大学生在生理和心理方面产生了倦怠，致使学习效率下降，甚至出现不能继续学习的状况。学习疲劳可以分为两种：一种是生理上的疲惫，指由于肌肉受力过久或持续重复伸缩引起的生理疲劳，主要症状为肌肉痉挛、麻木、手足发冷、动作失调、感觉失调、眼球发疼发胀、视力减退、面色苍白、头晕、打瞌睡等；另一种则是情绪影响造成的心理上的疲惫，主要表现为注意力涣散、思维迟钝、记忆力衰退、情绪躁动，厌烦、易怒等。

不管是生理还是心理原因引起的学习疲劳，都容易造成大学生注意力下降、学习效率降低，如长时间保持注意力的高度集中、缺乏学习兴趣、持续进行记忆活动、枯燥的学习内容、条件差（如昏暗、喧闹）的学习环境等都可能引起学习疲劳。因此大学生在出现学习疲劳的症状时，要注意采取科学的方法进行调适，下面介绍3种简单有效的方法。

- **劳逸结合**。劳逸结合是简单且使用较为普遍的缓解疲劳的方法。大学生如果需要进行思维强度较大、耗时较长的脑力活动，可以通过在此期间安插课间休息、身体锻炼、睡眠等活动使大脑得到适度的放松。同时还可以调整精神状态，为接下来的学习积蓄能量，而不是强制透支精神、体力，逼迫自己保持持续学习的状态。

- **掌握科学用脑时间**。相关研究证明，清晨起床后、上午8—11时、下午6—8时、晚上临睡前一个小时为人脑的记忆高潮点，也是最佳记忆时间。因此大学生可以选择在这段时间记忆难记的材料，科学用脑，防止过度疲劳，同时保持积极乐观的情绪，这样能有效记忆，大大提高大脑的工作效率。
- **交替学习**。交替学习指的是通过交替学习的方法来缩短学习的疲劳期。大学生可以每两个小时就更换一下自己正在学习的内容，这样可以延长学习时间，使注意力保持高度集中，提高记忆效率。

小贴士

紧张与放松对人体同样重要，尤其是适当的放松，可以减缓身体的疲劳。一松一弛，可以激发学习的活力。

四、学习焦虑

学习焦虑是因担心完不成学习目标而产生的一种忧虑、不安和紧张情绪。学习焦虑产生的原因在于不能克服障碍，担心不能完成任务而导致的自尊心、自信心受挫等造成的较大的心理压力。

一般来说，成就目标要求过高和自我肯定不足的大学生更容易产生焦虑心理，同时，来自学业、家庭和同学竞争的压力也是大学生心理压力的重要来源，这些都很容易增加大学生的紧张感，使他们时不时陷入焦虑的泥淖。需要注意的是，适当的焦虑可以增强学习效果，但过度焦虑势必会起到不良作用。美国心理学家曾经做过一组焦虑实验，实验显示，中等焦虑组的学生的成绩远高于低等焦虑组和高等焦虑组的学生的成绩。因此面对焦虑，大学生要学会自我调节，将自己的焦虑感维持在一个适当的区间。

案例

王文从小就被父母耳提面命，一定要考上好的大学，这样才能有更好的职业发展、过上更好的生活。王文也算争气，他从小在学习上就有天赋，再加上他的刻苦努力，他也考上了自己心仪的大学，只是他的高考成绩却没够上想去的专业的专业线，于是被调剂了到另一个专业。王文虽然有些失落，但并不气馁，想自己上大学后再多多努力，寻求换专业。

上了大学之后，王文了解到要换专业需要在一个学期之后，且成绩排在年级前15%才行，也就是说，王文大一学年结束后的成绩非常重要。王文刚开始并不担心，他觉得自己各方面学习条件挺好，考出好的成绩没有问题，于是渐渐投入新鲜的学习之中，努力吸收更多新知识。他给自己定的小目标是争取每次学习或活动都能表现出色，最好名列前茅。但渐渐地，他发现自己班里的同学非常优秀，不仅平时成绩很好，大家也有许多才艺，在课下的专业实践活动中也有不少人表现亮眼，老师同学都对其赞许有加。相比之下，他的表现不算出彩。

王文有些沮丧，他认为，人外有人，山外有山，相比之下，自己似乎十分平庸，领悟力也略逊一筹。一段时间下来，王文的学习劲头便有点不足，上课也时常恍惚，他总是担心自己的考试成绩，他认为这些同学的平时成绩分数应该不错，从偶尔的随堂测验来看，其期末考试也能拿高分，两者相加，最后总成绩很可能高于自己。为此，他感到十分紧张，学习更加努力，经常熬夜苦读，白天吃饭也没什么胃口，将较多的心思都花在了学习上，拿出了全部的精力，但坚持了一段时间，他就觉得睡眠质量不好，非常劳累，注意力也不太集中。他觉得自己的学习策略可能有误，于是略微减弱了一些学习强度，调整学习状态，在紧张的心情中完成了第一学期的考试。结果王文的成绩虽然很好，但距离年级前 15% 还是稍差几分。

王文反思了自己上学期的表现，重新进行了学习规划，他做足了准备，对自己很有信心。但虽然有心理准备，他在考试前期仍然十分忐忑，担心自己像以往的考试一样发挥不好，尤其是上次的期末考试只差几分就能挤进年级前 15%，更是给了他很大的压力。琢磨得多了，他忍不住回想自己高考就是因为没考出平时的水平，才被调剂到现在的专业。于是越想越焦虑，整个人显得比往常都紧张，上课也有些心不在焉，学习效率低，晚上入睡困难，白天感觉精神不济。

他知道自己有些过于紧张了，担心长此以往考试会受影响，想控制自己不要多想但又控制不住，一时不知该怎么办，觉得非常苦恼。

点评：王文的症状符合焦虑症的诊断要点，他的症状主要是家庭的压力和平时的学习压力引起的。此外，由于以前考试失败留下的心理阴影和与同学间的竞争，王文还存在考试焦虑的症状，他完成学习目标的不顺利、学习心态的失衡、学习策略的失误和对自己被调剂的不满和失意也是影响他心态的重要因素。如果不及时调适心态，正确归因，王文还有可能出现更严重的考试焦虑症状，那样不仅会影响王文的学习状态，还会对他的心理健康发展造成不良的影响。

小贴士

考试焦虑是学习焦虑现象中非常常见的一种症状，包括考试前后担心自己的考试成绩不理想引发的焦虑症状和大学生在考试过程中的一些负面情绪和表现，如考试时冒虚汗、手抖、心率加速、大脑空白、恶心、腹泻，甚至晕场等，很多都是太过紧张、恐惧、害怕失败等引起的。这就需要大学生调整好心态，客观认识自我，客观看待考试，不要把成绩看得太过重要；同时多对自己进行正面的心理暗示，多寻找放松的方式；情节过于严重的以及自我疏导无效的，还需要接受专业的心理辅导。

考试焦虑测试题

任务三 掌握大学生有效学习的方法

大学阶段，大学生的学习目标不再单纯地集中在考试成绩上，而是将重心向学习能力和学习方法的方面倾斜，大学生会花更多的精力在能力拓展和自学上，用有限的时间充实自己。大学不过短短几载，如果能掌握有效学习的方法，大学生活将更加丰富多彩、更有价值。本任务将从学习能力的培养、潜能的开发、学习状态的调整和学习策略的运用等 4 个方面来帮助大学生掌握有效的学习方法。

一、学习能力的培养

大学生的学习能力并不局限于学习知识和技巧，而是要从多个方面来进行培养，这样不仅有助于大学生的学习，对提高大学生的个人素养和竞争力也大有益处。

扫码看微课

（一）自学能力的培养

自学能力是指大学生独立学习和获取知识的能力。培养自学能力，大学生一方面要有正确的学习目标和计划，另一方面要善于利用各种教育资源，如图书馆、网络、资料室、工具书等，有目的地拓宽自己的知识面，提高自己的阅读研究能力。

（二）自律能力的培养

培养大学生的自律能力是培养高素质人才的需要。在大学阶段，大学生逐渐培养出了自主学习的能力，而在这一整个培养过程中，大学生的自律性发挥了很大的作用，只有足够自律，大学生才能按时、按量完成学习计划，达成学习目标，养成良好的学习习惯。而要培养自律能力，一方面需要大学生树立自律意识，充分发挥学习的主动性、自觉性；另一方面，大学生也可以进行自律行为训练，锻炼自律意志，培养良好的行为习惯，在潜移默化中做到自我管理和监督。

（三）思维能力的培养

大学生要多问为什么，学会提问、质疑，勤于思考，这样才能培养自己发现问题的能力，在做学问时才能深入探究。同时大学生要掌握创新思维，打破思维定式，学会举一反三，这样在很多方面可以达到无师自通的状态。

另外，大学生还要学习在整理资料后形成自己的观点、架构，能“打破标准答案”，学会用自己的声音表达，培养独立思考的能力。如果有辩论赛和学术讨论，大学生也应该积极参与，以促进自己思想的解放和思维能力的提高。

（四）组织管理能力的培养

组织管理能力是指为了有效地实现目标，将各种条件有机地组织协调起来的能力。大学生如果在制订学习计划和安排学习时间时，充分考虑到身边的各种可利用资源，策划并执行好科学的学习方案，能很好地激发自身的学习兴趣，提升学习效率。

二、潜能的开发

人的成长是一个不断开发潜能的过程，马克思在《资本论》中提出，这种潜能是人体力和智力

的总和，是有待开发的处于潜伏状态的一种能力。人的潜能包括创造潜能、社会潜能、感觉潜能、精神潜能、艺术潜能等，且处在不断的变化之中，通过一定的方法，潜能可以得到挖掘。

潜能开发三要素

潜能具有“用进废退”的特点，如果大学生忽视潜能的作用，久不开发自己的潜能，它可能就会在漫长的岁月中“悄然逝去”。要想开发潜能，大学生需要做到以下 7 点。

- **正确认识自己**。自我是多层次的，正确认识和评估自己可以让大学生认清自己的优缺点，明确自己的定位，从而提升自我。
- **树立强烈的信心**。信心能让人勇敢、给人力量，驱使人完成某些看起来难以完成的任务，因此，强烈的信心对于潜能的激发是非常重要的。

案例

王刚的表哥李霖是体育特长生，平时跑步的成绩不错，经过几次比赛训练，老师整理了李霖 3 次比赛的结果：他在 5 人小组赛中取得了第 1 名，在 15 人小组赛中取得了第 3 名，在 20 人小组赛中取得了第 6 名。老师觉得李霖平时训练很努力，成绩其实还可以更好，于是后来在其他省市比赛中，在 10 人小组赛赛前，老师便告诉李霖，根据他的了解，其他对手并不如李霖，结果李霖轻松地跑了第一名。再后来，李霖参加 20 人小组赛，老师对李霖说了同样的话，但提出其中一人成绩很好，但只要超过那个人，他肯定就能获得胜利。果然，那个运动员在比赛中一直处于领跑状态，但李霖觉得自己的实力也很好，于是在最后冲刺阶段奋力拼搏，最终取得了第一名。但实际的情况是这两次比赛的参赛运动员的整体水平是一样的，虽然其中也不乏佼佼者。

点评：从李霖的比赛情况来看，李霖取得更好的成绩是因为他获胜的信心更强，而非对手的实力更弱，老师只是利用话术增强了李霖的信心，激发了他的潜能。由此可看出树立强烈的信心对成功的重要性。大学生也要善于利用信心来激发潜能。

- **培养积极的心态**。积极的人生需要有积极的心态，在《全新思维》一书中，平克提出了 6 种决胜未来的能力，其中之一是快乐感。而事实证明，许多创造性的、成功的项目都是人在积极、快乐的状态下完成的，因此，这样的心理无疑能更大程度地激发人的潜能，促进人的积极发展。
- **增强自主性**。潜能具有能动性，也就是说行为主体的主动性的培养很重要，如学习的独立性、自我管控能力以及理论与实践的结合度等，都能帮助大学生开发潜能，完成学习的内化。
- **积极的自我暗示**。自我暗示就是用心理语言暗示自己，以完成既定目标或行为。“我能行”“我一直以来都很不错”等积极的自我暗示会产生激励的力量，对个体的身心发展产生积极影响，使人更加自信、乐观，带人走向成功。

- **科学使用和合理开发大脑**。大脑的运动会消耗很多的能量，因此为了节约资源，大脑会把能量偏重分配给人经常使用的区域，这样效率会更高。但如果加载过多，大脑的灵活性就会降低，大学生可以通过尝试新事物或反复使用已学会的技能，广泛地刺激神经连接，增强自己的神经可塑性。神经可塑性表示了大脑的重组能力和形成新的神经连接的能力，其可以帮助大脑实现区域代偿，让大学生学习新事物，并做到快速学习和具备高度的灵活性。因此，要做到合理用脑，大学生一方面不能过度用脑，另一方则需要注重创新和学习，合理安排学习内容。
- **适度的自我放松**。我们可能曾经见过因为过度紧张而无法答卷的情况，也听过很多人在面对一些对个体很重要的事时因为太紧张而导致失败的事情。我们从中获得的经验就是学会放松。事实上，放松能帮助人激发潜能，突破自己。例如，2016 年波士顿马拉松女子组冠军贝莎在比赛伊始完全不被人看好，而她自己看到远超自己的第一名却并不过分紧张，不像其他选手一样奋起直追、保持激奋、力争前游，而是放松心态，始终保持自己的节奏，有条不紊，最终斩获冠军。

三、学习状态的调整

在学习的过程中，大学生可能会陷于各种不良的状态中，如果调整得当，大学生就会脱离困境，重新产生对学习的激情，如果调整失败，则可能产生各种学习障碍，影响大学生的学习效率。那么，大学生应该如何科学地调控自己的学习状态呢？主要有以下 4 种方法。

（一）控制自己的情绪

情绪的变化主要来源于思维，如焦虑、自卑、急躁等情绪都来自思维的内部活动，这些也都是影响学习的消极情绪。因此大学生要学习掌握应对多种不良情绪的方法，调整自己的思维模式，使自己保持较积极的学习心态和学习动机，这样才能更好地激发自己的学习兴趣，重塑积极、健康的学习心理。

（二）明确学习的意义

学习不仅是大学生自我发展和自我价值实现的需要，也是生存的必要条件。社会本来就是一个优胜劣汰的试炼场，大学生只有不断学习，才能找到自我调适、解决问题的方法，才能适应激烈的社会竞争，满足人才需求，为漫长的人生发展做足知识储备。

（三）正确认识和评价自我

老子曾说“人贵在自知。”认识自己是一个永恒的话题，对于大学生而言，上大学并不只是学习专业知识、技能，还要深入了解自我的状态、自我的需求，通过对比参照物正确地评估自己，明确自己的优劣势，这样才能确定正确的奋斗方向，通过制订行之有效的学习和生活规划，尽早实现成为理想自我的蜕变过程。

（四）设置合适的学习目标

合适的学习目标是大学生学习的前提，太低的目标容易让人丧失斗志、缺乏激励作用，太高的目标则一方面难以落到实处，另一方面需要特别长的实现时间，容易消耗热情。而一个明确的、可实现的、可想象的、近期的目标，则能帮助大学生明确追求对象，提高大学生学习的积极性、自觉性和学习效率。

四、学习策略的运用

庄子曾经说过“吾生也有涯，而知也无涯。”生命是有限的，知识是无限的，要想更好地领悟知识、学习知识，有效的学习方法尤为重要。学习策略就是为了提升学习者的学习效果而制订的一系列关于学习过程的方案，是关于学习的行之有效的安排，主要有以下方面的内容。

（一）阅读

阅读的方法有很多，大学生要根据自己的具体情况来选择自己对待某类书应采取什么样的阅读方法，常见的阅读方法有泛读、跳读、速读、通读、略读、写读、选读、精读等。其中精读是非常重要的一种读书方法，尤其适用于阅读大学生教材，大学生最好精心研究、细细品读，这样才能愈研愈精，将书中内容理解得明白、透彻。在具体的阅读方法中，五步阅读法是国内外诸多专著中介绍过的、适用于多个领域内需要精读记忆的书籍的有效阅读方法，可供大学生参考借鉴，下面对其进行简单的介绍。

五步阅读法又称SQ3R法，由纵览（Survey）、发问（Question）、阅读（Read）、复述（Recite）、复习（Review）5个步骤组成。

- **纵览**。纵览指先浏览一下书的大概内容，留下整体印象，一般先看内容提要、前言或序、目录、参考文献、插图、注释等，这样更便于读者理清文章脉络，掌握书的主要内容，对书的价值有一个基本判断，从而在阅读中更快获取有价值的信息。
- **发问**。发问指边读边问，如这个结论的论据是否足够有力、这样的方法是否可以用到其他领域等，这样能增强阅读的目的性，提高读者的专注力和对书中知识的理解程度，在阅读中提升独立思考和解决问题的能力。
- **阅读**。阅读指带着问题去读，同时在书中或笔记上进行勾画，帮助理解记忆。
- **复述**。复述指读完后进行回忆，如背诵或概括该书的主要内容，且次数不能太少，因为人的记忆存在偏差，复述有助于尽快复习知识、修复记忆。当然，若有重要公式或理论、概念等需要记忆的内容，则需要反复背诵记忆，做到准确复述。
- **复习**。复习指根据遗忘先快后慢的特点，有规律地安排复习时间，帮助巩固记忆。

读书是一件很私人的事，大学生可以根据自己的阅读习惯选出最适合自己的阅读策略。其实不管是精读，还是略读、泛读，阅读本身就是一件能提升自己的好事。希望大学生能养成阅读的好习惯，也能尽量多地掌握科学的阅读方法。

（二）做笔记

做笔记是大学生对信息进行输入和输出的过程，是对文章材料进行有意义的组织，但很多人都会疑惑：为什么自己时常感觉做笔记没什么用？事实上，笔记并不总是有效，其中的关键原因在于做笔记的方法。

做笔记并不是简单地对信息进行摘抄、勾画和收录，重要的是大学生自己的概括、思考与总结。不管是听课还是阅读，是做摘抄笔记、提纲笔记还是心得笔记，大学生都要重视信息处理的过程，若能够边听、边记、边思考，就能有效提高学习的效率。5R笔记法作为一种集记、学、思考与运用为一体的笔记法，对大学生来说不失为一种可供参考的方法，模板如图5-5所示。5R笔记法也称康奈尔笔记法，5R指的是记录（Record）、简化（Reduce）、背诵（Recite）、思考（Reflect）与复习（Review）。

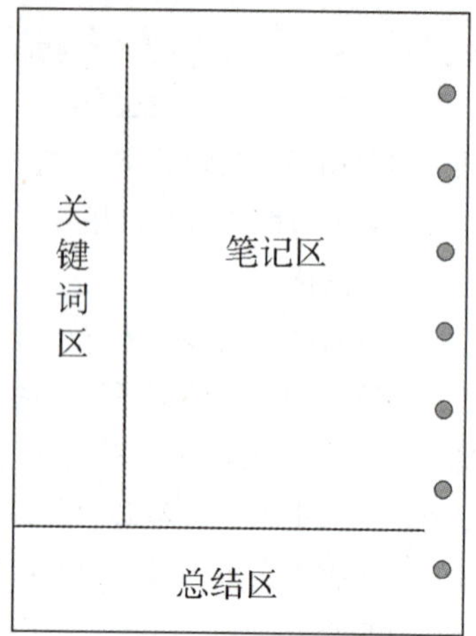

图 5-5　5R 笔记法模板

◆ **记录**。根据听讲或阅读过程的内容，随时在右侧主栏的笔记区记录有意义的内容。

◆ **简化**。尽可能早地将右侧笔记区的内容概括、简化在左侧副栏的关键词区中，最好只记录关键性的内容或提示，以便后续回忆。

◆ **背诵**。只看副栏中的摘记提示来回忆内容，尽量完整地叙述课堂的内容或书籍的主要思想。

◆ **思考**。将自己由所听所看得出的感悟、意见等内容写在最下方的总结区中，或记在便利贴或卡片上，加上标题和索引，编制成提纲、摘要，随时归档。

◆ **复习**。每周花 10 分钟左右时间，快速复习笔记，主要是先看关键词区内容，如果记忆比较模糊，则再看笔记区加深印象，加强对知识的记忆与吸收。

笔记训练法

以本书某一任务或某一项目中的课堂教学为例，使用康奈尔笔记法或其他方式进行记录，每位同学简单记录自己从做笔记到背诵记忆的一系列流程以及每次的心得感受，半个月之后以小组为单位测试和探讨利用笔记进行学习的效果。

（三）提问

提问可以帮助大学生进一步理解知识并为大学生带来新的发现和思考，同时它还能激发大学生形成批判思维，使新旧两种知识在思考中形成积极互动，增强大学生的逻辑思维能力。正如爱因斯坦所说：“提出一个问题往往比解决一个问题更重要，因为解决一个问题也许仅是一个科学上的实验技能而已。但提出新的问题、新的可能性，以及从新角度看旧的问题，都需要有创造性的想象力，而且标志着科学的真正进步。”

（四）复习

复习的主要目的是通过重复学习，使信息在头脑中更加牢固和长久。当然复习并不是随心所欲地看看学过的知识就行，而是要进行合理的规划。复习一般是为了避免遗忘，因此，要想达到更好的复习效果，需要了解遗忘的规律。

艾宾浩斯遗忘曲线
复习计划表

遗忘的速度是先快后慢。德国心理学家艾宾浩斯在研究关于遗忘的规律后，得出了图 5-6 所示的结论。他发现，遗忘在学习结束之后就立即开始，且前期遗忘速度较快，后期遗忘速度才渐渐变慢，且随着反复的复习，记忆会越来越牢固。对刚学过的知识，趁热打铁，及时温习巩固，是强化记忆效果、防止遗忘的有效手段。

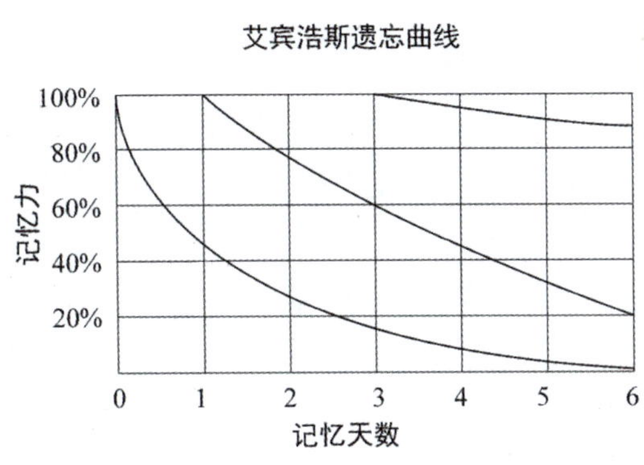

时间间隔	记忆量
刚刚记完	100%
20分钟后	58.2%
1小时后	44.2%
8～9小时后	35.8%
1天后	33.7%
2天后	27.8%
6天后	25.4%
1个月后	21.1%

图 5-6　艾宾浩斯遗忘曲线

因此，大学生可以结合遗忘规律展开复习：在学习结束后的 5 ～ 10 分钟内，大学生可以通过背诵或用自己的话复述所学内容来开展第一次复习；当天晚间或第二天进行第二次同样的复习，在此过程中可以不断尝试回忆，查漏补缺，使有误的记忆得到纠正并加深记忆的印象；之后的复习可以安排在一个星期后、一月后和半年后。当然，如果能在闲暇时经常展开回忆，更能有效避免遗忘。

小贴士

关于学习时间的安排，可以遵循以下原则：（1）统筹安排学习时间；（2）高效利用最佳时间；（3）灵活利用零碎时间。

随堂活动

关于学习策略的讨论

在十数年的学习生涯中，你在阅读、记忆和学习上有什么特殊的心得体会吗？在学习方法上，你最大的困扰是什么，有有效的解决方法吗？同学们分组讨论，彼此交流在学习中遇到的难关和学习的经验、技巧，试将有用的方法记录下来。

你认为有效的学习方法（各个方面皆可）：

____

____

____

____

你现在的困扰及解决方法：

____

____

____

经过讨论后，你收获的新方法：

____

____

____

____

集训营

1. 你在学习中遇到的什么阻碍让你印象最为深刻？为解决这个阻碍你曾经试过哪些方法？你认为最行之有效的方法是什么？

2. 英语四六级考试快到了，小关打算去图书馆备考四级，但是一坐到座位上，他就想玩手机：要么打游戏，要么玩微博。一两个小时后，他的学习还是毫无进展，他知道自己该看书，但一拿起书，他又心痒难耐，想拿出手机再玩一会儿。对于小关的这种行为，你有什么看法和建议？

推荐资源

1. 书籍：《如何阅读一本书》，莫提默·J. 艾德勒、查尔斯·范多伦著，郝明义、朱衣译。

学习无境，阅读不止。从古至今，教育与阅读总是紧密相连的。高效、科学的阅读方法不仅能让读者快速摸清一本书的“骨架”，获取文章主旨，还能减少某些不必要的消耗，提升读者的阅读效率。本书出版于 1940 年，1972 年大幅增订改写为新版。不懂阅读的人、初探阅读的人，读完这本书在阅读领域可以少走冤枉路；对阅读有所体会的人，读完这本书可以有更深的领悟。

2. 纪录片：《学习的人》。

世界各地的“学习”有什么样的区别？出现这些区别的原因是什么？为了解答这些疑问，哈佛大学 4 名有不同背景的学生开始“学习”的探险。该纪录片共 5 集，以韩国人、中国人、印度人和犹太人为探究对象，探索不同文化圈下的人是如何学习的、学习的本质是什么。该纪录片认真有趣地对诞生当今文明的原动力，即学习的秘密进行了介绍。

项目六
一路同行：大学生人际关系处理

人际交往是大学生社会化的起点和必经之处，大学生在自我发展的过程中，如果缺乏与其他个体的合作，那么其就无法实现社会化。《礼记》有言：“独学而无友，则孤陋而寡闻。”不管是生活、学习还是工作，站在个人发展和社会适应的角度来看，只有与人交往，大学生才能提高对自我的认识，真正成长、成才。

本项目学习目标

- 人际关系的含义与特点。
- 认识大学生人际交往的影响因素。
- 掌握人际交往的原则和技巧。
- 了解大学生人际交往障碍的类型及调适方法。

引导案例

热情的陆理

音频：案例分析

参加活动时，李珂结识了开朗健谈的学长陆理，陆理得知李珂和自己来自同一个地方，十分开心，“掏心掏肺”地说了很多，除了介绍学校附近有哪些好吃、好玩的地方，还介绍了他家住在哪个小区，目前正在校外和人合租、养了一只阿拉斯加犬、在校外找了兼职等。不到一个小时，李珂就了解了这位学长的大部分生活，最后在活动快要结束时，陆理想着照顾一下内敛的学弟，于是临走前还提出添加李珂的微信，邀请他下次一起出去玩。

李珂对这次交流却有不同的感受，他承认学长开朗友善，但他认为双方之前只能算陌生人，这种深度的交谈让他感觉到了压力，他曾几次想要逃避这样的对话，但又不好表现。

人际交往是大学生不可避免的活动，但怎样的人际交往才是让大家都愉快的呢？扫描右侧二维码，查看案例分析，讨论大学生人际交往应当学习和注意的内容。

任务一 探寻大学生的人际关系

常言道："人生所贵在知己，四海相逢骨肉亲。"真正的朋友就像亲人一样，总能为我们带来精神上的支持和力量，鼓舞甚至陪伴我们前行。对于大学生而言，人际交往是一项值得掌握的社交技能，不仅能帮助自己结交朋友，还有助于其更好地发展接下来的人生。本任务将带领大家一起探索人际关系的奥秘。

一、什么是人际关系

每一个生活在社会中的人都处于人际关系的网中，如大学生在大学校园内与同学的相互照顾、与老师的沟通交流、与其他人在活动中的支持帮助等，都是人际交往的表现。大学生的人际关系是大学生人际交往的产物，也是大学生活中不可或缺的一部分。下面将介绍人际关系的相关知识。

（一）人际关系的含义

人际关系又称人际交往，是指人们在人与人的相互交往与作用过程中所形成的心理关系，它表现为人与人之间的心理距离，反映着人们以需求满足需求的心理状态。其中，认知、情感和行为是构成人际关系的非常重要的成分。

认知指的是个体对他人、自己和周围环境的认识；情感指的是各种情绪体验，如幸福、悲伤、痛苦等；行为则指交往动作，如言行举止、表情等。这 3 种成分都会对人际关系状况造成影响。交往双方是否相识或在交往过程中的各种感知、理解、判断、评价都属于认知的范畴，它会直接左右或调节人们的交往状态、印象形成等；情感是与人们的交往行为相联系的一种心理体验，是体现双方在人际交往过程中满意程度的一种表现方式；行为则是人们建立人际关系必要的交往手段，可以传达信息、表现个性，是形成人际吸引和人际冲突的关键因素。

在人际交往的过程中，主要是这 3 种成分的作用使得人际关系发生各种改变，可以说，人际交往实际上就是交往双方或多方在认知、情感和行为上相互影响的过程。

（二）人际交往的意义

国际 21 世纪教育委员会在提交给联合国教育、科学及文化组织的报告中提到了终身学习的重要性，21 世纪是经济的世纪，也是学习的世纪，终身学习需要"四个学会"来实现，这也是当代大学生的 4 个主要任务，分别是学会求知、学会做事、学会做人和学会共处。人是社会性动物，与他人交流其实是人的本能需求，马克思也说过："人的本质是社会关系的总和。"

在很早之前，有心理学家利用恒河猴做过实验，他们将刚出生的恒河猴关到一个人造的实验空间，为它准备了两位人造母亲；一位是铁丝做成的，绑着奶瓶的"母亲"；另一位则是在铁丝上包裹着毛皮或人造毛皮的"母亲"。实验者想知道在没有受过教育、亲近同类的条件下，小猴子会更亲近哪个"母亲"。研究证明，除了进食以外，小猴子一天中大部分时间都亲近"毛皮母亲"，即便是在进食过程中被实验者开门的声音惊吓，也会跳到"毛皮母亲"的身上，获取安全感。这个实验说明，动物有着亲近和接触同类的本能需要。

心理学上有名的交往剥夺实验和社交剥夺实验等也证明了人际交往的重要性。例如，社交剥夺实验同样是动物心理学家利用恒河猴进行的实验，实验者把幼猴隔绝在一个没有任何社交对象（包括人和其他猴子）的环境中进行全自动化喂养。实验结果表明，与有正常社交机会的猴子相比，这种被剥夺了社交机会的猴子长大后明显缺乏安全感，无法与其他同类正常交往，甚至连觅食、求偶这样的本能行为也受到严重影响。由此可见，不管是人还是动物都离不开人际交往。

扩展阅读

交往剥夺实验

美国心理学家沙赫特曾做过一个交往剥夺的实验，他以每小时 15 美元的酬金聘人到一间没有窗户但有空调的房间去住。房内只有一桌、一椅、一床，此外别无他物。三餐由人送至门底下的小洞口，住在里面的人伸手就可拿到食物，人住进这个房间后将与外界完全隔绝。有 5 名大学生参加了实验，其中一人只待了 20 分钟就要求出来，放弃了实验；3 人待了两天；最长的待了 8 天。

感觉剥夺实验也证明了外界刺激于个体的重要性。人是不能完全独立生存于世的，我们只有在与人、与环境的相互作用之下，才能获得更好的生存与发展。

扩展阅读

感觉剥夺实验

感觉剥夺实验由心理学家赫伦所做。实验者将参加实验的志愿者关在一个隔绝了所有光线和声音的实验室里，志愿者的身体也都被小心地包裹起来，以尽可能减少触觉。实验期间志愿者除了食物和水之外，得不到任何其他形式的刺激。结果，实验仅进行到第三天，志愿者的身心就出现了严重的不适，甚至连动作的准确性也受到影响。这个实验表明，离开了外界的正常刺激，人的生存都会产生困难。而人际交往就是人类生存过程中重要的刺激来源，对人类具有非常重要的作用。

人际交往是人在社会中正常生存的需要，对于大学生而言，保持良好的人际关系具有十分重要的意义。

1. 良好的人际关系可以为大学生提供情感支持

许多大学生可能会和父母、老师、同学、朋友倾诉自己的烦恼，很多时候他们并不期待获得真正的解决方法或指导，而是寻求一份安慰、鼓励和支持，从中获得情感能量，让自己能够继续前进。

2. 良好的人际关系有助于提高大学生的心理健康水平

良好的人际关系是衡量大学生心理健康水平的重要标准。如果大学生人际交往不良，如不能正确对待和评价自己或他人，没有建立积极的人际关系，就容易在心理上形成巨大的压力；如果疏导不当，情况变得严重，则会影响身心健康。而有良好人际关系的大学生通常会有开朗积极的心态，能正确认识、对待学习、生活中的各种问题、矛盾，更能适应生活，心理也会更加健康。

3. 良好的人际关系有助于深化自我认识、完善自我

本书项目二曾经提到，大学生有一部分的自我是他人了解而自己不了解的自我。人际交往是一个双向了解的过程，大学生可以在交往过程中了解对方，而通过对方的反馈或对方在人际交往过程中给出的评价，大学生无疑也可以更加了解自己。而双方的交往程度越深、范围越广，大学生对对方的认知就会越全面，对方对自己的认识也会越深刻，大学生的自我认识也会得到同步加深，自我完善也能更好实现。

4. 良好的人际关系有助于帮助大学生获得成功

戴尔·卡耐基曾说，一个人的成功只有 15% 是靠他的专业技术，85% 靠的是人际关系和他为人处世的能力。一方面，大学生可以通过人际交往获取并相互传递更多信息，达到增长见识、活跃思维的目的。另一方面，大学是大学生锻炼人际关系的试验场所，大学生在大学阶段遇到的各种人际问题其实大多也是未来生活中可能会遇到的问题，包括合作，沟通，信任，处理嫉妒、羡慕、不满情绪等。大学生在大学中经过人际交往技巧的学习，甚至是在大学建立了一定的交际圈后，能使其在未来也能更好地建立自己的交际圈，并经营好自己的家庭关系、工作关系和朋友关系，让自己的人生更加美好、成功。

（三）大学生人际交往的特点

由于大学生在年龄、性别、个性特征、地域文化等方面的差异，大学生的人际交往往往具有独特的特点。一般来说，大学生人际交往主要有以下特点。

- **交往范围扩大**。升入大学，大学生通常会结识较多的朋友，交际范围会从同班同学扩展到同专业、同系、同学院、其他学院同学，甚至校外的工作伙伴和朋友等。在同性交往之外，异性交往的范围也会得到扩大。
- **以寝室为中心**。大学生的活动范围虽然有所扩大，但受经济、时间、环境等多方面的制约，交往场所主要还是在校园内，以寝室为中心，以社交网络为主导。
- **交往频率升高**。大学生在大学期间会较中学时期有更多的活动，如聚会、游玩、班级活动、社团活动等其他集体或个人的娱乐方式。因此从整体频率上看，大学生人际交往的频率也在升高。
- **交往手段多元**。受移动互联网、电子产品发展的影响，网络交际也成为大学生人际交往的重要形式之一，大学生可以通过多种手段与自己的朋友、同学联络。如视频聊天、同步看剧等，多元化的交往手段为大学生的人际交往提供了更广阔的空间，有助于大学生联络感情，更便捷地进行交往。
- **交往目的多重**。升入大学后，大学生交友的选择性提高，动机也变得更为复杂，可能是因为志同道合、兴趣相近，也有可能是出于利益、带有功利性或务实性的目的，所以交往目的呈现多样化的趋势，主要是情感与功利占比较大。

（四）大学生人际交往的类型

许多学者都对人际关系提出了不同的分类，例如，按人际关系的长短划分，人际关系可以被划分为长期的人际关系和短期的人际关系；按达成关系的媒介划分，人际关系可以被划分为亲缘人际

关系、趣缘人际关系和业缘人际关系；按人际交往的交往对象划分，人际关系可以被划分为师生关系、同学关系和亲子关系等；按人际关系的亲疏类型划分，人际关系则可被分为亲近型、半亲近型、疏远型和亲情型 4 类。

其中大学生的同学关系和师生关系是大学生在大学校园内最主要的人际关系类型。

◆ **师生关系**。师生关系是一种纵向的人际关系，由于教师与大学生地位的不同，教师在与大学生的交往中主要起主导作用。教师不仅是大学生人格模仿的对象，师生之间的交往也是大学生获取知识的重要途径，双方心理相容度较高，心理距离小。但大学里的师生交流可能由于客观环境而较为匮乏，且多发生在上课时间。再加上大学生的独立性较强，所以师生关系容易疏远。

教师在师生人际交往中起主导作用指的是教师在大学生的学习活动中起主导作用，但在沟通上双方的地位还是平等的。

◆ **同学关系**。大学中，大学生的同学关系包含了班级同学关系、室友关系、异性交往关系和同乡、同社团等其他关系。同学关系在大学生人际关系中占主要地位。大学生的同学关系中弱和谐型的人际关系较多，即表面上比较和睦，无明显冲突，但缺乏真诚的关心和理解，真正建立亲密关系的很少。这主要是因为大学生虽然有维持同学间人际交往关系的需求，但大学生缺乏协调人际关系的能力和经验，所以可能会因为一些小矛盾与同学产生纠纷。

总的来说，人际交往是大学生生活的基本内容之一，班级同学之间、师生之间、同乡之间、同社团之间、个人与班级之间、个人与学校之间等关系构成了大学生人际交往的网络系统。同时人际交往也是大学生保持人格健康，获得安全感和归属感的重要途径，因此大学生要多多关注并促进自己的人际关系发展，掌握人际交往的技巧。

思考你的人际交往

1. 你在人际交往中遇到过哪些问题？你是怎么解决的？有哪些尚未解决的问题？
2. 进入大学以来，你的朋友多吗？你认为你的人际交往主要具备怎样的特点？

二、大学生人际交往的心理效应

心理效应是社会生活中常见的心理现象和规律，是某种人物或事物的行为或作用，引起其他人物或事物产生相应变化的因果反应或连锁反应。在人际交往领域，有 6 种非常重要的心理效应能够对大学生人际关系的把控发挥重要作用。认识、熟悉这几种心理效应，有助于大学生建立良好的人际关系。

（一）首因效应

首因效应一般指人们初次交往、接触时各自对交往对象的直觉观察和归因判断，又称“第一印象效应”。这种第一印象一般由个体的表情、体态、仪表、服装、谈吐、礼节等形成，能给人留下较为深刻、长远的印象，尽管很多时候“第一印象”并不准确，但它仍会影响我们的认知和判断，且一旦形成就不容易改变。首因效应对我们的人际交往起着非常重要的作用。

大学生在人际交往中要慎重利用首因效应，给别人留下好的第一印象。例如，在初次交往的场合中注重自己的仪表，保持衣着整洁、服装搭配和谐、得体等，同时也要注意自己的言谈举止，为此大学生需要锻炼和提高言谈技能、掌握适当的社交礼仪。

（二）近因效应

近因效应与首因效应都是由美国心理学家卢钦斯提出，在心理学范畴上两者正好是相反的。近因效应是指人们对于最后、末尾事物的记忆更加深刻的心理现象。心理学家曾做过这样一个实验，给被测试者一段时间记忆一组词汇，当让他们回忆记忆内容时，处于末尾的词汇正确率往往最高。拓展到交往过程中，近因效应就是人们对他人最近、最新的认识占据主导地位，掩盖了以往的评价，因此也称为“新颖效应”。例如，朋友前段时间惹自己生气了，本来想“冷战”一段时间，但他最近又做了让自己感动的事，自己就只记得他的好，忘记了他的不好，这就是近因效应的影响。又如以前一直讨厌某人，但最近他做的一件事让自己对他有所改观，反而觉得他品行优良、人格高尚，完全忘记或忽视了自己以前对他的不满，这也是近因效应的影响。

近因效应对人际交往也十分重要，这给了大学生改变形象、重新来过的机会。如果大学生在人际交往中没有给人留下较好的第一印象，就可以利用近因效应弥补之前的不足，重新获得对方的好感和认同。

小贴士

首因效应和近因效应都可用于学习领域，研究发现，在记单词时，往往单词表前部分和后部分的单词记忆效果较好，中间部分的单词记忆效果较差。因此大学生可以灵活运用这两种心理效应，在记单词时灵活调整记单词的顺序，如有时从中间部分的单词开始记忆，以提升记忆的效果。

（三）晕轮效应

晕轮效应也叫光环效应或日晕效应，是指由知觉对象的有关特征推及至对象的总体特征，从而产生美化或丑化对象形象的心理倾向。例如，一个人对某人或某物品的某一方面有好的、积极的评价，那么他对于该人或物品其他方面也会给予较好的评价。

美国社会心理学家阿希做过一个实验，他给受试的中学生看一张列有“聪明、灵巧、勤奋、坚定、热情”5 种品质的表格，要求中学生想象一个具有这 5 种品质的人。中学生普遍把这个人想象为一个理想的、友善的人。然后，他把这张表格中的“热情”换成“冷酷”，再要求受试的中学生想象，结果发现，这些中学生普遍推翻了原来的想象，并想象出了一个完全不同的形象。这表明“热情”和“冷酷”这两种品质产生了晕轮效应，影响了一个人的总体评价。

常说的“一俊遮百丑”“爱屋及乌”等就是晕轮效应的体现，晕轮效应不但常表现在“以貌取人”，以服装确定人的地位、性格上，还表现在以初次言谈来判定一个人的才能与品德等方面。而且这种效应在对不太熟悉的人进行评价时体现得尤为明显。

（四）刻板效应

刻板效应主要是一种思维定式，指的是对某一群体、某一类人或某类事物产生一种看法，就会对属于该群体中的个人产生这种比较固定、概括而笼统的看法。有些人在交往初期习惯对人进行分类，然后将对这类人的评价强加给对方。例如，对方比自己大十多岁，可能就会把对方与“有代沟”“比较古板、保守”“不熟悉网络潮流”等联系在一起；又如许多人认为北方人豪爽、农民质朴等。

刻板效应一般是发生在不太熟悉的人际交往中，其会使大学生忽视个体差异性，影响大学生的正常判断，并可能使大学生在一定程度上形成对对方的偏见，对对方形成刻板印象。这就需要大学生做到“眼见为实”或深入到人群中，通过深度接触去发现对方与刻板印象不一致的地方，对对方形成正确、客观的认识。

（五）互酬效应

互酬效应是指人际交往中比较密切的人之间，总是互帮互助，在交往活动中做出“礼尚往来”的互动，主要涉及思想、感情、行为、利益等多个方面，如“投桃报李”“投木报琼”就是互酬效应的体现。人际交往中的互酬效应主要体现在以下 5 个方面，大学生可以从这些方面来提高自己。

- **能力**。在人际交往中，能力比较强的人一般比较容易成为人们交往的对象。
- **性格**。乐观、幽默、豁达大度、热情、乐于助人的人总是能为他人带来欢乐，提供帮助，因此他们也更受人欢迎。
- **感情**。在人际交往中，能同情他人、关心他人、听他人倾诉、善于安慰他人的人往往朋友比较多，因为他们能给别人带来情感上的满足和补偿。
- **兴趣**。交往双方如果兴趣相似，那么会增强彼此交往的欲望。
- **信息**。在人际交往中，见识更广、知识面更宽、掌握信息更多的人往往更容易获得别人的好感，成为人们喜欢交往的对象，因为他能让人觉得跟他交往有收获，能开阔眼界。

当然，人际交往是一种双向性的交换和传导过程，单方面的“酬”，只能表现为单方面的受欢迎，只有双方面的“互酬”，才能使人际关系在密切的互动中逐渐深化。

当别人帮助自己但并未成功时，要对对方表示谢意；当别人予以关心、安慰、祝贺时，也应对其表示感谢；或对别人伸以援手，换来别人的感谢或帮忙等。当双方能互相得到积极、正面的反馈，那么双方的心灵距离就会拉近，人际交往就会更深入，进而促进友谊长存。因此，这种互酬效应对于大学生的人际交往也是有用的。

（六）投射效应

投射效应是评价人以自己的心理特征作为认知他人的标准的一种心理效应，主要特征为以己度人，并将自己想法强加于他人。常见表现为：认为他人具有与自己相同的特性，并把自己的感情、意志、特性投射到他人身上。

投射效应主要有相同投射、愿望投射和情感投射 3 种表现。

- **相同投射**。相同投射指的是将自己的感受不知不觉投射到人身上，这种投射一般发生在与陌生人交往时，彼此不太熟悉的情况之下。例如，自己感觉很热就以为对方也热，然后不顾对方意愿便打开冷气。
- **愿望投射**。愿望投射指的是将自己的主观意愿强加到别人身上，例如，认为老师会给自己的作品好评，然后就将对方的一般性评语理解为赞赏的评语；认为某人暗恋自己，就把对方的一举一动理解为对方展示爱意的表现等。
- **情感投射**。情感投射指的是总是看到喜欢的人的优点，看不到喜欢的人的缺点。这种行为其实是在自己情感的基础上对他人进行主观臆断，美化或丑化他人。

案例

李珂这次考试取得了很好的成绩，同学小严非常惊讶，然后开玩笑地道：“你怎么这么厉害，你考前晚上是不是复习到 12 点？”李珂听了，也故意开玩笑道：“我这么聪明的人怎么可能复习，一到 10 点就睡了，这主要是人聪明，没办法。”二人打打闹闹，一旁的李鑫听了直咋舌，就对旁边的钱文吐槽说很看不起李珂的行为，这种事都要撒谎，不像班里的第二名宗勋，不仅品学兼优，还不骄不躁。钱文知道李鑫一直不喜欢李珂，只好解释说：“他俩就是开玩笑呢。”李鑫撇嘴，嘟囔着说：“反正我一直觉得李珂不怎么样，宗勋也就是这次失误了，下次一定会超过他。”

点评：案例中的李鑫不喜欢李珂，所以会误解李珂的玩笑话，将其当作他的缺点；相反，对于自己喜欢的宗勋，李鑫则比较欣赏，这些情绪与李鑫自身的情感喜好息息相关。这种投射心理会直接影响李鑫与李珂的交往，以喜好为主的投射容易让人陷入偏见，需要大学生有意识地避免。

投射效应也是一种思维定式，不利于大学生保持认知的客观性，且大多都会让大学生陷入人际交往的误区，对正常的人际交往产生较大的阻碍作用，这值得大学生多加注意。此外，关于人际交往的心理效应还有自我暴露效应、定势效应等，大学生也可以在课外多做了解。

三、大学生人际交往的影响因素

现代社会心理学家认为，人际交往主要受 4 个因素的影响。这 4 个因素也是增进人际吸引的积极因素，大学生可以利用这 4 个因素来完善自己，增强自己的人际吸引力。

小贴士

人际吸引是人与人之间相互喜欢、相互需要和相互依赖的状态，是人际关系中的一种肯定形式，如爱情就是一种程度很高的人际吸引。

（一）空间因素

空间因素实际上指的就是“近水楼台先得月”，一般在其他条件相同的情况下，如果交往双方的距离越近，接触时间越多，相互之间越熟悉，就越容易形成亲密的人际关系。

（二）互补性因素

互补性因素是指交往过程中双方的互补程度。如果人际交往中的一方展现出来的品质或行为满足另一方的需要，那么前者对于后者就能产生吸引力；当双方可以相互满足对方的需要时，双方就能产生强烈的人际吸引。在人际关系发展的高级阶段，互补性因素往往能占据较大的优势。

（三）相似性因素

相似性因素是指人际交往双方会喜欢和自己相似的人做朋友，这种相似包括年龄、工作、爱好、社会地位、学历、文化背景、爱好、态度、专长等方面的相似。在人际交往的初级阶段，这种因素常常会对人际关系的发展产生较大的影响。

（四）个体因素

个体因素是指能增强大学生个体吸引力的因素，它主要来自大学生的形貌、个性品质和才能。

1. 形貌

形貌包括个体的容貌、穿着、体态、举止等，这种外在因素是影响个体吸引力的重要因素。尤其是在交往初期，良好的形貌条件能给对方留下深刻且优良的第一印象，且形貌优良的大学生能产生光环效应，有助于为一段不错的人际关系留下一个好的开端，促进人际关系的建立。

如何建立良好的第一印象

2. 个性品质

个性品质是影响人际吸引力的重要因素之一。心理学家奥尔波特经过研究发现，人际吸引力最重要的成分是人的内在属性，而个性品质可以充分体现人的内在属性，因此大学生可以通过提升自己的人格魅力来提高自己的人际吸引力。美国学者安德森研究了影响人际关系的各种人格品质，他将 555 个描绘个性品质的形容词列成表格让大学生按喜好进行选择排列，最后将这些品质汇总，分为最积极品质、中间品质和最消极品质 3 类，并将这些品质按受喜爱程度的高低进行排序，得出了表 6-1 所示的研究结果。排序越靠前，该品质受喜爱的程度越高，越靠后受喜爱的程度越低。

表 6-1　影响人际关系的主要人格品质

最积极品质	中间品质	最消极品质
真诚	固执	古怪
诚实	刻板	不友好
理解	大胆	敌意
忠诚	谨慎	饶舌
真实	易激动	自私
可信	文静	粗鲁
智慧	冲动	自负
可信赖	好斗	贪婪

续表

最积极品质	中间品质	最消极品质
有思想	腼腆	不真诚
体贴	易动情	不善良
热情	羞怯	不可信
善良	天真	恶毒
友好	不明朗	虚假
快乐	好动	令人讨厌
不自私	空想	不老实
幽默	追求物欲	冷酷
负责	反叛	邪恶
开朗	孤独	做作
信任	依赖别人	说谎

3. 才能

一般人们会更关注和喜爱那些聪明能干或某方面有特长的人，即使对方容貌不突出，但在才能的影响下，容貌的劣势也可以被忽略，所以才能因素在人际吸引力方面有较为重要的作用。但如果某个人的才能对他人造成了较大的压力，那么才能与人际吸引力就可能反相关，他可能反而会受到孤立或排挤。如果一个才能出众的人犯了一些小错误，那么他的人际吸引力反而会比单纯的能力强的人更高。

扩展阅读

能力吸引实验

阿伦森曾经做过一个关于揭示能力与吸引关系的实验研究，他给实验对象试听一组录音，录音有 4 种，代表 4 种不同能力条件的人。这 4 种录音分别是：①能力超凡的人；②能力超凡但是犯了错误的人；③能力平庸的人；④ 能力平庸而又犯了错误的人。结果按实验对象的喜欢程度从高到低排序，依次为②①③④。由此揭露了能力与吸引之间非常有趣的关系。

解析大学生人际交往的行为模式

大学生在人际交往过程中的行为往往会影响人际关系的走向，有些大学生甚至很难建立人际关系或不能发现自己在人际关系处理中存在的问题。本任务将从人际交往发展的阶段、大学生人际交往的困惑和误区出发，探索大学生的人际交往行为，帮助大学生更好地认识自己的人际关系状况。

一、人际交往发展的阶段

在与人交往中，大学生很难初次见面就立马将对方作为知己，也很少突然就与一个好朋友变成陌路人，不管是情感的升温还是关系的淡漠，基本都有一定的发展过程。

社会心理学家阿特曼等人提出了社会渗透理论来解释人际关系发展的过程。他们认为人际交往主要有两个维度：一是交往的广度，即交往或交换的范围；二是交往的深度，即交往的亲密水平。人际关系发展的过程其实就是交往双方情感由浅至深的过程，且双方的自我暴露水平越高，表明人际关系水平越深。阿特曼等人认为，人与人之间的关联状态从建立到发展（从无感情、无接触到关系密切）一般会经过定向阶段、情感探索阶段、情感交流阶段和稳定交往阶段 4 个阶段，如图 6-1 所示。

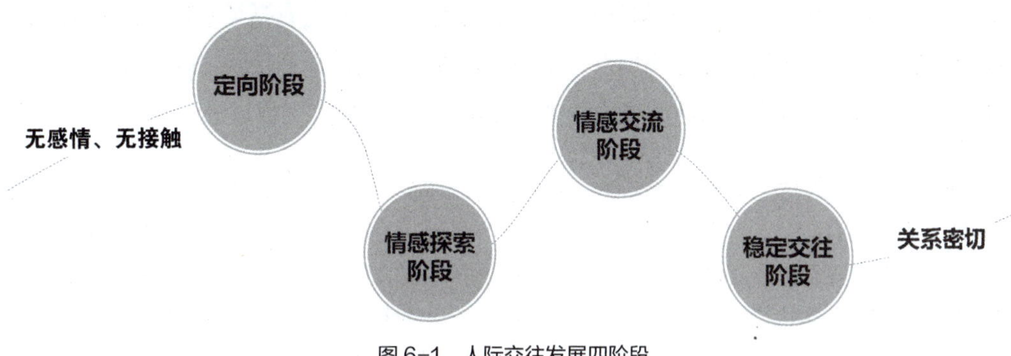

图 6-1　人际交往发展四阶段

（一）定向阶段

人际交往的定向阶段就是交往双方察觉、相识的阶段。在人际交往中，人们对交往的对象具有很高的选择性。例如，在一场聚会中，人们会选择注意某些人或个别人，而对其他人仅是简单打个招呼或视而不见，并会与自己选择的对象进行初步的沟通和表层的自我表露，谈自己的职业、工作、对最近发生的热点事件的看法等。这个阶段就是定向阶段，也就是与选择对象进行初步接触的阶段。

（二）情感探索阶段

在这个阶段，交往双方主要探索彼此可以在哪些方面有更深层次的交往，双方会有一定程度的情感投入，但还是会避免涉及彼此私密性的领域，表露出的自我仍然比较表面，因此双方的交往具有较强的正式性。

（三）情感交流阶段

这个阶段，双方有了基本的信任感、信赖感，可以有较私密的交流，且双方关系开始由正式向非正式转变，如相互诉说一些家庭、生活的烦恼等，比较放松、自在，双方也能相互提供真实的评价、赞赏等，情感投入较深。一般来说。大学生与同寝室室友以及亲朋好友之间可以达到这样的交往关系。

（四）稳定交往阶段

稳定交往阶段是交往发展过程中关系最密切的阶段。如果双方已达到这个阶段，那么说明双方关系已十分密切，心理相容度极高且十分稳固，彼此在认知、情感、行为上能达到高度一致，可以互相分享对方的私人空间，自我表露和相互关心行为也更多。但生活中能达到此阶段的关系很少，正所谓“千金易得，知音难求”“人生难得一知己，千古知音最难觅”，与别人成为真正的密友是较难的，大多数人与人的交往都是处于第 3 个阶段。

案例

这天陈琦回寝室后就径直坐在桌子旁生闷气，似是心情低落的样子，王倩有点担心她，就问她出了什么事。原来陈琦之前认识了一个新朋友茜茜，因为她俩很聊得来，便一起出去玩过几次，关系还算亲密。前两天，陈琦因为家里的私事有些不开心，茜茜本来是出于关心想问问原因，但陈琦并不愿透露自己的家事便避而不谈。茜茜本来也不是必须要知道，但从这一行为中感觉出了陈琦的疏离，认为自己只是关心陈琦，可陈琦却如此防备自己，根本没拿自己当朋友，于是接下来对陈琦也十分冷淡。陈琦也觉得不太开心，她认为自己并没有向茜茜交代私事的必要，茜茜因此生气很过分。

点评：茜茜关心朋友却遭到拒绝后伤心的心情可以理解，但事实上，她也忽视了两人友情发展的阶段性。人际关系的建立有一个发展的过程，目前两人的关系可能并未发展到可以开放更多私人空间的地步。这是需要大学生注意的地方，即把握人际交往的度，注重情感发展的阶段性，相互尊重对方的隐私空间，这也是对人际关系的保护。不然就可能像茜茜一样，本来是好意的关心，却因为没有把握好人际交往的度，反而给双方的正常交往造成了压力。

二、大学生人际交往的困惑

在人际交往方面，大学生总会由于各式各样的原因产生关于交友的烦恼，如缺乏沟通技巧造成人际冲突、缺乏交友技巧导致自己没什么朋友等。下面介绍 9 种大学生在人际交往时常面临的交往困惑。

扫码看微课

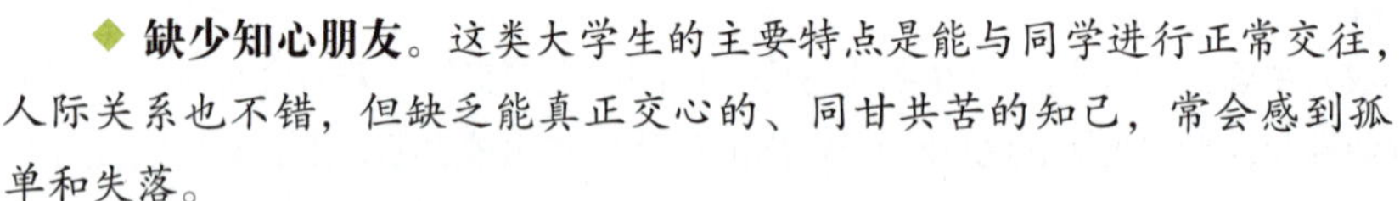

- **缺少知心朋友**。这类大学生的主要特点是能与同学进行正常交往，人际关系也不错，但缺乏能真正交心的、同甘共苦的知己，常会感到孤单和失落。
- **产生人际冲突**。这类大学生的主要特点是在被人错怪、误会或与他人发生摩擦时，轻则气氛紧张、火花四溅，重则爆发激烈冲突。
- **与他人交往平淡**。这类大学生的主要特点是虽然他们能与人交往，但自我感觉交往质量不高，大多是泛泛之交，没有关系较为密切的朋友，也难以与他人发展良好的人际关系。
- **不敢与人交往**。这类大学生的主要特点是与人交往时显得特别紧张，心跳气喘，面红耳赤，两眼不敢正视对方；与人交谈时显得语无伦次，词不达意，尤其害怕人多的场合。不敢与人交往发展到较为严重的阶段就是社交恐惧症，为了保持良好的生活状态，一般建议社交恐惧症患者接受专业的心理治疗。

◆ **感觉交往有困难**。这类大学生的主要特点是渴望与人交往，但因为交往能力有限、缺乏方法或有社交上的心理障碍，无法与人交往。这类大学生会对自己交友不成功感到不安与痛苦。

◆ **与个别人难以相交**。这类大学生的主要特点是能与大多数人保持良好的交往关系，但与个别人难以相交。这个别人可能是某个同学、室友、亲人等与自己关系较近的人，且这种状态会影响情绪，甚至在心里留下“疙瘩”。

◆ **不会交往**。这类大学生的主要特点是与人交往有困难或缺乏交往技巧。其常见的表现为：在交往中显得过于生硬；大大咧咧，开玩笑不注意场合；不给人留面子；以自我为中心；不懂装懂，夸夸其谈；等等。

◆ **不易交往**。这类大学生同样具有与人交往有困难或缺乏交往技巧的特点，常见的表现为不轻易相信别人、不轻易流露自己的真实思想、很难与人推心置腹、对人怀有很强的戒备心理。

◆ **不愿交往**。这类大学生的主要特点是不愿意与人交往，自我封闭或孤芳自赏，总是显得不太“合群”。这类大学生占比较小，但影响相对严重。

以上内容都属于大学生在人际交往过程中常见的烦恼或困惑，这些困惑的产生主要是由于大学生缺乏对人际交往重要性的认识，以及缺乏正确的人际交往技巧。那么你在人际交往过程中存在哪些困惑呢？你对自己的人际交往行为是否有清楚的认识呢？面对这些疑问，我们进行一个小的测试活动。

大学生人际关系综合诊断量表

这是一份人际关系行为困扰的诊断量表，共28个问题，请你认真完成这次测试，根据自己的情况，在符合自己的选项后画“√”，不符合的选项后画“×”。该诊断量表的评分标准为画“√”的计1分，画“×”的记0分，大学生计算好自己的分数后即可扫描右侧二维码查看对测验结果的解释。

测试结果分析

（1）关于自己的烦恼有口难言。（　）

（2）和陌生人见面感觉不自在。（　）

（3）过分地羡慕和妒忌别人。（　）

（4）与异性交往太少。（　）

（5）对连续不断的会谈感到困难。（　）

（6）在社交场合感到紧张。（　）

（7）时常伤害别人。（　）

（8）与异性来往感觉不自在。（　）

（9）与一大群朋友在一起时，常感到孤寂或失落。（　）

（10）极易感到尴尬。（　）

（11）与别人不能和睦相处。（　）

（12）不知道与异性相处如何适可而止。（ ）

（13）当不熟悉的人对自己倾诉他的生平遭遇以求同情时，自己常感到不自在。（ ）

（14）担心别人对自己有什么坏印象。（ ）

（15）总是尽力使别人赏识自己。（ ）

（16）暗自思慕异性。（ ）

（17）时常避免表达自己的感受。（ ）

（18）对自己的仪表（容貌）缺乏信心。（ ）

（19）讨厌某人或被某人讨厌。（ ）

（20）瞧不起异性。（ ）

（21）不能专注地倾听。（ ）

（22）自己的烦恼无人可倾诉。（ ）

（23）受别人排斥与冷漠。（ ）

（24）被异性瞧不起。（ ）

（25）不能广泛地听取各种意见、看法。（ ）

（26）自己常因受伤而暗自伤心。（ ）

（27）常被别人谈论、愚弄。（ ）

（28）与异性交往时不知如何更好地相处。（ ）

除此之外，一些人际交往过程中的误区也值得大学生关注和了解，接下来将对其进行介绍。

三、人际交往的误区

大学生在人际交往中，常常会出现一些不恰当的行为和心理，陷入人际交往的误区而不自知，这些误区会对大学生建立健康的人际关系产生不利影响，大学生需要对此有一定了解。通常这些误区可以被划分为以下两类。

（一）以他人为中心的

以他人为中心的误区主要表现为以下心理或行为。

- 我必须与周围每个人都建立良好关系。
- 如果有一个人对我不好，说明我的人际关系有问题。
- 接受别人的帮助，必须立即予以回报。
- 过于在乎他人的批评。

（二）以自我为中心的

以自我为中心的误区主要表现为以下心理或行为。

- 人都是自私的，不可信任。

- 知人知面不知心，言多必失。
- 别人对我好，是想利用我或占我便宜。
- 周围的人都应当对我比较友好。
- 不会关心他人。
- 对他人缺少微笑。
- 喜欢与人争论。
- 不从他人角度考虑问题。
- 不会欣赏和称赞他人。
- 喜欢责怪或批评他人。

当出现以上心理或行为时，大学生应当警惕，因为这些心理或行为都是不健康的，不利于大学生的人际交往。如果大学生在人际交往中表现出难合作、难相处、好批评或过于卑微和讨好的特点，交际双方在情绪上就不能达到真正的双向满意，关系自然也不会真正融洽和长久。

不受欢迎的人际交往行为自检

以下为美国行为心理学家米哈里博士根据调查资料整理出的8种最不受欢迎的行为，自我评估你符合其中的哪些？为此你会制订一个怎样的初步改变计划？找出你“中招”的选项，并在下面的横线上写下你制订的初步改变计划。

（1）经常向别人诉苦，包括个人健康问题、经济困难问题、工作情况等。但对别人的问题却从不感兴趣，不予关注。

（2）经常唠叨，只谈论一些琐事，或不断重复一些肤浅的见解及一些毫无意义的空话。

（3）言语单调，对任何事情都很淡漠，缺乏情绪反应。

（4）态度过分严肃，不苟言笑，一派正经的样子。

（5）缺乏投入感，在任何社交场合中都悄然“独立”，既不参与别人的活动，亦不主动与人沟通。

（6）态度过于敏感或语气浮夸、粗俗。

（7）过度以自我为中心，不断向人诉说自己的生活琐事，夸耀个人经历，不理会别人的感受和反应。

（8）过度热衷取悦于人，利用花言巧语博得别人的好感。

____

____

____

通过对本任务大学生人际交往行为模式的学习，我们可以发现大学生在人际交往过程中的诸多表现反映出的问题，同时这些问题对于大学生反思自己的人际交往行为也能发挥较为明显的作用。大学生在学完本任务的内容后，一定要引以为戒，对于各种心理误区，做到有则改之，无则加勉。通过关注自己的心理健康，探索建立融洽的人际关系的途径。

任务三 开启人际交往训练

实际上，不管是人际交往的困惑还是误区，根本原因都是大学生缺乏人际交往的技巧和建立融洽的人际关系的能力。那么大学生应当如何掌握人际交往的艺术呢？抱着这样的疑问，我们将开始一场对人际交往方法的探索。

一、人际交往的原则和技巧

人际交往的技巧并不是一项完全天生的技巧，大学生可以在后天有意识地进行培养。如果大学生认为自己没有构建和谐关系的本能，可以通过学习人际交往的原则和技巧，在实践中逐步提升自己的人际交往能力。

扫码看微课

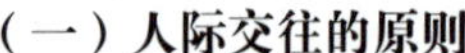

（一）人际交往的原则

大学生在与人交往时，最好遵循以下 7 个原则。

1. 平等原则

每个大学生都是完全独立的个体，在法律上有着同等的权利和地位，大家相互之间是平等的，不会因为经济地位、家庭环境、年龄、地域、长相等的差异出现谁高一等或低一等的情况。因此在人际交往的过程中，大学生要坚持平等的原则，不对某人“另眼相看”，不自视甚低，也不要自以为是、目中无人。如果在交往的过程中，对另一方过分拔高或自己傲视他人，将难以形成和谐、正常的人际关系，而其他人也不会真心接纳不遵守平等原则的人。

2. 尊重原则

相互尊重是人与人交往的基础，每个人都希望获得他人的尊重，保持自己的人格尊严。大学生正处于自尊心比较强的年纪，如果在人际交往的过程中，某一方忽视或不尊重另一方，就很可能导致人际关系的冲突和紧张。因此大学生在人际交往中要尤其注意相互尊重的原则，在行为和态度上要尊重别人的人格、权利、劳动成果和习惯。

3. 诚信原则

“诚”为立人之本，也是人与人之间交往的基本要求。古人言：“人无信不立。”这里的“信”指的就是诚信。诚信包含两层含义：一是真诚，二是诚实。心理学家调查研究后发现，最受人们欢迎的前 6 个优秀品质都与诚有关，真诚就在首位，而最不受人们欢迎的品质就是真诚的反义词。可以说，真诚是大学生交往中必备的交往品质。

因此大学生在与人交往时，一方面要真诚待人，以真心换真心，以此获得他人的信任，并与对方建立良好关系；另一方面，大学生应当做到遵守诺言，言行一致，不虚伪欺诈。

4. 理解原则

理解是尊重的前提，它是指大学生在与人交往的过程中彼此要做到相互理解。这种理解不是简单的了解，而是能够在对方与自己的价值观、习惯、好恶方面有足够的认同和尊重，同时还能想他人之所想，也就是使用换位思维，设身处地为他人着想，并根据具体情况调节自己的行为，不把自己的想法强加给别人。

5. 宽容原则

每个人可能都喜欢与自己在人生态度、价值观、个性特征等方面相似的人交往，但也免不了会遇到与自己差异较大的人或让自己不愉快的事。这时，大学生要遵循宽容的原则，即便双方存在较大差异，也不可斤斤计较，带着偏见看人或是直接避而不见，而是要尽量包容，学会宽容和忍耐，要能够容得下别人的某些缺点和不足，尽量形成和谐、友好的交往氛围。

小贴士

大学生在与人交往时，免不了遇上一些需要理解、宽容的事，如来自别人的轻视或误解等，这时大学生最好不要直接与人针锋相对，而是要宽容以待，看其中是否有误会或转圜的余地。当然，宽容并不是“怕事”，而是以诚换诚，如果对方咄咄逼人、行事过分，大学生也不宜过度忍让或退却。

6. 交互原则

社会心理学家格京等人通过实验发现，人在交往中会随着对方的表现调整自己的表现，将对方的表现作为自己言行的一种参照，这体现了人际交往在行为上具有一种相互对应性或对等性。交互原则要求大学生在与人交往时，保持一种积极的态度，并对交往中对方的行为给出积极的回应。

扩展阅读

格京的实验

实验者先请被试做一次自我介绍，并记下被试对自己的描述和评价。一个月后，安排被试与一个实验助手进行单独交谈。实验助手在与一半的被试进行谈话时，故意表现出自高自大、自命不凡的样子，处处炫耀自己，夸大自己的优点；在与另一半被试谈话时，又故意表现得十分谦虚，甚至过于自卑，常讲自己的不足，说自己处处不如别人。之后，实验者要求这些被试也向实验助手介绍自己的情况，并将其记录下来。随后，实验者将这两组被试的自我介绍与他们在一个月以前所做的自我介绍进行了比较，结果发现，被试的自我表现在很大程度上会向交谈对象趋近，当被试与自我夸耀的实验助手交谈时，被试的自我介绍比一个月前的记录多出了许多优点；而当被试与自谦、自卑的实验助手交谈时，被试会忽视自己的优点，更多地谈论自己的缺点和不足。

7. 功利原则

功利性是人际交往的基本动力之一，人际交往本质上是一种互动活动，人们希望通过交往获得物质、精神或情感方面的互利，例如，王倩本来心情沮丧，但通过和好友分享心情，互相开解，重新恢复了好心情。许多人都能从良好的人际关系中得到某种需求的满足。

功利原则要求大学生在人际交往中考虑双方的共同价值和共同利益，使双方都能在这种交往中获得好处。而要做到这一点，大学生就要在交往中对彼此的需求有清晰的认识，并根据需求满足的可能性来决定人际交往的态度。俗话说："将欲取之，必先予之。"大学生可以在人际关系中先迈出友好的第一步，满足对方的需求，这样大学生也可以收到别人对这段关系的积极回馈。当然，一段恰当的人际关系仅依靠一人是难以维持的，只有互利、互惠、互助，才能够建立良好的人际关系。

小贴士

人际心理学家认为，互利互惠是人际交往的基本原则，人与人的交往需求是有层次的，其中就包括功利定向和情感定向。福阿就曾经提出人际交往的 6 种基本回报类型，分别是金钱、物品、信息、服务、地位和感情。人际交往就是为了满足双方情感或功利的需求，且这种需求的满足需要保持平衡，否则人际关系就会中断，如有些人抱怨朋友不够意思，就是因为这种需求的满足不平衡。

（二）人际交往的技巧

每个人都希望生活在良好的人际关系氛围中，这是可以通过努力得到的。大学生可通过人际交往技巧的学习和指导，在人际交往过程中避开一些误区，尽量赢得交往对象的好感。

1. 注重交往的循序渐进

孔子曾说："过犹不及。"这句话不仅适合用在事情的处理上，对于人际交往也同样适用。人际交往也讲究循序渐进，有些人比较热情，即便是对于第一次见面的陌生人，也会"无话不说"，交浅言深，但这可能会给对方造成压力。有些人通过好友认识了另外的朋友后，便迅速和对方密切接触，这样的行为在人际交往中常会造成一些纠葛，这都是大学生需要注意的。

案例

陈怡和穆瑶是室友，两人关系很好，平时就像连体婴儿一样，总是黏在一起。有次陈怡带了自己的朋友林琅和穆瑶一起出去玩，介绍两人认识，没想到两人的兴趣爱好相似，还挺聊得来，于是林琅和穆瑶在微信上也经常联系。后来林琅便直接约穆瑶一起出去玩，没有邀约陈怡，陈怡知道这件事后，心里挺不是滋味的，觉得自己像受到了"背叛"。

点评：志同道合的人总是更容易成为朋友，虽然林琅和穆瑶都拥有自由择友的权利，但交友需要一个循序渐进的过程，林琅和穆瑶在第一次见面后就私下交往，且完全没有知会两人共同的好友陈怡，让陈怡有了不良的感受，这会影响三人之间的人际关系，大学生需要引以为戒。交往关系的循序渐进不仅在同学关系、朋友关系中适用，对今后的同事关系也同样适用，它会在一定程度上影响大学生的口碑、交际等。

2. 注重界限感

实际上，每一种关系都需要一定的界限，不管是亲人、朋友、同学、同事，在相互的交往过程中都很难做到完全的坦诚和公开。大家都有各自私密的领域，而我们也要去保护、维系这样的界限感。这种界限感不只是一种自我保护，同时也是对关系的保护，这是建立和谐关系的基础。大学生在与人交往的过程中，保持合适的界限感，才会让双方的交往更加长久。例如，不追问朋友的私事、不探寻对方的隐私、不偷窥对方的私人消息等，都是非常必要的行为。

案例

王倩和冯婷是在社团活动中认识的朋友，因为经常一起组织活动，两人的关系也还不错，但经过后面的几次相处，王倩对冯婷慢慢就有了意见。起因是王倩发现自己有时给冯婷看自己手机上某张有趣的图片时，冯婷看完后就会不停滑动手机，查看图库里的其他图片；有时让冯婷看自己朋友圈某条搞笑的段子时，她也会上下翻看自己的朋友圈。不仅如此，王倩回复手机信息时，陈婷有时还会将目光落在她手机上。这样的行为让王倩有种隐私受到侵犯的感觉。她认为冯婷这个人很没有界限感，不尊重她，没有基本的社交礼仪，便渐渐与冯婷疏远了起来。

点评：人际交往需要一定的界限感，需要双方相互尊重，尤其是在移动互联网时代下，大家非常重视自己的隐私，手机是个人非常私密的用品，冯婷的窥探行为，其实就是不尊重王倩的隐私，这对于双方的关系来说是有害的。

3. 注意沟通的距离

人际距离是人际交往双方在沟通时反映在肢体语言上的情感表示，能表现情感的亲疏变化，甚至能反映一个人的性格差异、领域安全等信息。大学生可以根据情景变化等来调整自己与别人的人际距离。美国人类学家爱德华·霍尔将人际交往的距离领域分为4种，分别是亲密距离、个人距离、社交距离和公共距离。

- **亲密距离**。亲密距离的范围为0～45厘米，是一个人与最亲近的人相处的距离，如父母、兄弟姐妹等。亲密距离是人际交往中非常重要、敏感的距离。如果有陌生人进入这个距离范围内，就会使人在心理上产生强烈的排斥反应。
- **个人距离**。个人距离的范围是0.45～1米，这个范围既可以让人亲切交谈，又不至于侵犯对方的近身空间。大学生在与熟人相遇时，可以选择在这个距离内问候和交谈。
- **社交距离**。社交距离的范围一般为1～3.5米，其属于礼节上比较正式的交往距离。其中，1～2米通常是人们在社会交往中处理私人事务的距离，2～3.5米则稍远一些。此外，在语言交流之外配合适当的目光接触是非常必要的。

- **公共距离**。公共距离的范围一般大于 3.5 米，其往往是公众集会时采用的距离。例如，演讲者和听众，教师和学生。所以有些有经验的人为提高语言的感染力，常主动与别人拉近距离。

在空间上，根据不同的亲密程度要与别人保持不同的距离，如果侵入了错误的区域，就会导致对方不自在。此外，在心理上我们也要保持一定的距离。每个个体都是相对独立的，保持距离和独立是对人格的尊重。大学生在人际交往的过程中要注意保持适当的人际距离，把握好交往距离的度。

话题的选择方法

4．掌握表达的方法

在人际交往中，大学生往往具备说话者和听话者的双重身份。交往是一种双向的表达和倾听，大学生可以学习使用文字和非文字表达技巧，使自己表达的信息更加清楚。

- **话题选择**。话题的选择是细谈的基础和畅谈的开端。大学生可以选择吸引人注意的中心开花法引起关注；在有所了解之后再“投石问路”，投其所好。在大学生群体中，一般近期的网络热点和大家普遍好奇、了解、关注的事情比较容易打开话题。
- **对话技术**。大学生在对话过程中最好满足如下要求：不要随便打断别人的谈话，扰人思路；适度解释，让别人弄懂自己的意图；不在较短时间内给对方太多的信息；不对他人的话题漫不经心，不懂装懂；要注意细节。
- **语言艺术**。称呼得体、说话礼貌、适度称赞、避免争论等语言艺术运用得好，就能吸引交往对象并调动彼此交谈的激情和兴趣，进而促使双方的交往关系更密切。

5．领会倾听的技巧

交谈需要平衡讲述和倾听，倾听在沟通中也非常重要，它是一种基本的沟通态度。善于倾听是尊重他人人格、重视他人观点的重要表现，是赢得友谊的诀窍之一。善于倾听需要大学生满足以下 4 点基本要求。

- **目光注视说话者**。说话时直视对方的双眼是一种基本的礼貌，这样能显示出对对方的尊重和对交谈的重视，能够赢得对方的好感。
- **注意力集中**。听别人谈话时精力集中、富有耐心，也是倾听的要求之一。如果别人讲话时，自己注意力不集中，表现得心烦气躁、似听非听，或做其他小动作，就会减弱或抑制对方谈话的兴致，甚至招来不满与反感。
- **积极反馈**。用微笑、点头和小声附和等方式向对方暗示自己能够理解他的感受或见解，让对方知道，自己全程都在认真倾听并听懂了，这是对对方继续谈话的一种无形的鼓励。对于没有听懂的内容，可以适当提问，请求对方进行详尽的解释。如果对方的观点与自己相左，切忌直接反驳或批评，可以委婉、温和地提出自己的疑问，这样既可以维护对方的自尊，又便于对方接受。
- **不要用其他话题打断说话者**。交谈时，让对方将话说完是基本的礼貌，若打断对方开启新话题，不仅会显得自己无礼，还可能让对方产生反感、烦躁等负面情绪。

二、大学生人际交往的障碍及调适

人际交往障碍是指阻碍人际交往的各种因素的总和。人际交往障碍贯穿人际交往的始终，是一种阻碍和终止交往活动的斥力。大学生人际交往的障碍主要是出于嫉妒心理、孤僻心理、害羞心理、自负心理和自卑心理等，这里主要讲解前3项心理障碍及调适方法。

扫码看微课

（一）嫉妒心理及其调适

嫉妒心理是一种常见的、普遍的社会心理现象，指的是一种因他人成就、名望、品德、地位、境遇及既得利益高于自己而产生的怨恨、愤怒情绪。有嫉妒心理的人常把自己嫉妒的对象当作自己的绊脚石，对嫉妒对象不满、不服和愤恨。

嫉妒心理具有普遍性、潜隐形、指向性、变异性和社会危害性的特点，这代表嫉妒这种心理在大学生中的存在是较为普遍的，且一旦产生，总是指向较为明确的对象。但许多大学生会把自己的嫉妒隐藏在内心深处，即便不服通常也不会表现出来，因为这可能会导致他们被疏远。有些人在嫉妒心理的驱使下也不会做出过激行为，但是自己可能会陷入闷闷不乐、精神萎靡的状态。但个别大学生却会在这种心理的影响下造成对他人、对社会的伤害，需要引起警惕，因此大学生要学会调适嫉妒心理。下面介绍4种有效的方法。

- **树立目标**。大学生需要树立自己的目标，埋头苦干，这样就能摆脱其他的杂念，不去过多关注别人、挑别人的刺。正如培根所说："每一个埋头投入自己事业的人，是没有工夫去嫉妒别人的。"
- **发现自己的优势**。金无足赤，人无完人。大学生不必要求自己尽善尽美，也不需要让自己事事超前。即便自己有不足之处，也要正视自己的劣势，扬长避短，通过自我提高和开拓，发现自己的潜能，尽力开创新局面。
- **学会赞美别人**。嫉妒可能是因心胸狭隘产生，也有可能是由于大学生过于拔高对方在自己心中的地位造成的心理压力所致。通过对别人真诚的赞美，大学生可以开阔自己的胸襟，培养自己乐观豁达的人生态度，长此以往，也能对嫉妒淡然处之了。
- **加深相互的理解**。有些嫉妒产生于误解，误认为对方的优势会给自己造成损害，而通过密切交往，不仅可以消除误解，还可能会由于了解的加深、关系的亲密，将心比心，成为一个能为对方着想的人。

（二）孤僻心理及调适

孤僻心理是指因缺乏与人的交流而产生的孤单、寂寞的情绪体验。有孤僻心理的大学生主要表现为孤独，不合群，性格怪异，喜欢独处；少言寡语，不愿与他人接触、交流、沟通；待人冷漠，对周围的人常有厌烦、鄙视或戒备心理，猜疑心较强，容易神经过敏；做事喜欢独来独往等。这类人习惯于封闭自我，所以其他人很难了解他们的内心世界，他们也不能很好地理解别人。

孤僻心理的形成原因较多，包括童年的创伤经历、交往挫折、性格过于内向、认为别人不能很好地理解自己等。孤僻心理对大学生的人际交往有很大影响，大学生可以采取以下措施调适孤僻心理。

- **认识孤僻的危害性**。有孤僻心理的大学生需要认清孤僻的危害，打开心扉；同时正确地评价自己，认识他人，不高估、看低自己和他人，多与他人交流沟通。
- **改变个性**。有孤僻心理的大学生或清高孤傲、或内向自卑、或个性敏感，时常会有自尊受挫感。其遭到拒绝可能会觉得别人瞧不起自己，会表现出闷闷不乐或恼怒离去等，让人有如坐针毡之感，这就需要大学生改变自己的个性。例如，改掉胆小或孤傲的毛病，主动和别人进行交往，以开放的姿态享受与人和谐相处的乐趣；树立自信，进行积极的自我激励；等等。

◆ **培养健康的生活情趣**。健康的生活情趣包括养花、做手工、打网球、游泳等，这样的行为习惯不仅可以消除孤僻心理，还可以帮助孤僻者增强人际吸引力。如果交际圈里的人发现自己是某方面的“专家”，会更肯定和喜欢自己，甚至会在其他人面前推荐和表扬自己，这对广泛地提升好感是有帮助的。

◆ **学习社交方法**。有孤僻心理的大学生可以通过学习人际交往技巧和开展实际的人际交往活动等提升人际交往能力，并于其中吸收知识经验，不断完善和提高自己的交往技巧。在这个过程中，可以改变自己孤僻的形象，塑造一个更开朗、更好的自己。

小贴士

在尝试交往的过程中，大学生不要因为小小的失败就放弃或恼羞成怒，只有正视自己的不足，虚心接受别人的意见，才能慢慢完善自己。

（三）害羞心理及调适

害羞心理是大学生人际交往过程中较为常见的一种心理障碍，常表现为语言上的支支吾吾、行动上的手足无措等。例如，怕见陌生人，表现为不敢迎视对方的目光、感到极难为情、说话前言不搭后语或是持回避态度；与人交谈时或在众人的注视之下感到格外紧张，表现为羞于启齿、面红耳赤等。这类大学生不容易坦率、直接地发表自己的见解，不能有效与他人交换意见，也不善于结交朋友，并存在一定的自卑心理。

害羞心理虽然常见，但这种心理会对大学生的生活和学习带来不利影响，如阻碍大学生正常的人际交往、影响大学生的各类实践活动和面试表现、抑制大学生能力和潜能的发挥等。大学生最好学会对害羞心理进行调适，可以参考以下对策。

◆ **发现自己的闪光点**。通常而言，在对自己进行正确评价的过程中，大学生就能够学会肯定自己、发现自己的长处。而大多大学生都是因为缺乏自信而产生害羞心理，如果能找到自己的闪光点，无疑会增加人际交往的勇气，从而迈出人际交往的第一步，并通过人际交往过程中的成功经历慢慢克服害羞心理。

◆ **学习交往，敢于交往**。有害羞心理的大学生可以通过旁观他人进行人际交往的过程，或在自己的人际交往行为中去学习、观察那些交往成功者或自己认为交往方法合适的人，看看对方的言行举止和有效果的社交技巧，并考虑自己在同样的情景中采用怎样的方式能得到好的效果。同时大学生也要勇敢尝试交往，抛掉紧张，不要怕出错，可以采取增加你对对方的注意的方法、忽视对方对自己的注意的方法来缓解自己的紧张。

◆ **克服忧虑情绪**。有害羞心理的大学生往往会在人际交往的过程中承受更大的精神压力，如怕自己出现闪失、怕别人对自己的否定性评价等。他们做事时首先想到可能产生的失败，自己否定自己，这样的态度是不积极的，会加深大学生的害羞程度。因此大学生要学习克服忧虑情绪和消极暗示，多从积极的角度看待问题。

◆ **加强锻炼，增强体质**。容易害羞的大学生常常会脸红耳赤，产生过度的神经反应。通过户外运动、体育锻炼，大学生的过度神经反应能获得有效缓解，这对减轻大学生的害羞程度是不错的方法。

小贴士

自我暗示，尤其是积极的自我暗示，是大学生克服害羞心理较为有效的措施。在感到害羞的不同场合中，大学生可以通过自我安慰，利用将陌生人想象成熟人等意念式方法来增加自己的勇气，把对方当作熟人进行交流。研究表明，如果一个害羞的人可以鼓起勇气讲出第一句话，那么其很大可能会在后续的交往活动中进行较为顺畅的交流。

三、人际交往能力模拟训练

大学生的人际交往能力可以通过训练发展和提高。为了帮助大学生迈出人际交往的第一步，也为了更好地锻炼大学生的人际交往能力，下面介绍两个简单的人际交往训练活动。

握手相识

活动目标：打破初次接触的尴尬，促进初步相识。

活动时间：15 分钟。

活动过程：

（1）让所有的大学生在房间里自由漫步。

（2）要求各个大学生与每一个遇到的同学握手。不要求他们说什么，但要表现得自然。指导者先做示范。

（3）所有的同学都互相握过手以后，继续漫步，互相握手，要求他们同时向对方说出自己的名字。

（4）继续自由漫步，这时，指导者要求已经互相认识的同学将对方介绍给其他人。例如，说：“让我把你介绍给 ××，这是 ××。”

（5）要求每一位同学和不同的人接触、握手并说出自己的名字，再把他们认识的人介绍给别人。

沟通与回馈

活动目标：学会人际沟通中的基础技巧——倾听，并体会“倾听”和“回馈”在沟通中的效果。（在人际交往的过程中，除了表达之外，就是要学会倾听，只有了解对方所传达的信息，才能真正达到双向沟通的目的。）

活动时间：30 分钟。

活动过程：

（1）3 ~ 4 人为一组，组内每个人轮流充当说话者（1 人）、倾听者（1 人）、观察者（1 ~ 2 人），且每个人需分别扮演不同的角色，并细细感受每个角色的立场和感觉。

（2）说话者在 3 分钟内开启话题；倾听者倾听和回馈；观察者观察，不介入二者对话。

（3）每个人皆扮演过不同的角色后进入事后讨论环节，每个人都进行经验分享，说话者与倾听者分享彼此的感觉，观察者则说出观察到的情况。

集训营

按照图 6-2 的格式，将自己的姓名写在最里面的圈内；将自己目前的人生知己写在第 2 个圈内；将自己目前的好朋友写在第 3 个圈内；将自己目前的一般朋友写在第 4 个圈内。

请思考以下问题。

（1）你对自己目前的朋友圈满意吧？

（2）你是怎样区分知己、好朋友和一般朋友的？

（3）你的朋友圈是否会固定不变？他们有可能互换位置吗？

（4）你的好友有哪些共同特点？

（5）你是否想扩大你的朋友圈？

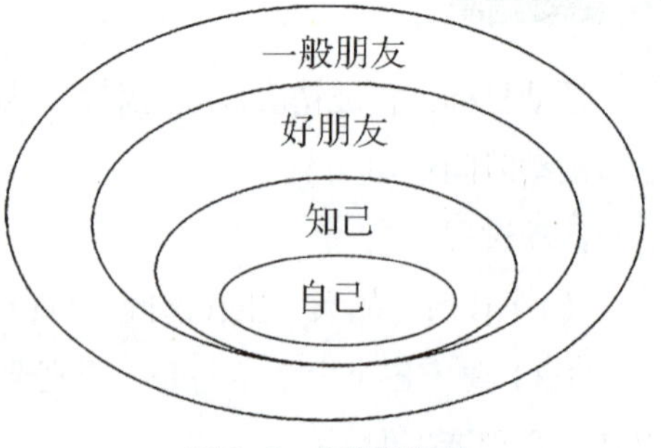

图 6-2　你的好友圈

和同学分组讨论你愿意和最不愿意跟什么样的人交往，说出他们的特点。总结这些特点中你分别拥有哪些。把你的答案写在下面的横线上并谈谈你对此有什么感想。

____

____

推荐资源

1. 书籍：《人性的弱点》，戴尔・卡耐基著，韩文桥译。

戴尔・卡耐基是美国心理学家和人际关系学家，《人性的弱点》一经出版便风靡全球，不仅多次重印，更被全球读者赞誉为“人际沟通与社交圣经”“真正能引导你走向成功的书”等。这本书涵盖了人际社交、家庭生活、商务谈判、公司管理、情感对话等多方面的技巧，并通过超 100 个的真实案例帮助读者更好地领会人际交往的沟通技巧和道理，使读者能了解、掌握使别人喜欢自己的 6 种方法、赢得别人赞同的 12 种方法、人际交往的 3 种基本技巧、改变他人而不引起反感的 9 种方式等。这本书称得上是能够使人受益、提高为人处世能力的经典参考书目。

2. 电影：《女大学生宿舍》。

武汉大学中文系的205号女生宿舍住进了5名新生，她们分别是匡亚兰、辛甘、宋歌、夏雨和骆雪梅。骆雪梅来自农村、单纯善良；辛甘生活在城里，家境优越；匡亚兰自幼失去了双亲，性格刚强的她靠打散工来到了大学； 宋歌刚进大学就成了班干部，热心、积极的她却有不为人知的一面；夏雨蕙质兰心，却有点胆小。这 5 个性格各异的女生聚在一起，谱写了一曲丰富多彩的青春之歌。

项目七
两性关系：正确对待恋爱与性心理

07

两性关系一直是人们关注的话题。大学生正处于激素分泌较为旺盛的阶段，也正处于对恋爱和异性持续关注的时期。有些大学生对于爱情充满了憧憬，也有些大学生想要回避或对“爱情”感到不屑一顾，但不可否认的是，许多大学生面对恋爱关系有着诸多的疑问。本项目就两性关系进行探讨，帮助大学生更好地理解各种恋爱心理。

本项目学习目标

- 认识爱情及其发展阶段。
- 了解大学生的恋爱动机并培养健康的择偶观。
- 熟悉大学生恋爱的常见问题和调适方法。
- 了解性心理和大学生性心理的特点。
- 培养健康的性心理。

引导案例

爱情来了

这天王倩在教室里坐着等上课，没一会儿好友李薇也坐了过来，王倩按捺不住心中的好奇，悄声对李薇说：“最近几天总看到你和刘源在一起，你们在一起啦？”李薇坦然承认说：“对啊。”王倩说：“那你喜欢他什么呢？”李薇想了想说：“反正我只要和他在一起，不管做什么都感到很开心、很快乐。而且刘源对我很好，我们各方面都很默契，也很谈得来，我觉得这种状态很好。也许这就是爱情吧。”

到了大学后，许多大学生都会接触爱情，大学生在恋爱中有什么样的特点，又有怎样的爱情观念呢？扫描右侧二维码，查看案例分析，讨论大学生的爱情。

音频：案例分析

任务一　解密爱情

爱情一直是在哲学、文学、心理学、美学与社会学中引起激烈争论的话题。人人都期待爱情，但爱情似乎总是神秘莫测，让人捉摸不透。有人认为爱情是悲伤的童话，有人认为爱情是甜蜜的歌曲，有人认为爱情只是在繁衍本能驱使下大脑给出的安慰剂。在大学校园中，不少大学生开始面临恋爱的烦恼。接下来，我们将逐渐揭开爱情的面纱，帮助大学生更好地了解爱、认识爱。

一、爱情概述

心理学家弗洛姆在《爱的艺术》中，将人类的爱分为5种，分别是父母之爱、兄弟之爱、自我之爱、神明之爱和异性之爱。爱情，指的是异性之爱，它也是大学生在大学校园里关注和接触较多的情感之一。古往今来，爱情被大量描述过，有“金风玉露一相逢，便胜却人间无数”，也有“问世间，情为何物，直教生死相许”。那么，爱情到底是什么？爱情中都有哪些成分呢？

（一）什么是爱情

在关于爱情的词语里，大学生最常听到的就是“恋爱”。什么是恋爱？恋爱指的是两个人基于一定条件和共同的人生理想，在各自内心形成的对对方最真挚的仰慕，并渴望对方成为自己终身伴侣的最强烈、最稳定、最专一的感情。同时，“恋爱”也指代人们选择对象、培育爱情的过程，这也是在建立爱情之前男女必经的阶段。在这个过程中产生的各种心理，就被称为恋爱心理。随着恋爱中感情的一步步加深，爱情也就形成了。

爱情多指个体之间强烈的依恋、亲近、向往，以及无私奉献的情感。它通常由情爱和性爱两个部分组成，其中，最为核心的要素是情爱，性爱则是爱情的附加属性。

爱情不是一个人的感情，不是我喜欢你、我爱你就产生爱情了。爱情需要满足以下5个条件。

- 双方需要相爱。
- 双方都有相对成熟的生理、心理条件。
- 爱情是一种高级情感，包含认知成分，而非低级情绪。
- 爱情有生理基础，包含性欲、性感，而非纯粹的精神之爱。
- 爱情的基本倾向是奉献。

沉浸在爱情中的双方会眉目传情和进行语言上的沟通，有强化对方优点及弱化对方缺点的现象。同时，也有独占对方的欲望。

小贴士

随着生理的成熟，大学生恋爱过程中的性爱因素一般会出现。大学生需要注意，性爱并不直接等同于性行为，并且大学生对恋爱中的各种适度亲昵行为都要有高度负责的态度。

（二）爱情的成分

20 世纪末，美国心理学家罗伯特·J. 斯滕伯格，运用定量分析与定性分析相结合的方法分析了爱情的组成。他认为爱情由 3 个成分组成，这 3 个成分分别是激情、亲密和承诺。

1. 激情

激情是指引发浪漫之爱、身体吸引、性完美以及爱情关系中相关现象的驱动力，是个体强烈地想要与另一个人结合的状态，是爱情中的性欲成分，也是爱情的动机成分。在爱情中，性需要是引起激情的主导形式，但支配、顺从、援助、关怀等也有助于激情体验的获得。

2. 亲密

亲密是指在爱情关系中的亲近、连属、结合等能够给人带来温暖的体验，是爱情中的情感成分。它包括 10 个基本要素：渴望使爱人幸福；与爱人同享喜悦；对爱人高度关注；与爱人在一起感到快乐；相互看重与尊重，艰难时刻仍然同舟共济；相互理解；与爱人分享自我与所有；给爱人情感支持，从爱人处得到情感支持；与爱人亲密沟通，深刻交谈；珍重爱人，肯定对方在共同生活中的重要性。

3. 承诺

承诺是指投身于爱情并为维系这段感情许下诺言、做出努力，属于爱情中的认知成分。它分为短期和长期两种：短期承诺指一个人决定爱上一个人；长期承诺是指一个人维持爱情的承诺，包括对爱情的忠贞和责任心等。一般两者不一定同时存在，如有人可能会一辈子忠守誓言却没有宣之于口，有人可能做出了爱的决定却并不能承担责任。

在这 3 个成分的组合之下，会产生 8 种不同的爱情类型，如表 7-1 所示。这 3 个成分可以看作三角形的 3 个顶点，然后连线组成一个基础的三角形，每个成分的强度不同，爱情三角形的形状也就不同。爱情可以由这 3 个成分组成不同的“形状”，常用图 7-1 所示的爱情三角模型表示。其中，3 个成分分解后皆代表无爱，3 个成分结合才能形成完美的爱，因此该成分理论又被称为爱情三角形理论。

表 7-1 爱情的 8 种类型

爱情的类型	激情	亲密	承诺
无爱	−	−	−
喜欢	−	+	−
迷恋的爱	+	−	−
空洞的爱	−	−	+
浪漫的爱	+	+	−
伴侣的爱	−	+	+
愚昧的爱	+	−	+
完美的爱	+	+	+

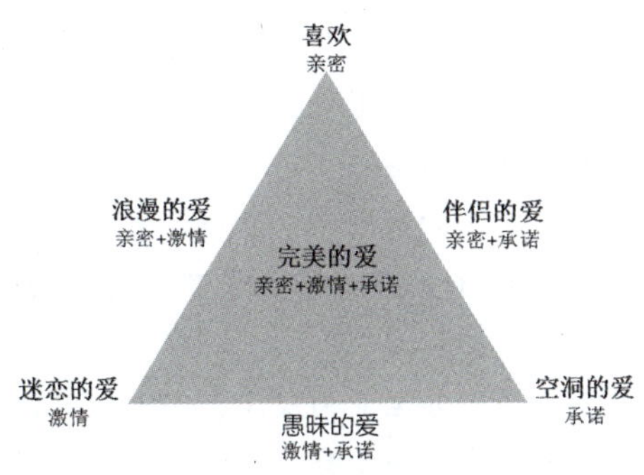

图 7-1　爱情三角模型

小贴士

总的来说，斯滕伯格认为，激情是情绪与生理的着迷，亲密是内心的依赖与抚慰，承诺是至死不渝的决心。要组成完美的爱，这 3 个成分缺一不可。

案例

李薇在和刘源谈恋爱的过程中，两人常常会在约会时牵一牵手或来一个短暂的甜蜜拥抱。刘源常给李薇制造一些小惊喜，他看到李薇开心的样子会非常愉悦。李薇也会关注刘源的生活，和刘源一起看他喜欢的足球比赛。李薇在遇到难以排解的烦心事时会第一时间想到刘源，刘源也会非常耐心、认真地从李薇的角度给出许多鼓励和安慰。

因此，当李薇将自己决定考研的相关打算告诉刘源后，刘源与李薇进行了深刻的沟通。考虑到李薇考研的目标学校是李薇家所在的城市，且城市的经济发展状况也适合两人今后的发展，两人在商讨一致后，刘源对自己的未来生活做出了新的调整。他将以李薇目标大学所在城市的大型软件公司作为未来的就业选择，和李薇在同一个城市工作和生活。因此他决定和考研的李薇一起努力学习，目前，两人正在奋斗之中。

点评：从李薇和刘源的状态来看，双方都能为对方着想，在一起也很快乐，能进行亲密的沟通、交流，因此二人之间至少有亲密的成分。两人牵手、拥抱的甜蜜表现也代表他们的关系中存在激情的成分。两人立下了未来的承诺，说明他们的爱情中也有承诺的成分。如果这 3 个成分能达到双方都满意的状态，那么完美的爱也就形成了。

二、喜欢与爱

在相处的过程中，大学生可能会有这样的疑惑：我对他 / 她的感情，到底是喜欢还是爱呢？大学生在正式确认恋爱关系之前，一般会经历“相识—较密切交往—决定是否确立恋爱关系—恋爱关

系确立”的过程。在确立恋爱关系之前，大学生常会想自己是喜欢还是爱对方？喜欢和爱之间确实有所不同，这种不同也常常会影响一段关系的走向。美国心理学家海德说：“爱是强烈的喜欢，是喜欢的极端形式。”那喜欢与爱有哪些区别呢？

- 喜欢是一种单纯的情感体验，而爱情则相对复杂，它常与双方的许多冲突情绪有关。
- 喜欢常伴随着许多美好的憧憬和幻想，但大多不稳定。而爱既可以细水长流，也可以浓烈狂热，大多稳定。
- 喜欢常因为对方的缺点而变淡，甚至变为厌恶，而爱可以让双方包容对方的缺点。
- 喜欢常常做不到接受对方的所有，而爱会让双方接受对方的一切，达到精神上的共鸣。
- 喜欢的中性成分会更多，注重感官上的喜好，如喜欢身材好的女性或男性；而爱则以感情为主体，如更关注对方的健康状况等，性则是爱发展到后面水到渠成的产物。
- 喜欢的指向性更广，爱则更具针对性和排他性，有爱的双方责任感会更强。
- 喜欢常让人只在乎现在，而爱则让人更多地考虑将来。
- 喜欢是爱的基础和开始，爱是喜欢的升华。

扩展阅读

爱情量表与喜欢量表

心理学家鲁宾对喜欢和爱情做了不同的区分，他将两者分为不同的性质和情绪状态，设计了喜欢量表和爱情量表。这两种量表各自包含的因素如表 7-2 所示。

表 7-2　爱情量表与喜欢量表

量表类型	所含因素
爱情量表	亲近和依赖的需要
	想要帮助对方的倾向
	独占性和排他性
喜欢量表	彼此有相同的兴趣、爱好、理念
	对对方的积极评价和尊重

测量你的情感状态

经过本部分的学习，你可以明确喜欢和爱的不同吗？下面提供一套测试题，题目来源于鲁宾所做的喜欢量表和爱情量表。该测试可用来帮助大学生衡量自己和对方在一段感情中的感情状态。不管大学生恋爱与否，都可以选择一个自己有好感的对象，根据自己的实际情况在符合选项前的方框中打“√”。扫描题目下方二维码，即可查看测试结果。

□（1）他（她）情绪低落的时候，我觉得很重要的职责就是使他（她）快乐起来。

□（2）在所有的事情上我都可以信赖他（她）。

□（3）我觉得要忽略他（她）的过失是一件很容易的事。

□（4）我愿意为他（她）做所有的事情。

□（5）对他（她），我有一点占有欲。

□（6）若不能跟他（她）在一起，我觉得非常不幸。

□（7）我孤独时，首先想到的就是去找他（她）。

□（8）他（她）幸福与否是我很关心的事。

□（9）我愿意宽恕他（她）所做的任何事。

□（10）我觉得他（她）得到幸福是我的责任。

□（11）当和他（她）在一起时，我发现我什么事都不做，只是用眼睛看着他（她）。

□（12）若我也能让他（她）百分之百地信赖，我觉得十分快乐。

□（13）没有他（她），我觉得难以生活下去。

□（14）当和他（她）在一起时，我发觉好像二人都想做相同的事情。

□（15）我认为他（她）非常好。

□（16）我愿意推荐他（她）去做为人所尊敬的事。

□（17）以我看来，他（她）特别成熟。

□（18）我对他（她）有高度的信心。

□（19）我觉得别人跟他（她）相处，大部分都对他（她）有很好的印象。

□（20）我觉得他（她）跟我很相似。

□（21）我愿意在班上或团体中，做什么事都投他（她）一票。

□（22）我觉得他（她）是许多人中，容易受到别人尊敬的一个。

□（23）我认为他（她）是十分聪明的。

□（24）我觉得他（她）在我所有认识的人中，是非常讨人喜欢的。

□（25）他（她）是我很想向他（她）学习的那种人。

□（26）我觉得他（她）非常容易赢得别人的好感。

测试结果解释

任务二　了解大学生的恋爱心理

恋爱是以爱情为中心的社会心理行为，人们常常会通过谈恋爱来确定对方是否符合自己的择偶标准，并根据恋爱中的各种行为和心理状态决定是否与对方步入婚姻。在大学校园中，大学生谈恋爱并不罕见，很多大学生都可能会在校园中遇到爱情。那么大学生有着怎样的恋爱心理呢？本任务将和大家一起探讨大学生恋爱心理的相关知识。

一、大学生恋爱的动机

大学生的恋爱行为受多种因素的影响，根据各种关于大学生恋爱情况的研究报告可知，大学生恋爱的动机主要有以下 5 种。

- **生理发展成熟**。大学生的年龄主要在 18 ～ 24 岁，这个阶段的大学生生理发展已经成熟，与异性相互吸引，并希望相互接触。
- **从众心理**。当发现身边的人都在谈恋爱时，有部分大学生会抱着随大流的心态建立一段恋爱关系。
- **社会和家庭影响**。一方面，社会环境和舆论对大学生谈恋爱持比较开放的态度，即使不鼓励也不会反对；另一方面，随着年龄的增长，有些家庭支持大学生在大学时期找一个合适的恋爱对象。
- **弥补内心的空虚**。有些大学生谈恋爱只是因为他们想要爱和被爱，他们期望有伴侣的陪伴而不是孤身一人。
- **追求功利**。有部分大学生会把恋爱当作各取所需，利用恋爱关系获得金钱、获得机会、免费吃饭购物等。这样的动机是客观存在的，但也是十分不当的，大学生如果有这种心理，就表示其恋爱动机不端。

总的来说，大学生最好还是以对对方的感情为出发点，认真地开展一段恋爱。如果一段恋爱关系的建立并不是出自内心的需要，还以功利目的为附加属性，那么这也不是大学生应有的爱情。

二、大学生恋爱心理的特点

大学生的恋爱心理常受到年龄、成长环境、校园环境、价值观等因素的影响，在总体上主要表现出以下 4 个方面的特点。

扫码看微课

（一）盲目性强且恋爱关系不稳定

当代大学生谈恋爱较为普遍且年龄较低，有些大学生从大一就开始谈恋爱，恋爱低龄化的特点决定了大学生恋爱的盲目性。例如，恋爱过程比较随意、盲目，没有明确的恋爱动机等，这类大学生谈恋爱可能只是为了彰显自己的个性、使用自己谈恋爱的权利。这也导致大学生的恋爱关系不稳定，一受挫折就会情绪失控，处理恋爱问题的能力差等，自然恋爱成功率不高。

（二）追求时尚浪漫且较少考虑现实

大学生由于社会阅历浅、思想单纯，常常会在恋爱中忽略现实的因素。例如，一进校就谈恋爱，不重视学习；不考虑恋爱的结果；经济上有依赖性，思想不成熟等。同时有的大学生会比较重外在、轻内在，追求爱情的浪漫，注重感情上的满足而较少考虑关于毕业、结婚等现实问题。

（三）恋爱行为公开化且表面化

因为高校并不禁止大学生的恋爱行为，所以有的大学生秉持着“爱就要说出来、大胆表现出来”

的想法，会与恋人在校园内公开相处。常见的恋爱行为包括大胆、勇敢的告白仪式，公开在校园里牵手、拥抱、用餐、共同学习，与恋人形影不离等。有些还会做出公开的亲昵行为，如宿舍楼下的“吻别”和其他一些亲密动作等。

（四）排他性和双方参与性强

恋爱中的大学生常常从早到晚黏在一起，平时也倾向于同进同出。同时，恋爱的双方对其他干扰两人在一起的因素常常会表示不满，如有些女生不想男友打游戏、有些男生希望女友把和室友在一起的时间分给自己等，排他性和占有性比较明显。另外，恋爱的双方也会要求爱是一种相互的行为，即你爱我、我爱你，并且想要干涉对方的言行举止、生活习惯等。因此，参与性强也是大学生恋爱的特点之一。

扩展阅读

大学生恋爱心理发展的阶段特点

大学生恋爱心理的发展一般会经历3个阶段。这3个阶段分别是浪漫爱情阶段、理想爱情阶段和现实爱情阶段，在不同的恋爱阶段，大学生会呈现出不同的特点。

（1）浪漫爱情阶段。处于浪漫爱情阶段的大学生往往会凭直觉选择对象，偏重于对异性气质、形象的迷恋，理性考虑较少。在一定程度上，双方会有相见恨晚的感觉，他们认为对方的一举一动都是符合自己心意的，倾向于将自己心目中理想爱人的特点都投射到对方身上。这一恋爱阶段下的大学生常常表现出隐蔽性、羞怯性、兴奋性、冲动性、幻想性等心理特征。

（2）理想爱情阶段。经过狂热的浪漫爱情阶段后，大学生开始进入理想爱情阶段，这个阶段的双方可以冷静地从感性的爱情经验中得出理性的结论，开始审视爱情观，确立具有理性色彩的爱情条件和模式。

（3）现实爱情阶段。处于现实爱情阶段的大学生会较少产生浪漫和不切实际的幻想，逐渐变得成熟，他们会考虑更多现实因素并且能够理智地对待感情，如考虑爱情与学业、事业的关系，以及今后爱情如何发展，是否有未来等，这能帮助大学生收获一份更真切、成熟的爱情。一般这个阶段发生在大学阶段末期。

三、大学生的择偶观

择偶观是指人们对选择配偶的看法和态度，大学生的择偶观毫无疑问会影响恋爱对象的选择。只有健康的择偶观，才有助于大学生树立正确的价值取向，维持健康的感情。下面将对大学生的择偶观进行介绍。

（一）男女大学生择偶观的异同

当代大学生在择偶方面一般会涵盖3个标准：一是以高层次的精神满足为标准，二是以感官的满足为标准，三是以社会和经济地位为标准。因此，感情、物质、品德修养、地理位置、相貌、能力、学历、家庭背景、价值观、性格、爱好等都是衡量大学生择偶的条件。根据国内外研究学者对高校大学生择偶偏好的研究调查可以发现，当代男女大学生对生理、心理、家庭和社会各方面的要素都很看重。而其中，男性和女性对这些因素有着明显不同的看法，形成了他们各自不同的择偶观。

淮阴工学院人文学院教师许加明在国内外研究成果的基础上，在江苏省某高校进行了样本容量为 200 的对大学生的抽样调查，他发现男女大学生普遍看重身高、学历、相貌、能力、家庭背景及氛围、性格、价值观、经济水平等条件。但不同年级的大学生对这些因素的要求也不同，总体来说，随着毕业压力的逐渐增加，大学生对能力的要求会相对提高。

另外，男女大学生择偶的侧重点也有差异，大多数男性重视对方的身高、相貌、性格、价值观等，大多数女性则更注重对方的能力，女性的择偶标准显著高于男性。其他研究也表明，大多数女性大学生会希望找到比自己优秀、年长的恋人，在具有择偶高自主性的同时，也具有高依赖性和择偶的弱主动性。大多数男性则没有这方面的要求，其倾向于选择与自己相似或能力略低于自己、年纪小于自己的恋人，择偶的主动性也更强。男女的择偶观受时代的影响较大，具有与时俱进的时代特征，总体呈现与当前社会多元价值取向相一致的特点。

（二）大学生择偶观的误区

在当前大学生的择偶过程中，也存在一些令人担忧的情况，如由于择偶观念不当导致的恋爱行为失当。大学生在择偶上主要会陷入如下误区。

- **注重自我远甚于对方**。很多大学生经历了“情人眼里出西施”的状态后，会开始注重对双方付出的对比，尤其是在双方有矛盾和争执的时候，往往会指责对方“不在乎自己”“不关心自己”，将矛盾的点聚焦在对方身上，较少换位思考和相互体谅。
- **注重过程远甚于结果**。不少大学生在大一进校就开始谈恋爱，并不将恋爱与婚姻画等号，认为“不合适就分手好了”“现阶段感情最重要”等，这就导致大学生在恋爱过程中容易存在不负责任、轻视感情的隐患。他们可能在出现矛盾的时候，轻易分手。但失败的爱情总是会留下伤害，这样的观念其实是对对方、对自己不负责任的表现。
- **性观念开放**。随着中西方性文化思想的碰撞，不少大学生受到了影响，具有较为开放的性观念，对大学同居和婚前性行为的认可度也有所提高。有些大学生甚至认为恋爱的实质在于性爱。这种过度推崇恋爱中的性行为的思想是片面的。在恋爱中虽然不排斥性，但也不应该随意发生性行为，性行为可能会导致意外怀孕等情况，给大学生带来不利影响。
- **把爱情当交易**。有些大学生会把爱情当作排遣寂寞的工具，或为了获得免费“饭票”，只注重对方的经济条件，以达到功利的目的。这样的择偶条件反映出价值观中不健康的成分，这是需要大学生纠正的。

案例

这天晚上，穆瑶寝室开起了“卧谈会”。先是陈琦开口：“我今天听到有人讨论，我们系的李信和他女朋友分手了，不敢相信，他们才在一起没多久啊。”陈怡接道：“我知道，听说是对方认识了一个条件更好的，就和李信分手了。李信现在为情所困，整天郁郁寡欢。”王倩说：“希望他能早日走出来。唉，感觉他女朋友这样太不好了吧。”穆瑶说：“比她还过分的也有呢，有些人就是‘物质系’。我认识的一个朋友就抱怨他和他前女友在一起时基本是他出钱，而且还要给他女友买新款手机。”陈怡说：“反正我认为大学生的恋爱还是单纯些比较好。现在还有人大学时期就同居呢，这一点我也觉得不太好。”然后大家继续就择偶观谈论了起来。

点评：虽然择偶观完全是自主决定的，但大学生也要确保自己的择偶观不会对别人造成伤害。例如，李信的女朋友的择偶观就带有一定的功利性质，这种以功利目的选择恋爱对象的行为极大地伤害了李信的感情。这种观念是不健康的。同时，王倩她们也提到了大学同居的话题。事实上，大学同居行为具有一定的不安全性，尤其是对于女性来说比较不利。一方面，大学同居会提高婚前性行为的概率，且这种同居过程中产生的纠纷不容易受法律保护；另一方面，同居也会影响大学生的学业、课业。因此，不提倡大学生同居。

择偶观是攸关大学生恋爱、婚姻和家庭的重要思想指导，认识大学生择偶观的误区对大学生自我反省、建立健康的恋爱关系具有重要意义。

任务三　大学生恋爱常见问题及调适

大学生在恋爱过程中，常会产生各种疑问和困惑。下面我们将针对大学生恋爱过程中常见的一些问题，做出解释和回答。

一、爱情需要做哪些准备

有些人在开始一段感情之前，可能会有这样的思考：我喜欢这个人吗？我应该怎样开始一段感情？在爱情到来前，我应该做什么？产生这些问题归根结底在于对爱情缺乏了解，那么大学生可以为爱情做哪些准备呢？

扫码看微课

（一）探索你自己

爱情常常是基于喜欢产生的。大学生要想建立恋爱关系，首先，需要明白自己喜欢什么，自己想要恋人具备怎样的特质，这会让自己明白内心真正所想，找到心仪的人。其次，大学生需要评估自己的恋爱动机，弄清楚自己是一时兴起还是情之所至，如果只是抱着玩乐的心态，建议选择放弃。再次，大学生也要注意恋人的选择，是选择与自己互补的，还是相似的？是注重价值观的一致，还是注重外在条件等。最后，大学生如果确定心中所想，那说明自己对谈恋爱也有基本的心理准备了。

（二）区分爱情与其他

大学生可能会将爱情与其他心理状态混淆，例如，混淆爱情与好感、爱情与虚荣、爱情与友情以及爱情与亲情等，又如把因异性的关心产生的感动和好感当作爱情，把建立恋爱关系当作攀比和虚荣的途径，误把好友、兄妹、姐弟一样的关心和爱护当作爱情等，这些情况在大学中是会出现的。尤其是好感，好感可能是爱情的基础，但好感会减退和消失，因此大学生不要将暂时的好感误以为是爱情。

另外，朋友之间可能有很多默契，甚至偶尔产生心动的误会，但可能两人只适合做朋友，并不适合做恋人。总之，大学生要明确爱情与其他心理状态的区别。

当然有从友情走到爱情的案例，但也存在不少误把友情当爱情导致恋爱失败的例子。一般爱情是专一、隐秘、自主的，友情则是广泛、随和、公开的，两者存在明显的区别。自己的心意是友情还是爱情，这其中的度还需要大学生自己摸索和把控。

扩展阅读

吊桥效应

有研究小组进行过一个著名的实验。研究人员以一些年龄在 18~35 岁的没有女性同伴的男性为实验对象，要求他们穿过一座长 130 米的靠两根粗绳索及木板悬挂在 70 米高空的吊桥，并在桥上接受问卷调查，该调查由一位漂亮的女性来完成，并且这位女性还给参加实验的男性留下了联系方式。同样的实验在另一座 3 米高的小桥上也进行了一次。实验的结果是，在吊桥上行走的男性中，事后联系这位女性的数量超过了一半；而在小桥上接受问卷调查的男性中联系这位女性的只有寥寥几个。由此研究人员认为，在摇摇晃晃的吊桥上行走的男性将自己处于危险情景中不由自主产生的心跳加速、心悸、呼吸急促等现象误认为是恋爱中的心理悸动。这就是“吊桥效应”。

其实，像这样由于心理原因造成的爱情错觉有不少，但这样的“爱”能走多远是一个未知数。所以面对爱情，大学生要扪心自问，自己是否是因为这样的错觉陷入爱情中？大学生应谨慎对待恋爱，迎接真正的爱情。

（三）了解男女心理上的差异

男女在爱情上有着较为明显的差异，如男女在价值观念、排解压力的方式、表达与沟通、情感需要和对待爱情的方式上都有所不同，这可能会导致男女在恋爱过程中产生误会和矛盾。例如，女性在情绪低落时更多的是需要别人聆听她的感受，而不是分析和建议，男性则更想要独处；女性需要感到被珍爱，而不是物质和生活的照顾，男性则需要能力被肯定而不是不需要的忠告。

另外，男女在交往主动性、交往动机、交往对象选择和交往质量等方面也有不同，例如，男性常常会主动追求女性，显得外向而热烈，女性则常常处于被动的角色，且交往方式更加含蓄、深沉；男性的交友层次一般包括亲密朋友和一般朋友，女性则相对比较单一，除了点头之交一般只有闺中密友，但质量通常较高；男性在交往中偏向于理智，逻辑性强，常用强硬的词，女性则偏向于情感，用词较文雅，感情色彩强。如此种种，不一而足。男女的差异导致他们在爱情中有不同的需求和表现，了解这方面的知识有助于大学生了解未来的恋人，促进爱情的顺利发展。

二、这样的爱合适吗

大学生在接触爱情时，常常有很多完美的想象，她期待自己能收到《大话西游》里至尊宝对紫霞的告白、希望自己能遇到完美的“白马王子”有一段非常完美的爱情，但爱情并不总是完美的。有些大学生处于单恋的状态中，有些沉浸在爱情的旋涡中。大家对爱情都有各自的看法，那么自己以为的爱是真正的爱情吗？事实上，当出现以下类型的爱时，就需要警惕了。

（一）单恋

单恋主要是指一方对另一方一厢情愿的爱恋和倾慕。单恋是一种主观的感情体验，大学生中，有单恋情况的人为数不少，他们常常甘愿为对方付出和奉献，时刻关注对方，甚至喜怒哀乐也被对方的一举一动所牵动。大学生在面对单恋时，要清楚自己是喜欢这个人，还是喜欢这种感觉。如果喜欢对方而对方却长久没有回应甚至表示拒绝，大学生应当及时收回自己的感情，将注意力转移到和同学、朋友的交往活动中，避免陷入单恋的痛苦。

小贴士

单恋包括暗恋和明恋，大学生处于明恋或单方面追求的状态时，要注意不要给对方带去困扰。尤其是单恋的对象心有所属，或已经建立恋爱关系时，要注意不要因为自己的单恋破坏别人的感情。这样的行为在道德层面是不提倡的。

（二）网恋

网恋是人们追求爱情的途径之一。有些大学生会通过线上兴趣活动、网络游戏等多种途径建立网络恋爱关系。但是相比之下，网恋也更需要大学生提高警惕。网络可以给人更多想象的空间，且网络恋爱缺少现实里面对面的接触机会，双方会更容易伪装自己的形象。大学生一方面可能会由于过高的期望值而快速“失恋”；另一方面，也容易陷入恋爱骗局中，受到伤害。因此，对待网恋，大学生需要提高判断力，谨防被骗。建议大学生多在现实中展开交际，寻找爱情。这样不仅能防止大学生过度沉迷网络，还能降低恋爱被骗的风险。

小贴士

有些大学生在网络中常常会付出真挚、深刻的感情，有些不容易对朋友讲的话更容易对网恋对象讲，把对方当成自己的知己、灵魂伴侣，甚至由于沉迷网恋而逃课、逃学等。网恋的欺骗性也常导致一些因网恋失意的大学生痛苦、难过，甚至产生精神问题。因此大学生对网恋一定要抱有充分的警惕。

（三）多角恋

多角恋是恋爱中涉及三个或更多人情感纠纷的复杂恋爱状态。恋爱关系不同于其他关系，陷入爱情中的人具有排他性和独占性，只愿意拥有对方，只要其中两个人在一起，其他人就会陷入痛苦中。若大学生陷入这样的情感状态中，最好还是选择放手。因为这是一种不健康的状态，如果没有人放弃，大家都会感到痛苦，爱情中“1 对 1”才是健康的状态。

（四）偶像式爱情

偶像式爱情是指倾向于将所爱的人过度美化的感情状态。陷入这种爱情状态的人会将所爱的人视为一切幸福的源泉，将自己的力量投射到爱人身上，从而非常崇拜对方。实际上，这样的人已经缺失了自我。没有人能永远符合和满足另一个人的期望，因此这样的爱情是不长久的。

扩展阅读

非理性的爱情观念

有些人认为爱情是非理性的，我们很难在恋爱中保持百分百的理智。但这与恋爱中不是全部都是甜蜜一样，理性并不代表永远维持恋爱的完美状态，冲突并不意味着爱情的破灭。实际生活中，有些恋爱中的冲突反而能给双方带来心灵上的沟通与理解。我们需要警惕的其实是恋爱中的非理性观念。常见的非理性的爱情观念主要有以下 13 种。

（1）没有爱情的大学生活是失败的。

（2）爱情靠努力可以争取到，即付出总有回报。

（3）爱不需要理由。

（4）为了消除孤独感，谈一场恋爱也无可厚非。

（5）因为相爱而发生的性关系无可非议。

（6）恋人是完美的，爱情是至高无上的。

（7）爱是缘分也是感觉。

（8）爱情重在过程不在结果。

（9）爱情是“不在乎天长地久，只在乎曾经拥有”。

（10）爱情是给予，也就是付出，应当满足对方的一切要求。

（11）爱情能够改变对方。

（12）失恋是人生重大的失败。

（13）即便过度干涉对方的人际交往行为，但因为相爱，对方会理解的。

需要注意的是，有些人会因为爱情是非理性的便不细心经营爱情，殊不知如果双方都抱着这样的心态开展恋爱关系，那么爱情将难以长久保鲜，最后遗留下来的可能只有痛苦和伤害。

三、如何正确对待恋爱关系

恋爱是大学生人生道路上必修的课程，也是大学生人生重要的组成部分之一。大学生对待恋爱关系的态度会影响大学生爱情的走向，甚至会影响未来的婚恋发展。大学生应当以怎样的态度对待恋爱关系呢？下面将一一进行介绍。

扫码看微课

（一）树立科学的恋爱观

大学生面对爱情时，要有正确的态度，树立科学的恋爱观。首先，提倡大学生追求志同道合的爱情，因为这在一定程度上代表双方有相似的道德观、价值观和兴趣爱好，双方会更有默契，容易进行心灵上的沟通，相互尊重，相互理解。

其次，以平常心态对待恋爱的挫折，不会一蹶不振，不会歇斯底里，能正确地面对分手、失恋，不过度沉浸在感情中。

再次，还需要有高度的责任心，忠贞专一，相互信任。同时，恋爱的双方还需要相互包容，做到取长补短、相互进步。

最后，大学生还要有对感情的信心，不随意放弃，这样爱情才能更稳定和持久。

（二）学习爱的能力

爱情是美好而甜蜜的，但是不具备爱的能力的人难以品尝到爱的甘甜。因此，想要与对方建立健康的恋爱关系，大学生还要学习爱的能力，包括迎接爱的能力、经营爱的能力和承受恋爱挫折的能力。

- **迎接爱的能力**。迎接爱的能力包括施爱的能力和接受爱的能力，前者是主动给予爱，后者是被动接受爱。一方面，这要求大学生要有敢于表达爱的能力，主动关心别人、爱别人；另一方面，大学生在面对别人的施爱时，可以进行及时、准确的判断和观察，做出接受、谢绝或再观察的选择。这些都是大学生爱的能力的体现。
- **经营爱的能力**。爱情需要双方的维系和经营，这需要大学生掌握与恋人相处的方法、有效处理恋爱中的各种纠纷、呵护好双方的感情。例如，坦诚的沟通、情绪的控制和管理、爱的表达和礼物惊喜等，都能有效帮助大学生维系爱情，培养经营爱的能力。
- **承受恋爱挫折的能力**。爱情中遭遇挫折是难免的，因此大学生需要培养自己的挫折承受能力，以更好地应对恋爱危机及可能产生的不利后果。肯定自己的价值、转移注意力、学会倾诉、寻求心理帮助等都是大学生在应对挫折时可以借鉴的方法。

（三）养成健康的恋爱行为

在恋爱过程中，健康的恋爱行为对于双方来说是维系爱情的绝妙工具。这要求大学生能做到以下 3 点。一是恋爱行为自然大方、举止端庄，避免因过度亲昵给对方带来不适，大学生尤其应该避免做出粗俗的亲昵动作，这不仅会影响大学生的正常形象，对旁观者来说也是负面的刺激。二是语言上要相互尊重，不要为了提升形象或树立权威地位故意拔高自己，伤害对方的自尊心，或拿自己的优点与对方的不足比较。三是要克服恋爱过程中的各种情绪冲动，一方面切忌对恋人发泄自己的负面情绪，如将对其他事情的不满和愤怒发泄到恋人身上；另一方面大学生要学会尽量克制或转移自己的性冲动，这样才能使恋爱朝着健康、文明的方向发展。

四、怎样经营爱情

爱情不是防腐物品，可以永久保鲜；也不是鲜果泡沫，动辄腐败破碎。爱情既可能短暂易逝，也可能矢志不渝，爱情的保质期不在于爱情本身，而在于爱情中双方的经营。

（一）掌握爱的方法

爱情的维系需要一定的方法，如果恋爱中的双方想要维持亲密的关系，一般需要做到以下6点，如图7-2所示。

图7-2 爱的方法

- 沟通是爱情中非常重要的因素。相互的、有效的沟通可以帮助恋爱双方更了解彼此，让爱情更加稳固。
- 真诚是维系爱情最基本的保障。爱情是以真心换真心，如果一方虚情假意，那双方的感情就维持不下去。
- 信任代表双方对彼此的尊重。爱情是一个人与另一个人建立亲密关系，猜疑和争吵无疑会破坏这种关系，因此，保持对对方的信任对维系爱情非常重要。
- 支持也是爱情中非常重要的因素，尤其是来自爱人的支持，常常能帮助我们克服很多困难。
- 宽容是即使对方有错，我们也能给对方应有的包容和体贴。大家都有犯错的时候，除了原则性的错误以外，对爱人的宽容是应该给予的。
- 关心是我们对所爱之人积极、主动的关注。爱情是双方的事情，两个人需要通过关心、呵护为爱情施加养分，在相互的关心和照料之下，爱情这棵二人精心种植的小树才能茁壮成长。

这6种爱的方法，可以凝聚成维系恋爱中双方爱情的纽带，帮助我们与爱人携手走完一生。

（二）运用爱的“语言”

恋爱的初期，双方可能会由于热恋而忽视对方的种种小毛病，然而一旦时间变长，恋人间的各种抱怨就出现了，由此衍生出各种感情矛盾。甚至有人用“我们因误会而结合，因了解而分开”来形容这样的恋爱关系。美国从事婚姻辅导的专家盖瑞•查普曼博士发现，贤妻良母不一定得先生喜爱，刚正守法的男性也不一定得伴侣喜欢，婚恋中常常出现把对方的兴奋、激动误解为大发脾气，将情爱表达当作肉麻、虚伪而引发的种种对伴侣的抱怨。这些现象的产生都是由于大家没有正确运用爱的“语言”。在盖瑞•查普曼博士看来，有5种爱的语言是大家所需要的，也能更切实地帮助爱的双方传达情意。

1. 肯定的言辞

日本的“推销之神”原一平在推销秘诀中说：“对赞美的渴望是每个人最持久、最深处的需要。”马克•吐温也说：“仅靠一句赞扬，我就可以很好地活两个月。”对于伴侣来说，肯定的言辞可以让对方接收到爱情的信号，传递出包含鼓励、赞扬、欣赏的信息，口头的肯定话语能直接、坦率地表现爱，如“谢谢你帮忙洗碗，你太好了”“你今天的裙子真漂亮，很适合你”“你认真的样子真的很帅，太喜欢你了”等。这些言辞不仅可以增加双方的亲密度，还可以激发对方的潜能和自信。当然，给予肯定也需要技巧，给予在言辞上需要满足3个关键词：鼓励、仁慈和谦逊。

2. 精心的时刻

精心的时刻指的是给予对方全部关注的时候。在恋爱中，常有人抱怨伴侣不花时间在自己身上，这样的积怨越深，对爱情的杀伤力就越大，尤其是在移动互联网盛行的时代，大家可能把大部分注意力放在手机上，对伴侣的关注可能会变得更少。因此，找时间让双方全神贯注地进行心灵交流或进行一场两人独处的活动，可以让对方感受到自己对他 / 她的重视和关注。

随堂活动 **你提供的精心时刻?**

如果你的伴侣需要的爱语是“精心的时刻”，你会采取哪些行动呢？参考下面的行动，列出你认为可以帮助达成这条爱语的行动。

行动 1：让对方写一件本月最想和你一起做的事，然后选择时机和对方一起完成。

行动 2：安排一次只有两个人的旅行。

行动 3：和对方一起观看他 / 她最想看的节目，并和对方一起交流分享。

……

3. 接受礼物

在大多数地区的文化传统中，礼物是爱情的一部分。盖瑞·查普曼认为：“礼物是爱的视觉象征。”不管这礼物是买来的，还是手工制作的，是贵重的还是便宜的，都能传达爱的心意。只要是用心的礼物，哪怕只是一朵花也能提醒对方“我还爱着你”。事实上，接受礼物是最容易学的爱的语言之一。当然，如果一方的主要爱语是接受礼物，另一方就能成为送礼的高手。

4. 服务的行动

服务的行动指的是伴侣想我们为他 / 她做的事，我们可以借替他 / 她做事让对方高兴，并表达自己对他 / 她的爱。这样的机会有很多，包括出门扔垃圾、完成对对方来说吃力的事、帮忙做家务等，以积极的态度完成并尽量保持这样的习惯，对伴侣来说也是爱的体现。

小贴士

如果想让“服务的行动”更加到位，还可以和伴侣各列一张“如果你能做到这 5 件事，我会更爱你”的清单，然后按清单为对方提供服务，这样会达到较高的质量。

5. 身体的接触

身体接触是爱情中一种微妙的沟通方式，也能作为传递爱的语言，性交、牵手、拥抱、接吻、抚摸等都是这种爱语的表达方式。对于一些人来说，来自身体的接触是表达爱的不可缺少的语言，能带给他们安全感。

身体接触的爱语

如下是对方需要“身体的接触”爱语时你可以采取的行动，你可以在选择后进行一段时间的尝试（可以搭配爱语“肯定的言辞”进行），观察对方是否有什么改变或询问对方的感受。然后根据总结补充你的行动清单。

行动 1：在见面时给对方一个拥抱或亲吻。

行动 2：在散步、逛街等日常活动中和伴侣牵手。

行动 3：在对方难过时，抚摸对方的背、拍拍对方的肩或给对方一个拥抱。

行动 4：在吃饭或坐得很近时，慢慢挪动你的膝盖或脚来触碰对方。

行动 5：在朋友或亲人面前触碰你的伴侣，如搭肩、摸头、挽手臂、拥抱等，可以得到对方双倍的情绪分数，表达“即使有那么多人，我还是只看见你”。

扩展阅读

我们的爱情有结果吗?

在心理学上，有 8 种爱情被认为是没有结果的。如果出现了这样的爱情，那么大学生就需要注意了。这 8 种爱情分别是：你在乎对方比较多、你爱的是对方的潜力、你想要帮助对方、把对方当作崇拜的对象、你只是被对方的外表吸引、两人只有短暂朝夕相处的机会、为了叛逆才选择他 / 她、对方不是自由身。最后一种是爱情的禁区，大学生一定要避免自己陷入这样的爱情中。

五、爱的结束

任何一段感情的结束，都需要大学生认真对待。不管是拒绝别人的心意，还是结束一段恋爱关系，大学生都应该有正确的态度和方法，尽量让自己和对方都不要受到太大的伤害。

（一）如何拒绝爱

在爱情的领域中，如何拒绝爱也是一门学问。如果大学生被自己不喜欢的人追求、示爱，就要选择合理的方法拒绝对方的爱。大学生至少应做到以下 6 点。

- 不洋洋自得，“吊”着对方，既不接受对方的心意，又不拒绝对方的追求。
- 要选择一个恰当的拒绝时机。
- 要快刀斩乱麻，表明拒绝的态度，切忌模棱两可、含糊不清。
- 把不伤害对方作为拒绝爱的底线。
- 不要在拒绝的时候挑对方的毛病。
- 拒绝后要做到言行一致，不要给对方无谓的希望。

（二）正确面对分手

一段感情的结束，不管是谁先提出的分手，都会给双方带来不可避免的伤痛。大学生应当如何面对分手呢？本部分将针对失恋或分手，为大学生提供一些参考与建议。

随堂活动

你怎么看待失恋?

你可能已经听过、接触过失恋，也许你身边有朋友正在经历这样的事情，也许你自己也曾失恋，请你根据自己的所想、所感，谈谈你怎么看待主动失恋和被动失恋。对于失恋的朋友 / 同学，你会给出怎样的建议？

1. 合理看待分手

不要将分手看得太重，不是每一个人都能一次恋爱就成功。失恋可能是人生的坎坷，但它不是最大的那个。分手只是因为双方不合适，会有适合的在等着自己。

2. 保持应有的姿态

分手的双方都应保持冷静和理性。首先，决定分手方要明确分手的结果是不是自己想要的，并根据推测的对方面对分手的反应选择能让对方接受的合理的讲话策略和理由等。正所谓“落子无悔”，不要在提出分手后就后悔自己的决定，因为一旦这样的事情发生，可能感情就不能回到从前了。其次，被分手方不能摆出拒绝沟通的态度，也不要去死缠烂打，试图挽回。俗话说：“好聚好散”。拒不沟通的态度只会让对方更加坚定分手的决心，既让对方更加不满，也让自己身处痛苦中，反而得不偿失。最后，分手不能拖泥带水，免得加深感情纠葛给双方带来精神折磨。分手初期最好不要见面，给彼此一些忘怀和放下的时间，给这段感情画上一个完美的句号。

3. 理性归因

分手的原因通常是多方面的，感情是双方的事，责任也不总在一方。因此在决定分手后，不管是谁提出分手，双方都要进行坦诚的沟通，不要过分指责对方，也不过于看低自己。最好从对方的角度去思考问题，互相理解并总结自己的错误，争取未来的自己不会再重蹈覆辙。

小贴士

分手方最好不要在对方身上找原因，因为对方可能沉浸在“被分手”的悲伤中，若再受到其他指责，情绪可能会受到很大影响，变得不自信、心情抑郁。被分手方也不能因为自己的被动地位就过度认为是自己的不足使感情走向失败。

4. 处理好情绪

分手难免会给双方遗留一些伤害，如果大学生沉浸在恋情失败的痛苦中，不妨通过以下途径来帮助自己走出痛苦。一是适当地宣泄情绪，大学生可以通过大哭或找人倾诉来排解自己内心的压抑。二是转移注意力，大学生可以通过适当的体育活动和兴趣爱好的培养，使自己暂时忘却悲痛。三是寻求心理帮助，如果大学生发现自己持续性情绪低落，对生活、感情等都感到绝望，觉得人生了无生趣，甚至有轻生念头时，应寻找专业的心理医生接受心理咨询和治疗，通过专业手段进行情绪的排解。总之，大学生不能陷入悲伤、难过的情绪中不可自拔，要随时注意自己的情绪状况，让自己尽快走出失恋的阴影。

小贴士

有一种说法是："解决失恋最好的办法是重新开始一段新的恋情。"实际上这种做法是需要大学生认真考虑的。因为如果大学生还沉浸在上一段感情之中，那么急着重新开始一段恋情是对新恋人不负责任的做法。一方面大学生可能会在混乱的情感状态下使新恋人成为感情的替代品；另一方面，由于时间间隔较近，大学生容易不自觉地在心里对两任恋人进行比较，这对新的恋人来说是不公平的。而且新一轮的恋爱失败可能对双方来说又是一次伤害。因此，大学生最好还是整理好心情再出发，这样对双方都好。

任务四 大学生的性心理及调适

性心理是指在性生理的基础上，与性征、性欲、性行为有关的心理状态与心理过程，包括与他人交往和婚恋等心理状态。性心理健康被视为人类健康不容忽视的重要组成部分。大学生作为身心正常发育成熟的成年人，正处于性的需要与社会规范、道德相碰撞的时期，因此，大学生需要了解性心理方面的知识，同时形成对性心理的正确认识，促进性心理健康。

一、大学生的性心理特点

随着大学生性意识的发展，大学生的性心理也有了很大程度的发展。赫洛克将大学生的性心理发展分为 4 个阶段，根据大学生的心理情况来看，大学生主要处于由向往异性期向恋爱期过渡的阶段。这个阶段的大学生会对异性产生兴趣，并渴望接近异性。随着年龄和阅历的增长，大学生的恋爱对象选择不再常常变化，而是相对稳定、单一。在性心理方面，大学生主要呈现出以下特点。

性心理的发展

1. 渴求性知识

在性意识和性知觉的进一步发展后，大学生会渴望了解性方面的知识，以解决性心理发展过程中的疑虑和好奇。一方面，大学生会通过讨论和教育书籍等正常途径获取相关知识；另一方面，部分大学生可能会通过色情书刊、不良大众传媒或其他影像资料来了解性知识。通过后一类途径猎取的性知识可能存在异化，会对大学生产生不良引导，不利于大学生身心的健康发展。

2. 渴望性体验

在性激素的作用下，大学生的性意识会进一步提高，他们开始注重自我形象，渴望与异性交往，并会在交往过程中由于恋人的抚摸、亲吻等亲密行为产生性冲动，有的还会产生性幻想、性梦等。

这主要是大学生性心理发展和性发育的成熟导致的。

3. 性冲动与性压抑并存

性冲动是生理正常发展的必然现象，一方面，性激素构成了性冲动的生理动因；另一方面，大学生会因性刺激产生性冲动，如与性相关的感觉、直觉、记忆、情感等，这一点在恋爱中表现得比较明显。通常，大学生出于羞涩、担忧、恐惧、保守等心态，会采取压抑的方式去控制这种性冲动。因此，大学生的性心理常表现出性压抑和性冲动并存的特点。

4. 重视性魅力

大学阶段，大学生已经很少为第二性征感到羞涩和反感了，相反，大学生会通过各种形式展现自己的性魅力。例如，选择得体的衣服展示自己的身材，女性通常会注意展示自己身材的曲线；而男性则着重展示自己的魁梧身材或男子气概，想要吸引异性目光的愿望比较强烈。一项关于大学生的研究表明，有 80% 左右的大学生会有强烈的吸引异性并与之交往、接触的欲望，且非常重视自己在异性心中的形象。

二、大学生的性心理困扰与障碍

大学生性心理的发展为大学生增添了新的烦恼，尤其是由于性话题具有的社会禁忌性，大学生常常觉得求助无门。下面对大学生常见的性心理困扰与性心理障碍进行介绍。

（一）大学生的性心理困扰

大学时期是性心理发展的关键时期，大学生不仅对性知识好奇、疑惑，还会经常产生这方面的困扰。下面主要介绍 3 种性心理困扰。

1. 体像意识的困扰

根据调查研究发现，有些大学生对自己的身体和第二性征缺乏正确和现实的认识，如认为自己的第二性征发育得不好、为自己的身材感到不满意等，甚至将这些体像认为是自己的缺陷，以至于影响正常的交际和生活。

2. 对性幻想和部分性行为的羞耻和恐惧

大学生常见的性行为包括性自慰、性梦、梦遗、性交等，这些都是大学生受到性刺激后做出的排解性冲动的“标准的性行为”。其中性梦和梦遗是不由人行为控制的潜意识的性行为，是正常的生理反应。由于部分大学生不能通过性交来释放性冲动，所以性自慰是大学生主要的性行为之一。但由于大学生对性知识了解较少，且缺乏科学、正确的性观念，不少大学生会压抑自己的性冲动，认为性行为是不道德和罪恶的，或认为性行为会影响生理健康，由此感到羞耻和恐惧，产生性压力和性禁忌。同样地，性幻想也是性发育过程中的正常现象，但如果因为传统道德的束缚，过于压抑，反而可能会走向一种病态的极端。事实上，不管是性自慰还是性幻想，对于大学生来说都是正常、无害的，甚至性幻想还有助于减少大学生的紧张、焦虑和性压抑。但如果过度压抑或过度进行性行为，大学生的身心将受到很大影响，严重的话可能会产生性障碍甚至走上性犯罪道路。

婚前性行为

随着多元文化的碰撞，大学生的性观念开放程度明显提高。根据调查显示，大部分的大学生支持婚前性行为。但一般不建议大学生发生婚前性行为，原因如下。其一，我国只认同婚姻关系下产生的合法性行为，婚前性行为不存在夫妻之间应有的责任和义务，容易产生纠纷和其他严重后果。其二，目前主流文化对大学生的婚前性行为并不持支持的态度，且许多高校都会从校规校纪方面去规范大学生的性行为。其三，性行为只要发生一次就会发生多次，可能会造成未婚先孕的后果。其四，根据调查发现，不少大学生在发生性行为后会后悔，产生负罪感、不洁感、不道德感、羞愧感等，担心怀孕，容易导致性焦虑的产生。其五，发生性行为后，不少女生可能会想要走入婚姻，男生则可能会由于心理优势的提高产生厌倦感，从而导致双方发生争吵。从心理学角度看，这其实可能是被当事人忽视的性心理发生了作用。因此，大学生应谨慎对待婚前性行为。

3. 性嫉妒

性嫉妒是指对现实或想象的、优于自己的性爱竞争者所持怨恨的情感，这是由爱情的排他性所导致的。当同性别的人出现，自己的性爱对象有被占有或被夺取的可能时，大学生可能会产生各种复杂的情感体验和行为，先是注视、疑虑、担心或跟踪，继而转为憎恨、敌视，甚至采取暴力行为。这些情感反应和行为都是性嫉妒可能的外在表现或延伸。性嫉妒可能会导致人情绪失控，驱使人做出不理智的事，因此大学生需要警惕性嫉妒的出现。

（二）常见的性心理障碍

性心理障碍指行为人满足性欲的行为方式或性质对象明显偏离正常，并以此类性偏离作为性兴奋、性满足的主要或唯一方式。常见的性心理障碍主要有以下 3 种。

- **性偏好障碍**。性偏好障碍指行为人长期或唯一采用不同于正常人的性欲满足方式的障碍，如恋物癖、露阴癖、性施（受）虐癖、恋兽症、恋尸症、恋童癖等。
- **性指向障碍**。性指向障碍主要表现为起源于行为人性发育和自身性定向的障碍，性爱本身不一定异常。

小贴士

性指向障碍从性爱本身来说不一定异常。但某些人的性发育和性定向可伴发心理障碍，如个人不希望如此或犹豫不决，为此感到焦虑、抑郁及内心痛苦。有的人会尝试寻求治疗加以改变。

- **性身份障碍**。主要表现为行为人长期对自己的生理性别有强烈的厌恶和排斥感，同时内心对转变性别感到非常渴望，并付出实际行为，如异性癖（变性癖）。

大学生身边如果有人有性心理障碍，可建议对方寻求专业的心理帮助；如果发现自己有这方面的倾向，也不能讳疾忌医。此外，如果偶遇有性心理障碍的人，大学生也要注意应对方法，一般来说面对不会对别人造成伤害的人，如有恋物癖的人，建议保持冷静，假装若无其事，不必过于恐慌和害怕，不然对方可能变本加厉，更加兴奋。而对于会给别人造成伤害的有性心理障碍的人，则需要选择报警或求助专业人员。例如，面对公交车上的有摩擦癖的人可视情况进行责骂或报警处理。有些性变态行为是由于对方自控力差才时时发作，应要求对方承担一定的性行为责任并让其承受治疗的压力，不然就相当于鼓励对方的不良行为。

性行为正常与否的标准

三、如何正确对待性心理

性的成熟总是会带来许多心理问题和令人困扰的事，对于当代大学生来说，保持性心理健康也是重要任务之一。要达到这个目标，大学生至少应做到以下 3 点。

（一）学会拒绝性要求

在恋爱的过程中，大学生可能会遇到对方提出性要求的情况，因此，学会拒绝性要求是大学生在恋爱中应当掌握的内容。拒绝性要求也有相应的技巧：一是拒绝的态度要坚决有力，不要给对方想入非非的机会；二是不能伤害对方的感情和自尊，大学生可以以爱为名拒绝对方，如“如果你爱我，就应该尊重我的选择”等；三是肢体语言与口头语言保持一致。如果对方真心爱慕，就会因为自己的坚持而接受拒绝。

（二）科学释放性冲动

性冲动是大学生生理发展的必然现象，也是人的本能需求，但身处文明社会，性冲动也受到一定社会生活条件的制约，如对他人的责任感、婚恋关系的建立等。大学生作为理智的个体，延缓性冲动的满足，科学释放性冲动，也是作为成年人成熟和具有自制力的体现。在大学期间，大学生可采取以下措施科学释放性冲动。

- 大学生可以通过劳动和体育活动去发泄自己的精力，释放性能量。
- 大学生可以通过欣赏艺术的美缓解自己的性冲动。例如，通过听音乐、读文学作品、从美术作品中欣赏人体等，去欣赏爱情的美，陶冶心灵，升华自我。
- 大学生可以多和异性开展正常人际交往，减弱对异性的冲动。接触多了，对异性不那么好奇了，性冲动也会减少。

（三）树立正确的性观念

世界卫生组织对性心理健康所下的定义是：通过丰富和完善人格、人际交往和爱情方式，达到性行为在肉体、感情、理智和社会各方面的圆满和协调。因此，树立科学、正确的性观念是大学生身心健康发展的基本要求。要做到这一点，大学生可以采取以下措施。

1. 掌握科学的性知识

性知识是一门综合的学科，包含性社会学、性美学、性伦理学等，涉及面较广。有些大学生受传统观念和性文化的影响，即使有了性的困惑，也不好意思向老师、医生求助，而是借助网络资源、广告和参差不齐的性知识书籍了解性知识，因此可能会接触到一些不良文化，这些不良文化可能会对大学生产生误导。所以大学生要注意提高鉴别能力，最好是通过接触正规的教育者，如老师、医生，购买科学、正规的书籍去学习性知识。

2. 培养良好的性道德情感

大学生需要性知识教育，更需要性道德教育。性道德是规定每个人性行为的道德规范，性道德渗透在职业道德、家庭婚姻道德及社会道德中。具备性道德观念，大学生可以正确控制生理本能表现出的性要求，不造成对他人的骚扰和对社会的不良影响，也能使自己的婚恋沿着健康、美好的方向发展。大学生性道德情感的培养包括培养责任感、义务感、羞耻感，使自己在与所爱的人在一起时也能做到自我监督。同时促使大学生遵守恋爱关系中的道德规范，如保持爱情的纯洁性，保持高尚的情趣和健康的交往；对爱情忠贞专一；等等。通过树立正确的性道德观念，大学生能成为具有高尚品德及情操的青年人。

3. 注意性保护

性保护是指在与异性的交往中保护自己不受异性的性骚扰和性侵犯。因为成年人受性本能驱使会产生进行性行为的生理需求，所以大学生在与异性交往中要注意对自己进行性保护。例如，与异性交往中要注意保持一定的距离，避免过分的身体接触；少在深夜单独外出；衣着不过度暴露，言行举止得体；尽量避免在隐秘场所与异性单独相处，多注意所处环境；不随便接受陌生人的帮助和食物；理性克服进行婚前性行为的冲动；避免危险性行为，正确使用安全套等。

遇到性骚扰和性侵害怎么办

4. 寻求性心理咨询

大学生在有性意识、性行为障碍困扰或有关性的其他困惑时，可以寻求心理咨询和治疗机构的帮助，主动咨询和接受治疗。一般心理咨询人员会给当事人启发和帮助，以帮助当事人免受性心理障碍的困扰，改变其不当的性行为方式，以更好地促进或维护大学生的性心理健康。

集训营

1. 综合本项目所学知识，结合你对大学生恋爱情况的了解，你认为当代大学生的恋爱可以分为几种类型？并对各种类型进行描述。

2. 王倩在逛校园贴吧时，看到了这样一个求助帖：“我是一个性格内向的女大学生，不久前我恋爱了，初次尝到了爱情的甜蜜。但是，正当我全情投入时，却突然失恋了！他终止恋爱的理由是认为我们缺少共同语言、性格不合，继续下去双方的感情只会越来越淡，还不如趁早放手。我不懂，为什么一切变得那么快？明明我们之前还那么甜蜜，现在毫无预兆就分手了，我尝试走出来，可我的心理实在无法平衡。请告诉我，怎样才能摆脱这种痛苦的折磨？”

综合本项目学习的内容，假如你是王倩，你会给求助帖中的女生什么建议？

推荐资源

1. 书籍：《爱的艺术》，艾里希・弗洛姆著，李键鸣译。

《爱的艺术》一书是艾里希・弗洛姆最有名的作品，该书自 1956 年出版便在全世界畅销，被认为是当代爱的艺术理论专著。爱是一种艺术吗？回答是肯定的。因此，它需要知识和努力。在这里，爱不是狭隘的男女爱情，也并非通过磨炼增进技巧即可获得。爱是人格整体的展现，要发展爱的能力就需要努力发展自己的人格，并朝着有益的目标迈进。

2. 书籍：《爱的五种语言》，盖瑞・查普曼著，王云良、陈曦译。

有的人在爱中感到沮丧、失落，觉得自己不被爱；有的人觉得自己付出很多，恋人却没有看到自己的努力。事实上，不同的人对于爱的表达方式和接纳方式是不同的。查普曼博士在他丰富的辅导经验和专业的技巧指导基础上编撰了此书，以帮助读者跨越两性沟通的迷思和阻碍，更好地发展自己与恋人的亲密关系，让爱情长久保鲜。

项目八 学会减法：做情绪的主导者

08

每个人都有喜、怒、哀、乐等情绪，用以表现我们在百味人生中所感知到的酸、甜、苦、辣，并用不同的情绪波动去表达我们不同的内在感受。虽然每个人都有情绪，但我们大多缺乏对它的理解，不知道情绪的好坏对人可能产生怎样的影响。本项目的主要任务是帮助大学生管理和控制自己的情绪，让大学生做情绪的主导者，从而使大学生能更好地发挥情绪的积极作用。

本项目学习目标

- 认识情绪的类型和影响因素。
- 了解大学生情绪的特征及影响。
- 掌握大学生不良情绪的表现及调适方法。
- 掌握大学生培养良好情绪的方法。

引导案例

我怎么了

某个同学给心理老师写了一封信，信里说：“不知道什么原因，我发现自己变得易怒，脾气不是很好。平时，在心情比较好的情况下，很多感觉不好的事情，我都可以忍受。但是如果心情不好，一些很小的事情，就算我强忍着，也会流露出不耐烦的情绪。当然，我知道这样很不好。但是，最近发生这种事的频率非常高，同学们都不愿和我打交道了，我很苦恼。”

音频：案例分析

升入大学后，你是否有过与这位同学类似的苦恼？你是否有过情绪复杂、百般滋味涌上心头的时刻？你又是如何进行情绪管理的？扫描右侧二维码，查看案例分析，讨论大学生情绪和情绪管理的内容。

任务一　探索情绪的奥秘

每个人都有正常的喜、怒、哀、乐等情绪，有时悲伤、有时喜悦、有时愤怒、有时兴奋，复杂多变的情绪体验让我们的生活丰富多彩。但有的情绪能让人身心舒畅，有的情绪却让人痛苦万分。情绪到底是什么？它为什么会对我们产生这么大影响呢？下面就让我们一起来了解情绪。

一、情绪的本质、类型与表达

情绪是心理学中的一个重要概念，是对一系列主观认知经验的通称。它主要是指人们在内心活动过程中所产生的心理体验，或是人们在心理活动中，对客观事物是否符合自身需要产生的态度体验。情绪是以个体愿望和需要为中介的一种心理活动。符合主体的需要和愿望会引起积极的、肯定的情绪，相反就会引起消极的、否定的情绪。

（一）情绪的本质

人们的情绪往往具有生理反应和心理反应的特征。它包括 3 种层面的成分：认知层面的主观体验、生理层面的生理唤醒和表达层面的外部行为。当情绪产生时，这 3 种成分共同活动，构成一个完整的情绪体验过程。

- **主观体验**。主观体验是个体对不同情绪状态的自我感受。每种情绪有不同的主观体验，它们代表了人的不同感受，如快乐或痛苦、喜欢或不喜欢等，构成了情绪的心理内容。

小贴士

一般情绪体验是由客观刺激激发的。有时情绪产生了，但很难确定客观刺激是什么，而且不同人对同一刺激也可能产生不同的情绪。因此，对一个人情绪的研究，在很大程度上要依靠主观感受。

- **生理唤醒**。生理唤醒是指由情绪产生的生理反应。情绪反应伴随人的大脑、神经系统和激素的生理作用，一个人的情绪被唤醒的同时，身体也被唤醒。不同情绪的生理反应模式均有所不同，涉及心脏节律、血压及呼吸频率的变化。强烈或持续的情绪反应会耗费个体的精力，削弱对疾病的抵抗力。
- **外部行为**。情绪产生时都会有一些外部行为表现，包括语言表达和非语言表达，其中尤以非语言表达为主，如面部表情、声调的变化、姿态、动作等。

（二）情绪的类型

关于情绪的分类，长久以来说法都不尽相同。在我国古代有喜、怒、忧、思、悲、恐、惊的七情说，美国心理学家普拉切克也提出了悲痛、恐惧、惊奇、接受、狂喜、狂怒、警惕、憎恨等 8 种基本情绪。综合当代大多数学者的观点，情绪的分类有两种标准：一种是按情绪的内容分类，另一种是按情绪的状态分类。

1. 按情绪的内容分类

按情绪的内容分类，情绪可以分为基本情绪和复合情绪。

- **基本情绪**。当前，大多数学者认为最基本、最原始的情绪是快乐、愤怒、悲哀、恐惧，即喜、怒、哀、惧。这也是先天的、本能的情绪，是人和部分动物所共有的情绪。
- **复合情绪**。复合情绪是由基本情绪的不同组合派生出来的情绪，如喜怒交加、焦虑、紧张、敌意等。

2. 按情绪的状态分类

按情绪的状态分类，情绪可以分为心境、激情和应激。

- **心境**。心境也叫心情，是一种微弱、平静、持久且具有渲染性的情绪状态，没有特定的指向性，不指向某一特定对象，而是使人们的整个生活都染上某种情绪色彩。例如，"感时花溅泪"描述的就是这种状态。
- **激情**。激情是一种强烈的、爆发式的、短暂的情绪状态。它通常是由对个人有重大意义的事件引起的，往往带有特定的指向性，伴随着生理变化和明显的外部行为表现。例如，王倩知道自己拿到优秀学生和一等奖学金后，高兴得手舞足蹈等。激情会给人带来积极或消极的影响，积极的激情会激发个人的潜力或使人完全投入当前活动中，消极的激情有较大危害性，如激情犯罪等。
- **应激**。应激是出乎意料的紧迫情况所引起的急速爆发而又高度紧张的情绪状态。应激状态下个体的反应也分为积极和消极两面：积极的应激表现为急中生智，消极的应激表现为惊慌失措。

随堂活动 **一周情绪记录**

请你根据自己的情绪状态，在图 8-1 所示的框中用画图或简单的语言记录一周的心情，看看你的情绪变化。

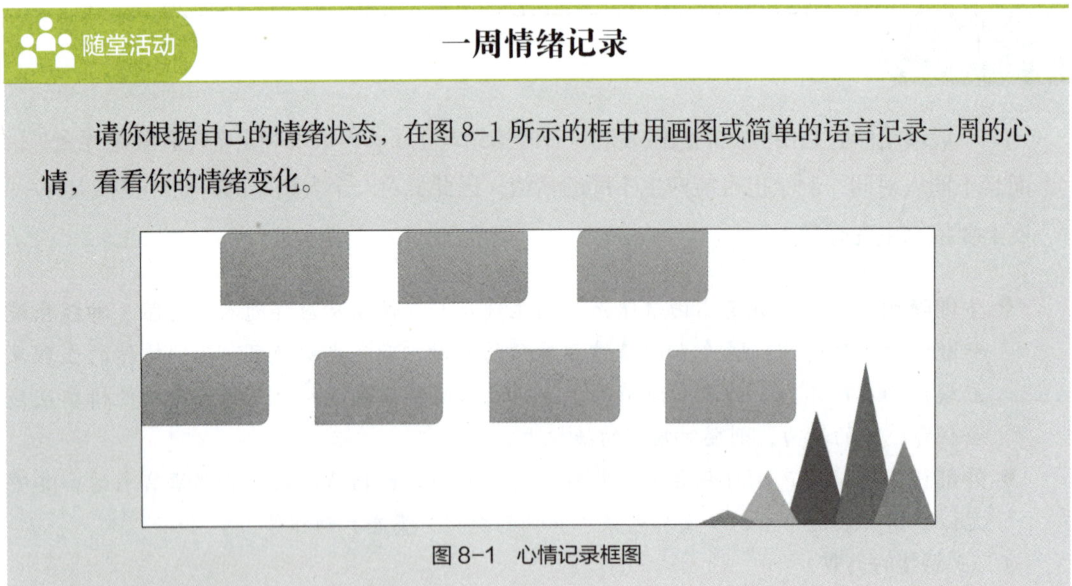

图 8-1 心情记录框图

（三）情绪的表达

情绪的表达指的是人们用来表现情绪的各种方式。情绪虽然是一种内部的主观体验，但当人产生不同的情绪时，即使不通过语言表达，也会出现某种外部表现，即可供观察的行为特征，促使别人从其行为举止中发现端倪。这些与情绪有关的外部表现，就叫表情，如不满时皱眉、高兴时大笑、悲伤时哭泣等。人的情绪表达具有复杂性，不同的人可能对同一种情绪有不同的表达方式。当听到笑话时，有的人哈哈大笑，有的人则微微一笑；当感到生气时，有人横眉怒目，有人则面无表情。一般来讲，表情可以分为 3 类。

1. 面部表情

面部表情是指通过眼部肌肉、颜面肌肉和口部肌肉的变化来表现的各种情绪状态。许多情绪都可以通过面部的器官、肌肉来进行表达，如咬牙切齿、怒目而视等描述的就是通过口部肌肉和眼神的变化展示情绪。事实上，人可以通过对自己面部的控制非常传神地表达自己的情绪，且人脸的不同部位具有不同的表情作用。有研究证明，眼睛对表达忧伤很重要；眼部肌肉对表达忧愁、惊骇等情绪比口部肌肉重要；口部肌肉对表达喜悦、怨恨等情绪比眼部肌肉重要；而眼睛、嘴和前额等部位对表达愤怒情绪很重要。

表情模拟

在手机输入法和某些媒体平台的输入栏中，都设置了表情符号，用以帮助使用者表达不同的情绪。请试试选择其中的几个表情符号进行模拟，并拍摄模拟表情的系列照片。通过这次模拟，大学生可以更好地了解和认识不同表情的面部特点。

2. 姿态表情

姿态表情可以分为身体表情和手势表情两种类别。

- **身体表情**。人的情感状态、性格特征等常会通过身体姿态有意无意地表现出来，由此形成了身体表情，它是表达情绪的方式之一。当人处在不同的情绪状态下，身体姿态会发生不同的变化，如懊恼时捶胸顿足、兴奋时拍手、忐忑时不停搓手、欢乐时脚步轻快、自信时昂首挺胸、紧张时手忙脚乱、失望时垂头丧气、烦躁时坐立不安等，都是通过身体表情表达情绪。
- **手势表情**。手势表情是表达情绪的另一种重要方式，常和语言一起使用，用来表达赞成或拒绝、喜欢或厌恶等态度和情绪。例如，OK 手势、竖大拇指手势、比 V 手势、“比心”手势等，可分别用于表达赞同、赞赏、胜利、喜爱之意等。当然，在不同的环境或语言文化背景下，同一个手势也可能表达不同的含义，或同样的手势进行小小的改变就可用于表达不同的情绪。例如，在美国，竖大拇指有搭便车的含义；在英国，手背向外比 V 手势有辱骂、轻视、蔑视的含义。

3. 语调表情

语调表情是一种可以表达情绪的“身体语言”。语言虽然是人们沟通和表达的重要工具，但语调的高低、强弱、抑扬顿挫等，也可以表现出说话人的感情和态度。例如，心情沉重或情绪不高时，人说话的语调会比较低缓或无力；而在兴奋时，人的声音会比较高亢、急促。

总之，大学生通过语言交流之外，也可以通过面部表情、身体姿势、手势和语调等来表达自己的想法、感情和态度。另外，大学生也可以通过观察其他人的身体语言去判断对方的情绪状态，这对大学生的人际交往，以及生活、学习和工作都是有帮助的。

我演你猜

准备若干纸条，在纸条上面写：我很无奈、我很着急、我很困惑、我很害怕、我很担心、我很不甘心、我很高兴、我很生气、我很难过、我很失望、我很无聊、我觉得丢脸、我觉得厌恶、我很惊讶、我好舒服、我好兴奋、我好痛苦、我好寂寞、我好满足、我好无助、我好悲伤、我想笑但是笑不出来、我不想笑但是难以控制、我想发火……将这些情绪小纸条统一折好放入箱内。

每次随机抽取 6 名自愿上台表演的同学，让每人各抽一张纸条并表演纸条上写明的情绪。要求他们只能用面部表情和肢体动作表演，由其他同学猜测表演者表达的情绪。在这个过程中表演者要注意不让其他人看到纸条内容。（该活动可借助小礼物展开，如书签、笔等，若表情被猜对，就给猜对的同学和表演的同学礼品奖励。）

最后同学们交流讨论，如何通过非语言信息来判断不同的表情。

二、情绪与情商

情商又叫情绪商数或情绪智力，指一个人对情绪的认知和管理的能力。20 世纪 90 年代，美国心理学家萨洛维和梅耶提出了情绪智力这一概念，将情绪智力定义为社交智商之一。1995 年，时任《纽约时报》科学记者的丹尼尔·戈尔曼出版了《情商：为什么情商比智商更重要》一书，将情商的概念普及全球，引起全球对情商的探讨，丹尼尔·戈尔曼因此被誉为“情商之父”。情商成为与智力、智商相对应的一个概念。随着对情商的进一步深入研究，心理学家认为以往的教育体系对大学生情绪智力的培养不够，当代教育应该关注大学生情绪智力的培养。

事实上，研究也证明情商对于成功有着至关重要的作用。最新研究显示，一个人的成功，原因只有小部分归诸智商，大部分取决于情商。在一些实际的跟踪研究中，实验者也发现，相较于智力水平高的“天才”，智力中上等、情商更高的人更容易获得成功。

当情绪产生时，大学生虽然有时无法抑制自己的情绪反应，但也应当通过自我控制，掌握自己的情绪，重视自己情商的培养。“情商之父”丹尼尔·戈尔曼在著作中也引用了萨洛维对情商的定义，认为情绪管理主要体现在 5 个方面，分别是认识自身情绪的能力、妥善管理自身情绪的能力、自我激励、认识他人的情绪和人际关系的管理。

- **认识自身情绪的能力**。认识自身情绪的能力指能及时察觉自我情绪的变化，并且能够明白情绪变化的原因的能力。它是情绪智力的核心，只有认识自己，才能成为自己生活的主宰者。
- **妥善管理自身情绪的能力**。妥善管理自身情绪指能根据自身身心、环境、人际状况，把握、控制、适当表现、发泄自己的情绪，即能做到情绪的自我调控。
- **自我激励**。自我激励指能够依据活动的某种目标，调动、指挥情绪，它能够使人走出低潮，重燃激情。

- **认识他人的情绪**。认识他人的情绪指能够通过细微的社会信号察觉他人的真实需求与情绪变化。
- **人际关系的管理**。人际关系的管理指利用技巧调控自己与他人的情绪反应，如有效沟通与合作等。

可见，情绪管理是一种综合行为，具有科学性和艺术性。情商高的人往往能保持较好的人际交往关系和团队合作，并能通过自控增强实现目标的情绪力量。因此大学生在学习发展智力的同时，也要注意培养和提高自己的情商，尽量做一个能清醒地把握自己的情绪、敏锐感受并有效反馈他人情绪变化的人，真正控制情绪，做自己的主人。

尤丽说话直接，常常惹人不高兴。前天刘雅刚进教室，尤丽看到她就大呼："我的天啊，刘雅，你把脸抹得太白了吧，脖子和脸两个色，都不知道遮一下。"刘雅本来就才学化妆，她知道自己抹得不好，平时大家看到也会偶尔提醒，但怕她不好意思也不会多说什么，谁知尤丽这样大声嚷嚷，全教室的人都听见了。刘雅脸皮薄，瞬间尴尬得恨不得钻到地缝里去，心里暗暗对尤丽有些气恼。而尤丽说过就忘，也不将这种事放在心上。

有次尤丽和许多人出去玩，看到小琳背着高仿包，直接就说："你这个款式不是××的高仿包吗？"小琳一下愣了，脸色也有些不好："我随便买的，不知道它是什么牌子的，也不知道什么真的假的。"以为这样便将这事掩盖过去了。在后续的聊天中又提到该品牌时，尤丽又说："现在仿的太多了，我要买就买真的。"小琳心里生气，觉得尤丽在指桑骂槐，最后分开时，大家都看出小琳不开心。钟情知道尤丽说话一向口无遮拦，就劝她说话注意点，上次把刘雅也弄得很尴尬。尤丽反而不以为意，说："你知道的，我就是说话直。再说我说的都是实话，也没故意针对她们，这样就生气，也太小气了吧。"钟情长叹一声，也不知说她什么好。

点评：对于大学生而言，情商的培养很重要。我们每个人都想和情商高的人做朋友，因为和对方相处会很愉快。而尤丽说话直接，只图自己爽快，不考虑他人的感受，想说就说。这其实是情绪智力发展不好的表现，她的人际关系也容易出现问题，这需要大学生引以为戒。

三、情绪的影响因素

情绪的变化常会受到多种复杂因素的影响和制约。常见的影响因素主要涉及以下方面。

- **一是社会发展**。一方面，生活物质水平的提高使得大学生的精神和物质需求处于长时间的满足状态，一旦大学生的满足感被迫降低，就会产生挫败感等负面情绪。另一方面，大学生处于信息爆发的网络时代，价值观呈现出多元化的特点，其价值判断更加以自我为中心，追求个性、喜欢快餐文化，但也会出现对自己圈子外的人冷漠、

扫码看微课

不爱参加集体活动、奉行利己主义、过度自卑或过度自我等现象。这会让大学生情绪不稳定，且容易被各种消极心理影响。

- **二是环境的变化**。环境包括自然环境和社会环境。天气变化、晴雨状况、自然风景等自然环境会影响人的情绪。同一件事发生的社会场景不同，也会使人有不同的情绪起伏。例如，灰蒙蒙的天空会让人感到压抑郁闷，天气转晴则让人心情好转；青山绿水使人心情舒畅，但如果草木凋零，就会让人产生悲伤、苍凉之感；在安静的图书馆看书会让人平心静气，而在吵闹的寝室看书则会容易产生烦躁感等。
- **三是生理因素**。很多人都有生物钟，人体的血压、体温、脉搏、心跳、神经的兴奋与抑制、激素的分泌等100多种生理活动都受生物钟规律的支配。如果大学生违背生物钟做事，就容易导致情绪低落、出差错等。
- **四是色彩**。色彩会对人的生理、心理产生影响，它不但影响人的视觉神经，还影响心脏、内分泌系统、中枢神经系统的活动，使人产生不同的情绪，从而引起人的心境变化。
- **五是气质类型**。不同气质类型的人会表现出不同的性格和情绪特点。例如，胆汁质的人情绪兴奋度高，感情强烈，脾气急躁，情绪体验的波动性比较大。
- **六是个体认知差异**。不同的人，在相同的情境下，如果认知评价不同，那么对同一件事也会有不同的情绪体验。
- **七是生理周期**。这主要体现在女性身上，女性会在月经期前后出现情绪波动问题，往往表现为容易发脾气、十分脆弱或情绪低落等。

事实上，影响情绪的因素非常多样，我们要做的不是尽量避免情绪的变化，以免产生不良情绪，而是学会认知自己的各种情绪，甚至将消极的情绪转化为积极的情绪。

情绪的波浪线

这天你走在校园里的时候，发现路边灌木丛里有一副别人遗失的眼镜，于是你把你的模型作业放在灌木丛旁的长椅上，想把眼镜捡起来。这时，有一个人一下坐在了你的模型作业上，你的情绪是怎样的？你的想法是怎样的？将它写下来。

后来，你发现这个人是一个盲人，他看不见你的模型，此时你的情绪如何？你的想法又是怎样的？也把它写下来。比较你和同学的答案，思考为什么你和其他同学的情绪不同及为何你自己的情绪也发生了改变？

关注情绪健康

情绪并无好坏之分，每种情绪都有它的作用，但如果人过于情绪化，就会有损身心健康。精神科专家表示，不管是正面情绪还是负面情绪，人长时间处在某种情绪中不能自拔，就会对健康产生不利影响。因此，大学生应当学会认识情绪对人的影响，关注自己的情绪健康状况。

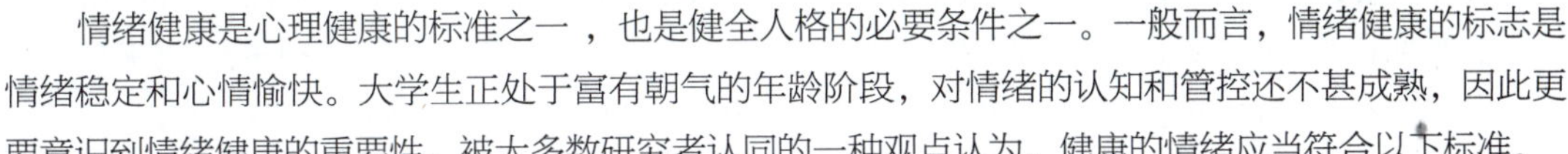

一、情绪健康的标准

情绪健康是心理健康的标准之一，也是健全人格的必要条件之一。一般而言，情绪健康的标志是情绪稳定和心情愉快。大学生正处于富有朝气的年龄阶段，对情绪的认知和管控还不甚成熟，因此更要意识到情绪健康的重要性。被大多数研究者认同的一种观点认为，健康的情绪应当符合以下标准。

- **情绪是由适当原因引起的**。根据心理学研究，情绪的反应都是有原因或对象的。悲伤是由不幸的事造成的，愤怒是由让人不快的事引起的。毫无原因的情绪反应不是健康的情绪反应。
- **情绪反应随情境变化而转移**。一般情况下，人们情绪反应的持续时间是不同的。当引起情绪的因素消失后，情绪反应也会逐渐消失。若反复出现某种情绪或发生情绪“固着”，那就不是健康的情绪反应。
- **情绪稳定**。情绪较稳定表明人的中枢神经系统活动处于相对平衡的状态，反映了中枢神经系统活动的协调。如果一个人的情绪变幻莫测，那就是其情绪不健康的表现。
- **情绪表达适度**。情绪健康的人善于控制与调节自己的情绪，既能较好地克制，又能合理地宣泄，可以做到在不同场合恰如其分地进行情绪表达，情绪反应的强度和情境相适应。过于强烈或淡漠的情绪反应都不是健康的情绪反应。

对大学生来说，情绪健康需要大学生表现出与环境协调一致的情绪反应，反应要符合当时的情景，也要符合大学生的年龄、身份。大学生应有正常的情绪反应，情绪总基调要积极、乐观、愉快、稳定，对负面情绪要具有自我调控能力。大学生的理智感、道德感、美感等高级的社会情感应得到良好的发展。具体地说，一个情绪健康的大学生应该具有以下特点。

- 开朗、豁达，遇事不斤斤计较。
- 及时、准确、适当地表达自己的主观感受。
- 情绪正常、稳定，能承受快乐与痛苦的考验。
- 充满爱心和同情心，乐于助人。
- 正确地认识自己和他人，人际关系良好。
- 对前途充满信心，富有朝气，勇于进取，坚韧不拔。
- 善于寻找快乐、创造快乐。
- 能面对现实、承认现实和接受现实，善于把个人需要与社会需求相结合。

二、大学生情绪发展的特征

大学阶段，大学生正处于心理成熟的重要时期，也是情绪丰富多变、相对不稳定的时期。随着生活阅历的丰富、知识素养的提高以及所处特定年龄阶段的影响，大学生的情绪发展呈现出以下特点。

扫码看微课

（一）情绪智力总体呈上升趋势

大学生文化水平较高，自我意识逐渐发展成熟，理智性也在逐渐增强。在一般情况下，大学生能较为理性、客观地看待事物。大学校园提供了许多需要大学生进行人际交往的活动，这在一定程度上为大学生的情商锻炼提供了机会。随着大学生年龄的增长和阅历的丰富，情商也会通过后天锻炼得到提高，因此，大学生的情绪智力总体呈上升趋势。

（二）情绪丰富且复杂

从生理发展阶段来看，大学生正处于多梦的年龄阶段，几乎人类所具有的各种情绪都可在大学生身上体现出来，如喜悦、兴奋、悲哀、遗憾、失望、难过、悲伤等。从自我意识的发展来看，大学生出现较多的自我体验、自我尊重的强烈需要，易产生自卑、自负等情绪体验；从社交方面来看，大学生的交际范围日益扩大，除了复杂的人际关系之外，还发展了恋爱关系，这丰富了大学生的情绪体验。因此，大学生的情绪总体呈现出丰富且复杂的特征。

（三）外显型和内隐型并存

一方面，大学生对刺激的反应比较敏感，表现会比较明显、直接和外露，喜怒常形于色，如和室友争执后很容易就被人看出来。另一方面，大学生自尊心、自制力和独立人格的发展，使得大学生开始隐藏和掩饰自己的情绪和感情，尤其是在某些特定场合和问题上，如恋爱、择业等。

（四）波动性较大

随着文化素养的提高和生理的发展，大学生对情绪的控制能力也在逐渐提高。但由于大学生的年龄一般在 17 ~ 23 岁，相较于成熟的成年人，大学生正处于情绪较为“动荡”的时期，会相对敏感，容易走极端，且情绪起伏较大，呈现出明显的波动性。例如，新旧价值观的更替、大学生的辩证思维的发展水平不是很高等，都可能导致大学生出现生理、社会和心理发展的不平衡，情绪出现较大波动或两极分化。例如，听一首喜欢的音乐就异常愉悦，没买到想要抢购的杂志就沮丧万分；当受到表扬、取得优异成绩或工作得到肯定时，则会欢天喜地，而和朋友有一点小矛盾时，就食不下咽、满怀心事等。总之，衣食住行、人际交往、恋爱成败等都会引起大学生情绪的较大波动。

（五）易冲动且有爆发性

在形容年轻人时，常有人说到年轻气盛、血气方刚，这是有一定道理的。事实上，大学生正处于兴趣广泛、对外界事物较为敏感的阶段，加之年轻和从众心理等因素，其情绪很容易就会被激发，而且往往会忽视后果，表现出很强的冲动性。他们常对符合或不符合自己信念、观点和理想的事件或行为迅速产生强烈的情绪，如盲目的狂热或受到打击的沮丧，且情绪来得快，平息得也快。而由于情绪冲动，如果出现某种强烈的外部刺激，大学生的情绪也可能会突然爆发，并在语言、神态及动作等方面失去理智的控制，产生破坏性的行为和后果。

（六）情绪层次性明显

大学生的情绪会随着年纪的增长、培养目标和学习内容的变化呈现出不同的特点，层次性特征明显。大一新生面对新环境适应、学习目标确定、人际交往等诸多方面的问题时，内心想法复杂，情绪波动会比较强烈。而在大二时，大学生已经能够融入校园生活，情绪会较为稳定。大三时因面临创业、择业、恋爱抉择等多方面的重大问题，大学生心理压力大，情绪波动也会较大，且消极情绪较多。另外，由于社会、家庭及自身要求、期望不同，以及能力、心理素质的差别，大学生也会体现出不同的情绪状态。

三、情绪对大学生的影响

情绪与大学生的身心健康、生活、学习、人际交往和个人发展都关系密切。尤其是身心健康方面，值得大学生给予情绪足够的重视。

现代医学研究证明，人们的生理疾病中，70% 同时伴有心理上的病因。尤其是现代社会中的高血压、心脏病、癌症等直接威胁人类健康的重要病症，都与人的情绪状态有着直接的关系。在大学生中，长期的学习压力造成一些大学生失眠、紧张、神经性头痛、患上消化系统疾病等，大都是因为其情绪状态没能得到很好的调整。因此，保持良好的情绪状态对大学生来说非常重要。

美国生理学家艾尔玛做过一个简单的实验以研究情绪对健康的影响。他将几只玻璃管插在0摄氏度、装满冰水混合物的容器里，以收集人们产生不同情绪时呼出来的“气水”。结果发现，心平气和时呼出来的气体，凝成的水清澈、透明、无色、无杂质。而愤怒、生气状态下呼出的气体冷却成水后，则会出现沉淀物。研究者将这种“生气水”注射到小白鼠体内几分钟后小白鼠便死了。

人在生气时会有剧烈的生理反应，也会分泌出许多有毒物质。如果消极情绪长期存在，生理状态不能复原，情绪压力就会损害健康，造成心理障碍和心理疾病。

同时，情绪也会影响大学生的日常学习和人际交往。大学生可以发现，当自己情绪低迷或烦躁不安时，学习积极性和效率也会大大降低。如果情绪冷漠、抑郁、暴躁易怒，也少有人会与自己交往。积极、健康的情绪有助于大学生的人际关系发展，反之则会带来不良效果。情绪也会影响大学生人格的形成和发展，积极情绪会促进大学生自信心的建立，促进潜能的开发。但如果长期处于不良情绪中，大学生不仅难以培养良好的性格品质，也将缺乏克服挫折和困难的勇气。

扩展阅读

情绪的眼泪

流泪分反射性流泪和情感性流泪两类。反射性流泪的目的是冲掉异物或颗粒，流出的泪水中有许多抗体被用来帮助对抗刺激物中的细菌，如遭受洋葱等刺激流出的眼泪。而情感性眼泪是人们在难过、开心、恐惧、压力大、情绪失控时产生的眼泪，这时流泪可以帮助人们克服各种情绪。有研究发现，情感性眼泪中包含了较高浓度的激素和蛋白质，如促肾上腺皮质激素、脑啡肽、苯邻二酚等，这些成分有抑菌的作用，且情感性流泪会促进呼吸系统、循环系统、神经系统的不寻常运动，可以把体内积蓄的导致忧郁的化学物质清除掉，从而缓解疼痛和情绪。因此，眼泪也被认为是缓解精神负担最有效的“良方”。但也不能哭得太久，这会对注意力、记忆力造成损害，甚至降低机体免疫力。

四、大学生不良情绪的表现及调适

负面情绪就像一柄伤人伤己的利剑，在伤害我们身心的同时，还会波及我们身边的人。所以大学生应形成主动识别和调适不良情绪的意识。常见的不良情绪主要涉及以下6个方面。

- 在社会交往方面过度自卑或自尊，自我封闭，不愿与人交往，暗藏心事而不愿与人诉说，缺乏活力。
- 抑郁。抑郁的明显症状是压抑的心情，常伴随焦虑、易怒、负罪感、苦闷、无助等。抑郁的人常消极看待世界，且常感觉乏力，睡眠状况不好。
- 冷漠。冷漠表现为对外界任何刺激都无动于衷，早期表现为心情平淡，对什么都不感兴趣，然后发展为感到越来越空虚，缺乏责任感和成就感。陷入这类情绪的人，平时面部表情平淡、呆板，行动无生气，懒散，对他人的奋斗进取精神不理解。

- 易怒。有这类情绪的人主要表现为容易发火，急躁，对轻微的刺激有剧烈的情绪反应。例如，常在寝室、食堂、球场等地因一些小摩擦就与人发生激烈纠纷。
- 专注困难，静不下心来，常因多思、想入非非或过度紧张导致不能专注思考。
- 常想引人关注，欺骗，说谎，喜怒无常，对他人心怀恶意。

大学生要注意识别自己的情绪状态，采取合适的方法对情绪状态进行调适。一般调适情绪要做到以下 3 点。一是识别不良情绪。情绪是有过程的，主观体验、生理反应和外部表现缺一不可，因此大学生应该以此进行自我反思，且通过对不良情绪表现的学习，正确认知情绪，通过具体的情绪调节手段进行调节。二是正确评价自己。情绪变化是认知评价引起的，当大学生对自己有消极的暗示和评价时，就会导致消极情绪的产生。因此大学生应学会正确评价自己，自我珍惜，自我认同，避免自己过度沉浸在消极情绪中。三是积极接纳情绪。大学生应当辩证地看待问题，不管是积极情绪还是消极情绪，都要进行有效调节。这样可以促进大学生在消极时自我鼓励，在过度积极时及时给自己“浇一盆冷水”，给情绪降温。

除此之外，大学生可能还体会过焦虑、自卑、烦闷、恐惧等负面情绪。不少大学生的异常情绪都处于轻症的状态，但如果不加以积极的预防和调节，后续可能会产生较大的不利影响。因此大学生应掌握好情绪管理的方法。

管理情绪

一位哲学家曾说：“一种稳定、平和的情绪比一百种智慧更有力量。”我们每个人都生活在情绪的海洋中。有时情绪高昂，做事得心应手；有时情绪十分低落，感觉做什么事都提不起兴趣。情绪对我们有着莫大的影响，甚至我们的一举一动都被掌控。因此，大学生都要善于掌握自己的情绪，调节情绪，做情绪的主人。

一、情绪的调节手段

情绪管理指驾驭情绪的能力，同时也指个体在遇到不利于自身发展的情绪时，通过有效的调适措施解决情绪不适的能力。我们每个人并不总是处于积极的情绪状态中，而消极情绪让人意志消沉，不仅不利于大学生的学习和生活，还会影响心理健康。因此，大学生应掌握情绪的调节方法，学会排解不良情绪，保持健康的情绪状态。

扫码看微课

（一）自我安慰法

自我安慰是调节情绪时可采用的有效疏导方式之一。人在遇到挫折和不幸时，为了自我保护，冲淡内心的不安与痛苦，不妨进行自我安慰，为自己的不良情绪寻找一个疏导的缺口，并将这种不良情绪转变为积极情绪。例如，在遇到非原则问题时难得“糊涂”、对痛苦不快的情绪快速遗忘、凡事不过分强求、告诉自己“塞翁失马，焉知非福”“胜败乃兵家常事”等，达到自我激励和自我开解的目的，以免由于终日苦恼或情绪不高，处于不好的精神状态中。

（二）合理释放情绪法

合理释放情绪法是指通过恰当的方法和途径将压抑的情绪宣泄出来，使情绪恢复平静。长期积累负面情绪会影响大学生的心理健康，因此大学生可考虑通过以下5种方法释放不良情绪。

- **喊叫**。到空旷的地方去大喊或高歌几句，将心里压抑着的不满随着喊叫宣泄出来。
- **倾诉**。倾诉的对象有很多，大学生既可以向朋友、家人倾诉，以得到对方的开导和安慰，也可以在无人的地方自言自语或把自己的情绪记录在日记本上，将自己的不满发泄出来。
- **哭泣**。哭也是宣泄不良情绪的一种外在表现方式，许多负面情绪都会随着眼泪被宣泄出来。另外，美国专家威费雷认为眼泪能把机体在应激过程中产生的毒素排泄出去。因此，哭泣在生理和心理上都是值得提倡的做法。当然，这并不代表大学生在有情绪时要整日“以泪洗面”。
- **运动**。通常，进行较大运动量的体育活动有助于释放消极能量，消除压抑和烦恼。
- **幽默**。幽默其实是教导人们用乐观、诙谐的态度应对负面的情绪和能量，能带给人们欢乐的感受。例如，自嘲、调侃、苦中作乐等就有助于不良情绪的调节。

案例

印刚经常与他人发生口角，即便被同学劝阻，也仍气愤难平，情绪平复慢不说，还容易迁怒他人。久而久之，大家都不愿意和印刚有过多的接触。后来，大家发现印刚变了，脾气不似以前那般暴躁，与人吵架后也不再气愤难平了，而且很快就能恢复平静。当同学惊讶于印刚的改变时，印刚说：“我能变得平静，全依靠郭沫若的剧本《屈原》里《雷电颂》的台词，我现在一生气，就大声朗诵诗句，读着读着，感觉情绪就好多了。”

点评：印刚暴躁的脾气已经对他的生活产生了影响，幸好他找到了合适的方法，及时调整自己的情绪。除了诗朗诵，享受美食、闻香、进行身心放松训练等也能帮助大学生调节心情。

（三）交往调节法

交往调节法是指通过与人交往来调节自己的情绪。这种调节方法的作用主要体现在两个方面：一方面，大学生与好友、朋友的交谈沟通，可以对不良情绪起到抚慰、缓和的作用；另一方面，人在人际交往过程中常能达到情感、思想的共通，这也能帮助大学生更理智地对待各类不良情绪，增强面对不良情绪的勇气。

（四）认知调节法

很多时候，各种情绪的产生是因为大学生对某件事有不理性的看法或错误的认识，因此在调节情绪时，大学生可通过改变认识，用理性的观点看待问题来控制自己的情绪。认知调节法也叫合理情绪疗法，美国心理学家艾利斯认为，情绪的产生过程包括诱发情绪的事件，人们对诱发事件的信念、态度和解释和由此引发的人们的情绪和行为的结果。情绪并不是某一诱发事件本身直接引起的，而是由经历这一事件的个体对这一事件的解释和评价所引起的。在前因（A）的同一情景下，经过不同的人的解释（B1 和 B2），会得到不同的结果（C1 和 C2），如图 8–2 所示。因此该理论又被称为情绪 ABC 理论。

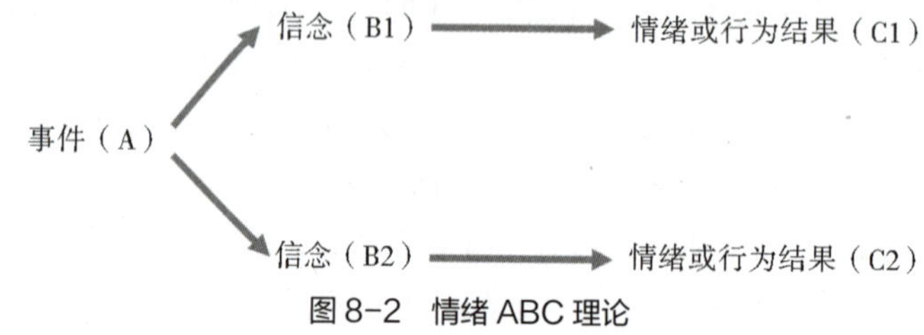

图 8–2　情绪 ABC 理论

例如，同样是竞选班干部失败，有的人感觉羞愧丢脸，有的人却认为这是宝贵的经验，反而斗志满满、激情澎湃。同一件事，人的思考方式不同，产生的情绪结果也就不同，因此，人本身对事物的看法和想法才是关键。如果同样是面对失败的结果，另一种想法可以让自己更愉快，何乐而不为呢?

小贴士

情绪 ABC 理论中，人们对同一类事物的共同看法被称为信念，引起人们适度情绪和行为反应的信念被称为合理信念，让人们产生情绪困扰的信念被称为不合理信念。如果大学生长期持有某些不合理信念，就会长期处于不良情绪中。

（五）巧妙转移法

当产生不良情绪时，大学生可以为了控制不良情绪的蔓延，将注意力从引起不良情绪的刺激转移到其他事物或活动上去。例如，出去和朋友逛街、到田野里散步、骑自行车游玩等，放松一下心情。也可以做一些自己平时感兴趣的事，如摆弄花草、画画、游泳、弹奏乐器、阅读等。有意识地将自己的注意力转移到其他事情上，让自己的神经放松，促进自己不良情绪的减轻和积极情绪的增加。

小贴士

注意力的转移需是积极的转移而非消极的转移，如吸烟、酗酒等是不提倡的，而且这类消极转移方法可能反而会让人被消极情绪操控，变得自暴自弃。

（六）情绪升华法

当我们感受到悲伤、痛苦等其他消极情绪时，可以对其进行引导和转化，将其变为积极向上的，具有建设性的，对本人、他人和社会都有利的情感和行为，从本质上讲就是将消极情绪引向崇高的境界。例如，歌德在失恋后将痛苦情绪升华为文学写作的动力，写出了《少年维特之烦恼》这一皇皇巨著，或某同学在考试失败后努力发奋学习等。

（七）身心放松法

学会身心放松也是对抗焦虑和缓解紧张等消极情绪的办法。大学生可以通过各种放松训练，抑制紧张的生理和心理反应，调控和缓解紧张、焦虑的情绪。放松训练的方法主要包括深呼吸放松训练、全身肌肉放松训练以及意象放松训练等。

- **深呼吸放松训练**。深呼吸具有缓解精神紧张、压抑、焦虑和疲劳的作用。深呼吸放松法简单易行，不受场所、时间等限制，行、坐、站、卧都能进行。在进行深呼吸放松训练时，大学生的呼吸应尽可能慢而深。首先用鼻子慢慢地吸气，并让气进入腹部，然后缓慢地呼气。呼吸时全身放松，体会腹部的上下起伏，注意力集中在呼吸时的气体及其通过的身体部位上。大学生每天要练习 1 ～ 2 次，每次 5 ～ 10 分钟，1 ～ 2 周后可以将练习时间延长至 20 分钟。
- **全身肌肉放松训练**。大学生可以选择一个安静且不受干扰的地方躺着或坐着，闭上双眼，减少意识活动，把注意力从一块肌肉转移到另一块肌肉，自然而然地放松，体会肌肉收缩再放松的感觉。大学生可以每天练习 1 ～ 2 次，每次 20 分钟，每块肌肉收缩 5 ～ 8 秒，然后放松 20 ～ 30 秒。
- **意象放松训练**。意象放松训练的基本原理是通过想象轻松、愉快的情境（如大海、山水、瀑布、蓝天、白云、湖水、雨滴等）达到身心放松、情绪舒畅的目的。一般想象的情境越清晰、生动、逼真，放松的效果就越明显。意象放松训练不仅有助于消除疲劳、恢复精力，长时间坚持意象训练，还可以达到开发智力的效果。在进行意象放松训练时，大学生可以想象某一个特定的情境，如秋天的动态画面，从风起、云动到叶落；也可以像旅游一样，从一个地方逐一想象到另一个地方。具体的内容视自己的喜好而定。

扩展阅读

情绪实验

古代阿拉伯学者阿维森纳做过一个实验，在实验中他将一胎出生的两只羊羔放入两个不同的环境中；一只在舒适的羊群中生活，另一只则放在狼圈旁。不久，生活在狼圈旁的小羊因惊恐不能进食，渐渐衰弱，最后死去。后来还有心理学家做过一个嫉妒情绪实验，他的研究对象为两只狗，他将一只狗关在笼子里，单独给另一只狗喂食，笼子中的狗因为吃不到食物产生了暴躁、焦虑的情绪，进而引发了一系列神经性病态反应。嫉妒、愤怒、焦虑、仇恨等负面情绪会影响生物的正常生理平衡，引发一系列心理及身体上的连锁反应。

因此，学会情绪的调节，保持良好的情绪状态，是有利于大学生身心健康的有效手段。大学生应当掌握好情绪调节的方法，理性接纳并调节自己的情绪。

二、培养良好的情绪

良好情绪主要指让人愉悦、快乐的积极情绪元素。在良好的情感状态中，大学生会对学习、工作活动充满兴趣，乐于行动，有积极地与人交往的愿望，这样有助于大学生开阔思维，开发创造力和想象力。杰出的积极情绪研究者、北卡罗来纳大学的教授芭芭拉 • 弗雷德里克森在她的著作

《积极情绪的力量》中探讨了增强积极情绪的 10 种方法。这也是她多年来研究积极心理学的成果。她认为，积极情绪包括喜悦、感激、宁静、兴趣、希望、自豪、逗趣、激励、敬佩和爱，这些情绪能敞开我们的心灵和头脑，改变我们的生活，让我们从中受益。大学生可以通过以下 11 种方法来提升积极情绪。

- **真诚是最重要的**。不能被真正感受的积极情绪是空洞的，甚至是有害的，它是消极情绪的伪装。真正感受积极情绪需要慢下来，敞开心灵，真诚地与身边的美好事物建立联系。
- **找到生命的意义**。我们对自己的状态总有积极或消极的思考，这就是一个找到生命的意义的过程，这些思考就是情绪的基础，因此要提升积极情绪就要在日常生活中更频繁地寻找生命的意义。
- **靠近美好的事物**。从好事中找好的方面，接近积极的事物会让大学生变得更加积极。
- **数数你的福气**。将平凡、普通的事也当作福气，这会让大学生学会感恩和幸福。
- **计算善意**。在践行上一条时，大学生常会赞赏别人对自己的友善，而现在，记录自己对别人的善意。实验证明，有意识地增加自己的善意可以提升积极情绪。
- **追随你的激情**。这是指福流体验，即完全投入某种能给自己的心流独一无二的享受的活动中。
- **梦想你的未来**。构想美好的将来，并将之非常详细地形象化也会让人的积极情绪更加稳定。
- **利用你的优势**。实验证明，了解自己的优势并运用的人，积极情绪的提升效果明显又持久。
- **与他人在一起**。科学实验证明，与他人在一起时，不管自己自然天性如何，即便自己是假装外向，也能从社交中吸收到更多的积极情绪。每个乐观向上的人会与其他人有温暖和可信赖的关系。
- **享受自然的美好**。与大自然相关联的户外活动可以开拓思维，让人享受美好的自然。
- **打开你的心灵**。积极情绪与开放性相辅相成，保持开放的心态，如冥想静修、改变某些倾向于制约和拆分体验的思维习惯，积极情绪便会随之而来。

击鼓传花

日常生活中，如果你出现生气、低落、伤心、紧张、烦闷等消极情绪，你会怎么办呢？让我们开始“击鼓传花”（花也可由空水瓶、水杯、笔记本等其他物品替代，活动可开展 5 次），由接到“花”的同学分享一两种遇到消极情绪时的解决办法。然后小组讨论，进行总结归纳，最后由小组代表发言，让一名同学在黑板上进行实时记录和汇总。

大学生可以通过这次活动，互相分享和学习调节情绪的方法来控制自己的情绪，促进自我情绪管理。

三、音乐疗法

音乐疗法是以心理治疗的理论和方法为基础，运用音乐特有的生理、心理效应，使求治者在音乐治疗师的指导下，通过各种专门设计的音乐行为经历音乐体验，达到消除心理障碍、恢复或增进

身心健康的目的。音乐作为一门艺术，不仅是人表达情绪的表现方式之一，也具有调节情绪的作用。

古希腊人认为，不同的曲调代表不同的情绪，如B调哀怨、D调热情。虽然音乐疗法是新兴的边缘学科，但在国内外，它也被当作治疗心理疾病的方法之一，具体包括单纯听音乐达到治疗目的的单纯音乐疗法和配合电击或针刺的疗法等，可用于抑郁症、焦虑症等病症的治疗。音乐被赋予了可以让人从病理情绪中解脱出来的作用。

大学生可以通过简单的音乐疗法调节自己的情绪，例如，失眠时听《摇篮曲》，焦虑时听《蓝色多瑙河》，压抑时听《卡门组曲》等。大学生还可以通过唱歌、听喜欢的白噪声等达到舒缓心情的效果。

集训营

1. 每天晚上回顾一下你当天发生了什么情绪变化，是什么原因引起的，然后在一周结束时加以综合分析，了解自己情绪的变化有什么特点。

（1）在一周的时间中哪种情绪出现得最多？是积极的情绪还是消极的情绪？

（2）你的情绪发生得合理吗？是应该还是不应该？

（3）你产生这些情绪是无意识的，还是有意识的？你当时是否曾有意对某种情绪进行控制？

（4）你平时如何调整自己的心境？学了本项目后觉得应做哪些改进？

2. 你认为什么样的音乐舒缓情绪的效果较佳？并结合实际谈谈如何保持良好情绪。

推荐资源

1. 书籍：《情绪的解析》，保罗·艾克曼著，杨旭译。

该书作者是享誉全球的心理学家，专精非语言沟通，《情绪的解析》是他集大成的突破性研究成果。该书科学地解析了产生情绪时体内的生理变化、外在的肢体语言、声音、面部表情等方面，并提供小测试和练习用以考查你对情绪的了解，帮助你认识到自己和他人细微的情绪表现，提高你对情绪发生的敏感度。

2. 书籍：《我的情绪为何总被他人左右》，阿尔伯特·埃利斯、阿瑟·兰格著，张蕾芳译。

生活中，我们经常遇到使我们倍感愤怒、焦虑、抑郁、内疚的人或事。这时，我们该如何避免自己产生过激的负面反应呢？我们又该如何在生活中保持积极、健康、阳光、有为呢？理性情绪行为疗法创始人阿尔伯特·埃利斯在该书中会介绍如何在各种情景下管理情绪，把情绪失控降到最低，以成功赢得生活的主导权。

项目九
健康心态：善待挫折与压力

挫折和压力是每个人的“邻居”，在漫长的人生历程中，没有谁可以永远一帆风顺，可以说人的一生都在与各种挫折和压力并肩前行。正是在与挫折、压力对抗的过程中，我们逐渐成长，变得越来越坚强、勇敢和强大。对于大学生而言，学会善待挫折与压力也是心理健康教育课程中的一项任务，同时也是适应未来的激烈竞争、培养良好心理品质的必修课。

本项目学习目标

- 了解挫折的概念和产生原因。
- 掌握挫折的应对方法。
- 认识压力的概念、来源和对大学生身心健康的影响。
- 熟悉压力管理的方法。

引导案例

挫折的打击

音频：案例分析

陈宇性格开朗，在班上人缘很好。可是渐渐地，他发现自己的普通话一直说不好，在生活中闹了不少笑话，就开始不自信。尤其是看着别人在讲台上侃侃而谈时，他就一次次地想到自己的这个缺点，这种自卑的感觉让他不好意思再在公众场合大声讲话，不仅在与人交谈时感觉不自在，说话也变得结结巴巴。他刻意控制自己说话的方式、口音，虽然有时效果不错，但更多的时候使自己的语言变得混乱，甚至连真正的意思都表达不好。他感觉这简直就是噩梦，原想竞选班干部，现在也退缩了；原想和别人讨论、说话，现在也常常欲言又止。

后来，陈宇鼓起勇气向喜欢的女孩子表达爱慕之情，也被对方委婉拒绝。自卑和难堪之感交替浮现，让他的心情久久不能平静。口音、表达的问题和告白的失败让陈宇大受打击，他觉得人生充满了苦涩，挫败感就像一座大山，压得他喘不过气来。扫描右侧二维码，查看案例分析，讨论大学生应如何看待挫折与压力。

任务一　勇敢面对挫折

有人说，没有经历过失败的人生是不完整的。人难免会经历失败，面对挫折的态度，往往最能考验一个人的品质。事实上，正是因为挫折，我们才能真正成长，变得坚韧。本任务将主要介绍挫折的相关知识，帮助大学生了解挫折、勇敢面对挫折。

一、挫折概述

日常生活中，我们常把挫折作为失败、失利和阻碍，或在有目的活动中遇到的阻碍目的达成的障碍。在心理学上，挫折是指个体在实现个体目标的活动过程中，因客观或主观原因受到阻碍或干扰，导致目标不能完成、需要不能满足时产生的消极情绪体验。下面对挫折进行详细介绍。

（一）挫折的成分

从挫折的定义上看，挫折包括 3 个成分，分别是挫折情境、挫折认知和挫折反应。

- **挫折情境**。挫折情境是指对人们的目的活动和需要满足造成障碍或干扰的情境状态或条件。构成挫折情境的可能是人或物，也可能是自然环境、社会环境。
- **挫折认知**。挫折认知指对挫折情境的知觉、认识和评价。这种认知包括对实际遭遇的挫折情境和想象中可能出现的挫折情境的认知，且认知具有个体差异性。
- **挫折反应**。挫折反应指个体在挫折情境下所产生的烦恼、困惑、焦虑、愤怒等负面情绪交织而成的心理感受，即挫折感。

在这 3 个成分中，挫折认知是核心因素。一般来说，挫折情境越严重，挫折反应就越严重。但只有挫折情境被个体认知到，才会在个体上的心理上产生挫折反应；反之则个体可能只有较弱的挫折反应，甚至不会产生挫折反应。总的来说，个体受挫与否是根据个体对目标、结果、障碍之间的关系来定的。因此，挫折反应的性质及程度主要取决于挫折认知。

随堂活动　**我的挫折反应**

回忆你的实际经历，在图 9-1 中进行填写，可以帮助自己更了解挫折。

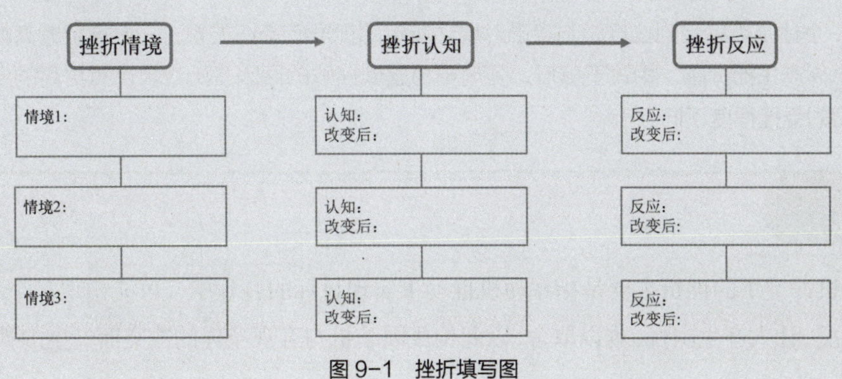

图 9-1　挫折填写图

（二）挫折的反应

个体遭受挫折后，在生理、心理和行为上会出现一定的反应。生理反应是指个体遭受挫折后，在强烈或持续的消极情绪作用下，会出现一些由精神状态紊乱导致的生理失调现象，这是由于人体内部的自我调节机制调动机体的内在能量应付外来环境的变化所导致的，这同时也会导致某些器官因缺乏能量无法维持正常功能，如消化道蠕动减慢、胃肠液分泌减少等。如果挫折情境得不到解决，还会引发面白心悸、四肢乏力等进一步的生理病变。心理反应主要是由挫折引起的情绪反应和防御心理，如敌意、焦虑、升华、向下比较等。行为反应则包括习得性无助、报复与攻击、退行、幽默、宣泄等。有时这些行为反应是很好的应对挫折的方式，如以幽默、积极的态度看待挫折，会使人尽快走出不良情绪，变得豁达或超然。

二、产生挫折的原因

挫折的产生主要源于主观愿望和客观现实之间的矛盾，且受挫程度也因主观感受不同而有所不同。从总体层面来讲，挫折的成因可概括为主观原因和客观原因，正是这两个原因的相互作用导致大学生出现了挫折心理。

（一）主观原因

挫折产生的主观原因包括心理素质、生理特征、人格特点、经验阅历、动机冲突以及个体对挫折的承受能力等。对待挫折，个体的主观差异性使得同一情境下的个体在面对同一强度的挫折会产生不同的反应。例如，小 A 和小 B 一同去面试，两人都失败了，但小 A 在失败后低落几天，便以“此处不留人，自有留人处”的心态将此事淡忘，重新振奋精神；小 B 则认为自己太差了，从而备受打击，萎靡不振，表现越来越差。挫败感的强弱与自身主观体验间的联系非常紧密，需要大学生注意。

案例

陈琦最近心情欠佳，感到十分挫败。她发现她的英语四级考试居然只考了五百分不到，这离她的目标还有一点距离，她想要得到一个高分。同寝室的穆瑶却没有这样的心理。虽然她的英语四级成绩只有 430 分，属于刚及格的水平，但她已经很满足了。

点评：个体是否感受到挫折感与自己对成功所定的标准有密切关系。一般抱负较高的人比抱负较低的人更易产生挫折感。相较于穆瑶，陈琦更易感到挫败的原因是她对自己有更高的要求，这一点导致她们的受挫程度不同。

小贴士

动机冲突下的挫折主要是指在动机推动下实现目标的过程中，可能出现多个动机并存的情况，让人产生困扰，难以取舍，以此构成因动机与客观条件的冲突而产生的挫败感。

动机冲突包括：双驱冲突，即两个动机都想兼顾；双避冲突，即面临两个不利事件，都想回避或只能回避其一；趋避冲突，即对同一目标持矛盾态度；双重趋避冲突，即面临两个及以上目标，且对每个目标都持矛盾态度。这种动机的矛盾冲突也是产生挫败感的原因之一。

（二）客观原因

客观原因是指导致人们的动机或目标不能实现的各种外部因素，包括不以个体的主观愿望、意志或能力为转移的自然事件和社会环境。自然事件包括人们无法预料和克服的某些自然灾害、伤残疾病、意外变故等。例如，因为生病而缺席重要的考试。社会环境则相对复杂，包括个体在社会生活中受政治、经济、道德、文化、兴趣爱好、风俗习惯、成长背景等因素制约而受到的挫折。例如，随着社会变革和市场需求的变化，大学生毕业的人数每年都在增加，就业竞争激烈，这使得有些大学生在毕业后产生了比较强烈的心理挫折。

三、挫折对大学生心理的影响

挫折具有双重性，它本身是坏事，因为它是人的需要得不到满足而产生的一种心理状态，所以挫折从本质上来说会给人的身心带来压力和打击，对人造成消极影响，尤其是挫折承受能力弱的人，所受影响严更重。挫折的消极影响主要有以下 4 点。

- 促使大学生改变性格与出现行为偏差。由于挫折，大学生可能会变得自卑、自闭，不敢与人交流或产生对社会的仇视心理，做出一些违规、违法的事。
- 降低大学生的学习与工作效率。挫折会导致大学生积极性的降低，影响生活和学习。
- 降低大学生的思维能力与生活能力。大学生受挫后，容易出现情绪波动和行为偏差，甚至出现神经系统的紊乱，降低思维创造力和生活适应力。
- 损害大学生的身心健康。挫折反应体现在生理和心理上，所以当挫折产生消极作用时，对大学生的身心健康势必会带来不利影响。

但在一定条件下，挫折也能为大学生带来积极的能量。挫折承受能力强的人会将挫折带来的压力转化为心理动力。挫折的积极影响如下。

- 挫折有利于磨炼大学生的意志和性格。当年幼的藏犬可以撕咬时，主人就会将这些幼犬放在一个没有水和食物的封闭环境中互相撕咬，最后存活下来的一只便称为獒。犬獒效应在一定程度肯定了挫折的刺激作用。困境是造就强者的学校，挫折也能激发大学生的斗志，让大学生更加坚强、勇敢。
- 挫折有利于增强大学生的情绪反应能力和解决实际问题的能力。挫折是一种宝贵的经历，可以丰富大学生的阅历，大学生可以从挫折中吸取经验教训，得到能力的锻炼并养成良好的心态。
- 挫折有利于大学生正确地认识自我，提高生活适应能力。俗话说："吃一堑长一智。"大学生可以在挫折中得到成长，正确客观地认识自己，学会迎接和面对挫折。

挫折产生的影响受我们对待挫折的态度和我们的承受能力的影响。大部分人都会经历挫折，但只要我们内心强大、承受能力强，挫折也能成为成功的开端，变成一种激励和锻炼的积极能量，让我们越挫越勇，勇往直前。

心理承受能力测试

心理承受能力是一项很重要的个性心理品质，个体心理承受能力往往会影响其对待挫折的态度。表 9-1 是一套心理承受能力的测试题，请你根据自己的实际情况做出“是”或“否”的回答。可扫描右侧二维码，查看你的测试结果。

测试结果分析

表 9-1　心理承受能力测试题

题目	是	否
1. 你认为自己是弱者吗？		
2. 你是否喜欢冒险和刺激？		
3. 你生活在使你感到快乐和温暖的班级吗？		
4. 如果现在就去睡觉，你会担心自己睡不着吗？		
5. 生病时你依旧乐观吗？		
6. 你是否认为家人需要你？		
7. 晚睡两个小时会使你第二天明显精神不振吗？		
8. 看完惊悚片很长一段时间内，你会一直觉得心有余悸吗？		
9. 你常常觉得生活很累吗？		
10. 你是否有一些无话不谈的知心朋友？		
11. 当考试成绩不理想时，你会感到非常沮丧吗？		
12. 你认为自己健壮吗？		
13. 当你与某个同学闹矛盾后，你会一直无法消除与他相处时的尴尬吗？		
14. 在大部分时间里，你对未来充满信心吗？		
15. 你有一个关心、爱护你的家吗？		
16. 当你在课堂上回答不出问题时，你在课后还会久久地感到烦恼吗？		
17. 每到一个新地方，你是否常常会出现吃不下饭、睡不着觉、拉肚子、头晕等问题？		
18. 即使在困难时，你还是相信困难终将过去吗？		
19. 你明显偏食吗？		

续表

题目	是	否
20. 当你与父母发生不愉快时，你是否曾想过离家出走?		
21. 你觉得自己有神经衰弱吗?		
22. 你认为你的老师喜欢你吗?		
23. 心情不痛快时，你的饭量与平时差不多吗?		
24. 看到苍蝇、蟑螂等生物，你会感到害怕吗?		
25. 你相信自己能够战胜任何挫折吗?		
26. 你是否常常与同学们交流看法?		
27. 你会常常因为想心事而躺在床上久久不能入睡吗?		
28. 在人多的场合或在陌生人面前说话，你是否会感到窘迫?		
29. 你是否认为你受到的挫折与其他人相比，根本算不了什么?		

四、大学生挫折的应对

巴尔扎克说："挫折和不幸，是天才的晋升之阶、信徒的洗礼之水、能人的无价之宝、弱者的无底深渊。"因此大学生不要怕面对挫折，重要的是掌握正确应对挫折的方法，在挫折中得到收获与成长。

扫码看微课

（一）正确看待挫折，提升挫折认知水平

挫折对人的影响是双面的。大学生在生活中难以避免挫折，因此更要学会客观、辩证地看待挫折，认识挫折对于人生的意义，尤其是积极作用，这样能促使挫折往积极方面转化。同时，大学生要注意提升对挫折的认知水平，如认识挫折承受能力的必要性和重要性、建立"失败"的正确观念、勇敢面对和了解挫折情境等。心理学研究表明，一个人越是能够获得与挫折事件相关的信息，就越能够有效地处理它；越是进入到他害怕面对的挫折情境中去，就越能够有效地对付这种情境。可见，个体认知对挫折的解决无疑有着重大意义。

（二）合理使用心理防御机制

心理防御机制是指个体在遭受压力和挫折后，自觉或不自觉地把主体与客观现实之间发生的问题，用较能接受的方式加以解释和处理，以减轻挫折感，达到心理平衡的反应形式。大学生可以通过建立心理防御机制，消除遭遇挫折或困难后产生的焦虑或其他不利情绪，减轻心理矛盾，恢复平静。心理防御机制有许多种，可大致分为消极心理防御机制、中性心理防御机制和积极心理防御机制3类。

- **消极心理防御机制**。消极心理防御机制是个体在遭受挫折后表现出来的带有强烈情绪色彩的非理性行为，包括攻击、压抑、潜抑、否认、隔离、退行、投射等。
- **中性心理防御机制**。中性心理防御机制是指在个体受挫后能帮助其摆脱心理压力，恢复正常情绪和心理平衡的应对方法。这类心理防御机制虽然持续时间短暂，可能对于解决问题无实质作用，但基本不会有不良后果。其包括转移、合理化、仪式与抵消、幻想、反向形成、隔离等。

- **积极心理防御机制**。积极心理防御机制是正视挫折、承认挫折、正确分析挫折产生的主客观原因，总结经验教训，采取积极的行为方式。其包括补偿、认同、幽默和升华，能帮助个体战胜挫折。

下面简单介绍一下这些心理防御机制应对挫折的表现。例如，攻击会表现为受到挫折打击，将情绪发泄到其他人或物身上，如摔椅子、对别人发脾气；仪式与抵消可表示为打碎了珍爱的东西，但只能安慰自己"碎碎（岁岁）平安"；补偿可表现为因为不善于文艺表演，但通过出众的创意和好点子获得了同学的喜欢。本书在项目一中讲述心理防御机制的时候也对每一种心理防御机制的含义进行了详细介绍，这里不做赘述。

（三）提高挫折承受能力

挫折承受能力是指个体在遭遇挫折时对挫折的忍受程度，是一种能否经得起打击和压力，能否摆脱和排解困境使自己避免心理与行为失常的耐受力，也是个体适应挫折、抵御挫折和应对挫折的一种能力。挫折承受能力弱的人，往往难以克服障碍，一经挫折便一蹶不振。因此挫折承受能力的提高很有必要，常见的措施有：树立辩证的挫折观；学会自我了解、自我接纳；分析挫折产生的原因，积极寻找解决办法；寻找志同道合的伙伴，建立和谐的人际关系，相互支持、安慰等。

扩展阅读

逆商

逆商（Adversity Quotient，简称 AQ）全称逆境商数，一般被译为挫折商或逆境商，由美国职业培训师保罗·史托兹提出。它是指人们面对逆境时的反应方式，即人们面对挫折、摆脱困境和超越困难的能力。

保罗·史托兹教授将逆商划分为 4 个部分，即控制感（Control）、起因和责任归属（Origin and Ownership）、影响范围（Reach）和持续时间（Endurance），简称 CORE。他通过研究发现，一个人 AQ 愈高，愈能以弹性方式面对逆境，积极乐观，接受困难的挑战，能不屈不挠、愈挫愈勇，最终表现卓越。相反，AQ 低的人面对逆境则会迷失、抱怨、逃避挑战，往往半途而废，一事无成。

心理学家认为，一个人的事业要成功必须具备高智商（IQ）、高情商（EQ）和高逆商（AQ）这 3 个因素。IQ、EQ、AQ 并称 3Q，是人们获取成功的不二法宝，有专家甚至断言，100% 的成功 =20% 的 IQ+80% 的 EQ 和 AQ。在智商跟别人相差不大的情况下，逆商对一个人的事业成功起着决定性的作用。高逆商是可以培养的，这就要求我们注重挫折教育，提高挫折承受能力，正确、客观地应对挫折，增强摆脱逆境的能力。逆境是一种压力，会给身处逆境、毅力顽强的人带来斗志。命运尽管无法改变，但可以改变对命运的看法。

你改变不了环境，但你可以改变自己；
你改变不了事实，但你可以改变态度；
你改变不了过去，但你可以改变现在；
你不能样样顺利，但你可以事事尽心；
你不能左右天气，但你可以改变心情；
你不能控制他人，但你可以掌握自己；
你不能预知明天，但你可以把握今天；
你不能选择容貌，但你可以展现笑容；
你不能决定生命的长短，但你可以控制生命的质量。
愿你乐观向上，不畏挑战！

（四）确立恰当的目标

有些人挫折感更强是因为他们有着更高的追求与抱负，因此即便面临着同样的失败，他们也会因为更大的心理落差产生更强烈的受挫感。因此，大学生要注意把远大目标分解成中期目标、近期目标和当前的短期目标，避免因过高的期待值而导致的受挫心理。

（五）做到合理归因

归因是指个体依照主观感受或经验对自己或他人行为及结果发生的原因予以解释与推测的心理活动过程。归因方式也会影响个体对待挫折的态度，倾向于内部归因的人常体现出较强的责任感和自责心理，容易陷入自怨自艾；倾向于外部归因的人则容易将造成挫折的原因归结于外部情境，产生推脱心理。归因倾向的不同导致大学生在面对挫折时，心理承受能力的强弱也有所不同。因此大学生要学会正确合理归因，找到产生挫折的根据，避免因片面归因造成心态失衡。

抗挫训练

请同学们思考自己的缺点，然后以 3 个同学为一组，上台说一段自己最出糗、最隐私或最不愿意当众说的事。上台的同学可以选择背对大家或蒙眼讲述，然后大家以举手的形式选择自己认为表现最好的同学。当然，最后大家要以鼓掌的形式对勇敢讲述的同学进行鼓励和支持。

这个活动的目的在于让大家体会在难堪和遭到否定后的情境下自己的内心感受，磨炼大家的胆量，帮助大家破除虚荣、树立自信、增强挫折承受能力。

任务二 学会科学减压

随着社会和经济的多元发展，大学生也将面临更大的压力和更多的挑战。如何有效排解和应对压力也成为许多人关注的话题。本任务将带领大学生认识压力，了解压力产生的根源及影响，帮助大学生掌握压力管理的方法，做到科学减压，正确面对和处理压力问题。

一、压力概述

心理层面的压力是指外界环境的变化和机体内部状态所造成的人的生理变化和情绪波动，在西方文献中也称为应激（临床概念）。压力这个概念由加拿大心理学家谢尔耶提出，他认为压力是产生于个体无能力、无资源应对“外在需求”时的一种非特定的生理反应。

当代心理学认为，压力至少有3种含义。

- 一是指那些使人感到紧张的事件或环境刺激，如失业、贫困、天灾等。
- 二是指某种具有威胁性的刺激引起的生理或心理反应。
- 三是指刺激与反应的交互关系。

一般压力并不直接决定人们的感受体验，人们对压力的反应由自己对压力的认识和评价决定。当压力产生时，人们会出现一定的生理和心理反应，这时就应关注身体的反应，不能以健康为代价来应对压力。

- **生理反应**。出现压力时，人体的神经系统、循环系统、内分泌系统、消化系统等会发生改变和反应，可能会出现心律不齐、出汗、呼吸短促、头痛恶心、腹胀腹泻、四肢寒冷、肌肉刺痛、健忘失眠、消沉、思维混乱、脾气暴躁、喜怒无常等症状。
- **心理反应**。在心理层面，压力会表现为知（认知）、情（情绪）、意（行为）3个方面的反应，具体内容如表9-2所示。

表9-2 压力的心理反应

心理反应	主要表现
认知	可能降低或提高注意力、工作能力和逻辑思考能力
情绪	产生焦虑、恐惧、愤怒、怨恨、抑郁、无助、不安等，情绪波动较大
行为	涉及表情、姿态、动作、声调、语速等，如行为慌乱失措、身体协调性和灵活性下降、运动性不安等

压力的生理和心理反应因主体的性别和个体差异有显著的区别。例如，男性面对压力多以生理疾病的形式表现，女性则更多表现为情绪上的沮丧、焦躁等；女性对待压力多以分享、倾诉形式缓解，男性则更愿意独处或做一些挑战性的事去舒缓情绪。不同的个体在具体的行为表现上也存在差别。例如，有些人会把压力当成挑战，享受压力；有些人则持悲观主义，自暴自弃。

二、大学生心理压力的来源

压力的来源可被称为压力源或应激源，它指的是导致个体产生压力反应的情景、刺激、活动和事件。压力源广泛存在于我们的生活中，有些压力源是稍纵即逝的，只会引起人的瞬间反应，但有些压力源却是持续、长期的，会给人造成习惯性的高压反应，甚至导致心理失衡。对大学生而言，大学生的压力大多来源于学业、经济、人际交往、情感、健康、家庭、环境、活动调节、不良习惯、就业等各个方面，具体情况如表 9-3 所示。

表 9-3　大学生的压力源

压力源	主要表现
学业	例如，付出努力成绩却不见提升
经济	例如，聚餐、出游常需较多花费但经济有限，因攀比心产生的过多消耗
人际交往	例如，不擅长人际交往、想要和别人成为朋友而对方难以亲近、与朋友突然闹僵
情感	例如，单恋、失恋、恋爱经营、恋爱矛盾处理等
健康	例如，担心自己身体出问题，感觉身体在走下坡路但不知如何有效调节
家庭	例如，有些父母期望孩子做到最好，因此给孩子造成了巨大的精神压力，或孩子迫切希望为家庭做些什么等
环境	主要体现在环境适应方面，例如，入学时新旧环境的适应，离家的焦虑，在兴趣爱好、生活方式、职业的选择方面想要趋向新价值观念的紧迫感
活动调节	例如，加入众多社团组织，每天过于忙碌并担心忙中出错
不良习惯	例如，因上网成瘾、熬夜、酗酒等产生自责感又无法解脱
就业	例如，对未来迷惘，劳动力市场竞争日趋激烈而个人缺乏特长

以上外部诱因都可能是大学生压力的来源，但这些客观事件是否会成为真实感受到的压力，还要看个体内在的抗压素质。压力的大小是由客观事件和对压力的承受能力共同决定的（压力公式为：压力的大小 = 压力源 ÷ 承受力）。面对同一件事，如果个体抗压能力强，那么压力就小；如果个体抗压能力弱，甚至还有个人内部压力，如争强好胜或因为别人非常优秀而对自己感到沮丧、不满意，就容易产生过度压力，产生压抑、焦虑的情绪状态。从这一点看，如果大学生想要抗压、减压，最好还是增强自己的压力承受能力，它对压力事件最终造成的影响起重要作用。

想一想

结合你自身的经历和实际情绪，思考以下问题：你有哪些压力源？这些压力源对你产生了什么影响？对此你有什么反应？

三、压力对大学生身心健康的影响

对于大学生而言，有些短暂、愉悦的心理压力可以成为驱使大学生前进的动力，但如果压力过

大或持续时间过长，就有损大学生的心理健康。总的来说，压力的影响有积极和消极两个方面。

（一）压力的积极影响

没有压力的生活是难以想象的，大学生总会面临大大小小的压力，如按时完成任务、考个好成绩、公开演讲等。并不是所有的压力都对人体有害，一般单一性生活压力属于良性的适度压力，效果大多是正性的，有利于大学生适应未来的压力。实际上，一定的压力有利于健康，能起到激发潜能、鼓舞干劲的作用，还能让人生充实、有意义。

小贴士

一般单一性生活压力是指在生活的某一个阶段内，经历某种事件并努力适应，而且强度不足以使人们崩溃的压力，如考前复习的压力、争取奖学金的压力等。

心理学研究表明，早年的心理压力是促进儿童成长和发展的必要条件。经受过生活压力的青少年在以后的生活和工作中更容易适应环境、取得成功；反之，早年没有经过挫折和压力的人，则抗压能力较弱，难以经受住生活的风吹雨打。有时压力会让我们的注意力更集中、记忆力更强、积极性更高。同时，适度的压力可以让我们在面对困难时以坚韧不拔的精神去应对，促进自信的建立。压力过小或过大都会影响做事积极性和效率，图 9-2 所示为压力水平与工作绩效的关系。对于大学生而言，适度的压力是维持正常身心功能、激发积极性和主动性、锻炼和培养良好意志力的必要条件。

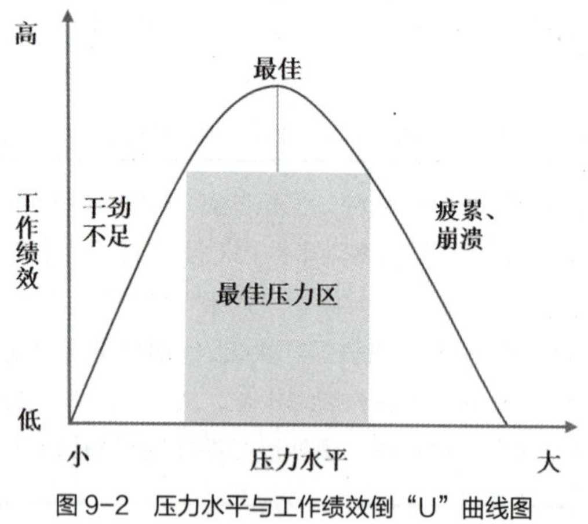

图 9-2　压力水平与工作绩效倒“U”曲线图

小贴士

心理学家做过很多实验，他们发现压力和健康、压力和工作绩效的关系函数呈倒“U”型。在压力整体水平不高的情况下，压力越大，绩效越好，个体越健康。但当过了某个阈值，则会出现压力越大，绩效越差，健康状况越糟糕的情况。因此，在压力中等且符合个体耐受能力的情况下，个体的健康状况和各方面表现最好。

（二）压力的消极影响

压力容易成为人们健康的杀手，为身体带来不利影响。例如，压力过小，可能让人自满，产生得过且过的想法，变得惫懒、厌倦，影响积极性。如果压力过大，超过了人的心理承受范围，时间一长便容易引发一系列的身心症状，如产生呼吸困难、易疲劳、心悸和胸痛等生理不适，并影响免疫系统的活性。此外，还可能伴有失眠、紧张性头痛、焦虑、抑郁、强迫行为等心理症状。例如，战争、地震、被绑架、被攻击等的破坏性压力就容易对人造成消极影响。有些人会在受到创伤后产生应激障碍，也是因为压力失调严重，心理压力过大。

压力对我们的日常生活与个人发展都具有显著的影响，我们应该重视并利用压力的积极作用来激励自己、完善自己，同时也应学会采取一定措施规避消极影响。合理调适和利用压力对于维护和促进心理健康发展有着重要意义。

四、大学生压力的管理

压力管理是指针对可预见的压力源进行必要的干预，以维护身心健康、提高问题处理的效率、保证学习生活目标顺利实现的管理活动。为了更好地适应大学生活和未来的学习、工作，大学生应当掌握科学的压力管理方法，提高压力适应能力。

扫码看微课

（一）端正认知，自我调整

压力并不总是坏事，它对人的影响与个人对压力的认知有很大关系。研究表明，只有在一定的压力之下，人们才能充分、有效地调动体内的积极因素。这说明压力有不可否认的积极力量，因此大学生要进行认知的调整，剔除思想中的非理性理念，如忽略事情的积极面、夸大其严重性等。同时大学生也可通过情绪调整策略，消除或减少负性情绪，减轻自己的心理负担，如乐观看待压力、学会适当宣泄等，这也有助于大学生接受现状，正确、理性地对待压力。

你的压力是威胁吗

拿出纸笔，将你面临的核心问题写下来，思考如下问题。

（1）这个让我感到压力十足的问题是如何产生的？

（2）这个问题真的与我有关吗？它真的是一种威胁吗？

（3）这个问题可以解决吗？我应该怎么做？

这种分析思考的方法可以减轻你对压力情境的模糊认知，缓解夸大其威胁性产生的焦虑心理。通过这样一层层思考，相信你对自己面临的问题已经有了清楚的认识，能看清问题的症结所在。

（二）直击问题，增强对压力的可控感

要消除压力负担，大学生可以学习直面压力事件，增强对压力的把控能力，而不是逃避、压抑、转嫁或迁怒无关的人或事。压力可控感的背后，其实是对压力问题的理性分析和判断，知道问题有途径可以解决。一旦可控感上升，大学生的压力感受也可以得到缓解。

直面问题就是对问题进行真实评估，确定自己是否有解决问题的能力和资源，理性地评价、选择

解决问题的方案，使解决问题的策略与现实相符，而不是自我欺骗或自暴自弃。一旦确定了问题，厘清问题的症结所在就可以增强控制感，减轻对压力情境的负面认识，从而避免过多压力的产生。另外，要增强压力可控感，大学需要生改变认识压力的思维方式，用积极乐观的态度对待压力，这样大学生的心态和行为也会随之改变。这有助于大学生将恐惧性压力变为挑战性压力，在压力之下激发潜能和动力。

压力问题的解决取决于问题的本质。如果压力事件不能在短时间内解决，那么既可以选择坚持，也可以考虑放弃。

（三）释放或转移压力

同情绪的管理一样，可以通过对心灵、精神的舒缓来缓解压力，让人得到由身到心的放松。一般来说，大学生可以通过运动抗压、放松减压、营养舒压、丰富生活等来释放和转移压力。

1. 运动抗压

运动是非常有效的减压方式之一。运动可以迅速改善某些生理系统及功能，使血压、心率和肌肉张力降低，从而让机体充满生命活力，找回控制感，起到有效减轻心理压力的作用。专家认为，运动能缓解压力，让人保持良性心态，且当运动达到一定量时，身体产生的腓肽效应能愉悦神经，让人感觉到高兴和满足。因此在感受到压力时，不妨进行一次慢跑或打一场篮球，或进行散步、跳绳等其他体育活动，在运动中释放自己的压力。

2. 放松减压

放松训练是指通过一定的练习程序，学习有意识地控制和调节自己的身心活动，以达到降低机体唤醒水平、调整因紧张而紊乱的身心功能，从而使机体内环境保持平衡与稳定的过程。常见的放松方式包括深呼吸、自我按摩、冥想等。放松训练有助于控制血压和心率，缓解因压力过大产生的问题。例如，当感到焦虑或承受压力时，人会呼吸急促，节律起伏不定，而呼吸冥想则有助于人们缓解情绪波动，找到内心的宁静，得到身心放松的舒适感受。

案例

陈怡和几个兴趣相投的同学组队，参加了一个“创意杯”比赛。由于该小组创意优秀，学校决定选择陈怡小组和另一个小组参与省级比赛。陈怡小组颇受鼓励，感到非常开心，暗暗希望这次能拿回好的成绩。在决赛前夕确定组内代表时，组员们认为陈怡很优秀，便决定最后由陈怡代表大家上台演示。

陈怡很高兴大家对她如此信任，但也感到了更大的压力，她怕自己到大场合紧张，辜负了大家的期望。结果她整天觉也睡不好，总是在脑内模拟自己在场上应该如何表现，又担心如果准备的 PPT 出问题怎么办，自己忘词露怯被别人比下去又是什么情景等，精神越来越不好。指导老师发现陈怡最近精神不济，总是拿着创意稿琢磨，担心她心理压力太大，劝她多放松，拿出平时的表现就可以了。陈怡也觉得自己最近过于紧张，到时反而表现不好，于是除了每天熟悉材料外，也会做一些深呼吸、语音冥想或运动等放松神经。到比赛时，她果然镇定自若、谈吐自如，最后凭借精妙的创意和生动详细的演示，陈怡小组赢得了荣誉。

点评：当压力产生且对自己造成不良影响时，大学生要注意采取适当的措施，及时排解压力、放松身心。陈怡精神压力变大，如果放任不管，其实很容易越来越紧张，沉浸在假想的困境中，陷入不良情绪。要是她这样的状态持续到比赛，可能最后的结果就不尽如人意了。

3. 营养舒压

压力大时，通过饮食能在一定程度上缓解压力，如有些人在情绪不好时会选择吃甜食。事实上，人们可以在感受到压力时喝牛奶补充钙质，或吃其他一些富含维生素和微量元素的食物。其实享受美食的过程就是一个放松心情的愉悦的过程，因此从心理的角度看，饮食也具有减缓压力的作用。

4. 丰富生活

长久的压力会让人处在较低迷的状态中，这时大学生可以通过丰富业余生活来缓解情绪、释放压力。例如，培养兴趣爱好，包括绘画、下棋、养花、听音乐、学习滑板、看电影、阅读文学作品等，享受生活的乐趣，获得精神的升华。压力产生的消极影响也会在精神享受的过程中逐渐被削弱甚至消失。

案例

乔一是班长，也是学校公益助学会的核心成员。最近助学会准备选拔一批校内的优秀学生开展假期义务支教，乔一负责相关事宜。刚好这个时期，学院组织了一场文艺活动，乔一身为班长和表演人员，不仅要做好上传下达的工作，安排组织练习时间，还要参与排演活动。几天下来，乔一就觉得有些头大，尤其是想起考试复习还不能落下，乔一就觉得精神紧绷。他事事都想要做好，但想起做完这件还有其他事等着自己，就感觉心情烦躁，莫名紧张，甚至有些后悔。

点评：丰富自己的大学生活固然是一件让人愉快的事，但太多的活动安排难免让人疲于应付。乔一如今在自己的生活中感受到了压力，以致心烦气躁。此时最好采用一些措施进行压力的释放与调整，如深呼吸运动等，当然更有效的应对是合理安排好自己的时间，为自己留出休息的时间，并在这些时间内进行一些合理的释放或转移压力的活动，以放松心情。

（四）构建社会支持系统

社会支持是他人提供的一种资源，告诉我们是自己被爱、被关心、被尊重的。每个人实际上都生活在一个相互帮助和支持的社会网络中，任何一个与我们有明显社会关系的人都可能会在我们需要时成为社会支持系统的一部分，如亲人、朋友、同学、老师等。

社会关系良好不但能令人快乐，还能增进健康。当一个人独自面对压力时，应激反应的消极作用远大于社会支持的效果。因此，大学生要是不想在压力面前孤立无助，最好构建自己的社会支持系统。这需要大学生学会尊重他人，以获得对方的帮助和友谊；扩大社会交往面，结识更多的朋友；向朋友、亲人敞开心扉，通过坦诚的沟通让对方发现自己的问题。这样在需要帮助时，大学生才能最大限度地从社会支持系统中获得帮助，包括情感安慰、有形帮助、信息支持、行动建议等。强大的社会支持系统可以带给大学生莫大的支持和鼓励，迅速恢复大学生的信心和勇气，以面对各种挑战和问题；反之，社会支持系统薄弱的大学生面对压力会很沮丧，容易陷入独自面对困难的悲伤中。

作为一名大学生，我们要学会管理自己的挫折和压力，既能努力面对挫折，让挫折成为人生中的一种财富，又能学会让自己的压力以一种合理、健康的方式释放出来。如果我们能更自如地面对挫折和压力，我们将能以更好的状态过好每一天。

集训营

1. 如果要提升挫折承受能力，你能想出哪些可行的训练活动？
2. 分析自己曾经遭遇的挫折和感受以及自己是如何应对的。
3. 你在面临挫折时，一般会采取什么样的心理防御机制？
4. 根据你的了解，试着描述那些成功的人的人生经历，谈谈他们是如何应对挫折的。
5. 结合本项目内容，讨论你如何进行压力管理。

推荐资源

书籍：《抗压力：逆境重生法则》，久世浩司著，贾耀平译。

压力时时存在，如何与日益增长的压力相处、从压力中汲取智慧是我们必须不断面对的挑战和课题。该书作者是日本积极心理学学校校长，他将积极心理学应用到商务领域，提出了抗压力的重要性。作者从处理消极情绪、锻炼“弹性肌肉”、吸取教训三大部分出发，细分了 7 个技能，详细地讲述了应该如何系统地锻炼抗压力，以在逆境中直面消极情绪，应对压力。

项目十
关爱生命：生命教育与心理危机应对

10

生命是人生最宝贵的财富，因为它只有一次；生命同时又脆弱不堪，因为它总会受到来自生理或心理的威胁。很多人生病会看病吃药，解决生理上的痛苦，但却对心理上的疾病感到不知所措或束手无策，甚至是对自己的心理问题毫无察觉。因此大学生在关注自身健康状况的同时，要学会珍爱生命，认识自己的心理危机，并及时采取积极的自助或求助方法，呵护自己的心灵，从而达到身心健康的目的。

本项目学习目标

- 感受生命的意义。
- 了解大学生心理危机的征兆。
- 掌握大学生心理危机的预防与干预措施。
- 正确认识和应对网瘾、抑郁症和其他精神障碍。

引导案例

不一样的刘希

刚上大学时，刘希就表现出不合群、孤僻的特点，与其他同学来到大学时表现出的好奇、兴奋不同。刘希习惯于独来独往，沉默寡言，拒绝与其他人交往，甚至和辅导员谈话也是如此。同时，她也拒绝参加体育运动、班级集体活动等。在其他同学的欢声笑语中，刘希总是一个人孤独地坐在角落里，上课时也是独自一人坐在最后一排。

音频：案例分析

但沉默寡言的刘希对周围的环境十分敏感，同学不经意间的一句话或行为，都会引起她的无端猜想。因为她和室友关系一般，所以大家有一次吃饭没有叫她，她认为是大家故意孤立她。她觉得自己非常孤独，因为这样的性格，刘希的成绩不是很好，人际交往状况也不行。她时常一个人躲在厕所哭，室友问她有什么心事她也沉默不语。终于有一天，她趁着大家不注意，站在了阳台栏杆外……

刘希到底怎么了？扫描右侧二维码，查看案例分析，讨论生命的意义和大学生心理危机的应对。

任务一 感受生命的重量

生命教育是大学生教育的重要内容。随着年龄的增长，大学生对于生命和自我可能会有更多的思考，并以此探寻生命的意义。生命是有限的，但大学生应该如何对待生命呢？是庸庸碌碌还是尽力创造价值，是漠不关心还是细心呵护？生命只有一次，大学生正处于一生中最美好的时候，应该好好思考，去探索和感受生命。

一、生命的内涵

从小到大，我们都会听到这样的话："小花小草都是生命，我们要爱护它们；小猫小狗也是生命，我们也要呵护它们。"众所周知，人类是生命体，花草动物也是生命体，那么生命到底是什么？

我们把有机生命体简称为生命，但由于无法排除未知生命体的存在，所以对于生命，学界目前并没有一个科学的、统一的定义。生物学上的生命泛指有机物和水构成的、一个或多个细胞组成的、具有稳定的物质和能量代谢现象（能够稳定地从外界获取物质和能量并将体内产生的废物和多余的热量排放到外界）、能回应刺激、能进行自我复制（繁殖）的半开放物质系统。从宏观角度来看，生命是一个依靠能量维持的过程，每个生命个体都会经历出生、成长和死亡。人类，是最复杂的生命体。在生命过程中，人类可以通过自觉的目的性行为进行一系列生命活动，而这些活动决定了人类的生命质量。

相较于其他生物，人类因为思想性而具有多重生命属性。马克思的人性观认为，人具有两种属性：一种是自然属性，一种是社会属性。人的社会属性最为根本，它是人之所以为人的关键所在，因为人与动物的本质区别就在于社会劳动。一体心理学则认为人的属性主要有3种，分别是自然属性、心理属性和社会属性，这3种属性与人的生命形态也是相互对应的。现在普遍认为，人的生命形态主要有以下3种，如图10-1所示。

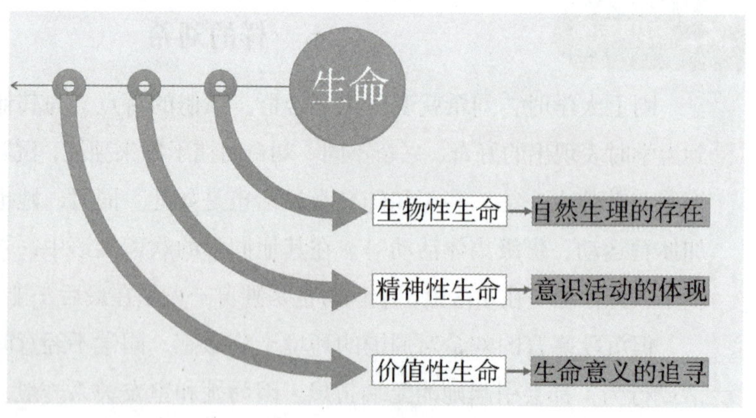

图 10-1　生命的形态

- **生物性生命**。人是作为自然生理性的肉体生命而存在的，这是人和自然界的广大生物都必须具有的基本属性。
- **精神性生命**。人与动物非常显著的区别就在于人有高于动物的意识活动，有超越生物性生命的精神世界。人只要存在于世界上一天，就不会停下思考的脚步，如思考如何生存、如何活得更好。

◆ **价值性生命**。人的价值性生命即思考“为何活着”，这是人对价值生命的一种追求。

二、生命的意义

生命教育就是要让人感悟到生命的有限性、难得性，从而思考个体生命的存在价值，并在人生实践中实现生命的价值。生命的意义到底在于什么？相信许多大学生都有过这样的思考。事实上，很早以前，古代先哲就开始了关于生命意义的探索。

古希腊思想家、哲学家柏拉图提出了经典的哲学三问：我是谁？我从哪里来？我要到哪里去？这 3 个问题可以引发人们对人生终极意义的思考。孔子所言“未知生，焉知死”也强调要先懂活着的道理。我们每个人的生命都来之不易，人都是由受精卵孕育而成，在 3 亿个左右的精子中，只有 100 个左右的精子可以经过白细胞等重重阻碍到达子宫内的卵细胞附近，而只有一个精子能够突破卵细胞的壁膜与它结合，形成受精卵。受精卵需要在母体内孕育 10 个月，经历流产、夭折的风险和母体分娩的阵痛等种种波折，才能成功出生。我们又有什么理由不让我们的生命更有价值呢？

随堂活动

你的生命时光

人生是由我们拥有的有限时间构成的。若以 30 000 天（约 82 年）计，现在你的人生已经过去了约四分之一。请算算你已用去了多少天，还剩下多少天？

现在的时间：______年______月______日。
你的生命已用去__________天，还剩下__________天。

看看你的生命倒计时，你想好在你剩下的生命里应当如何度过了吗？

在大自然中，常常会发生很多让生命散发出伟大的光辉的事。在撒哈拉沙漠中，母骆驼为了使快要渴死的小骆驼喝到够不着的水潭里的水，纵身跳进了潭中；老斑羚们为了使小斑羚们逃生，一个接一个跳下悬崖，这样小羚羊可以在它们即将下坠的刹那，以它们为跳板跳到对面的山头上去；旅鼠由于数量众多，在食物稀缺时，为了种族的繁衍会冲向大海“自杀”。个体的差异性不同，大家对于生命的意义也有不同的感悟。生命可以是奉献、是爱、是创造。大学生要有对生命的思考，找到自己生命的意义。知道自己为什么活着，才能在有限的生命中创造无限的可能，才能不枉此生。

扩展阅读

关于生命的意义

下面提供一些关于生命的意义的名言名句，希望大学生在阅读完后，能有所思考、有所感悟，明白生命的意义的重要性，发现自己生命的意义。

①人固有一死，或重于泰山，或轻于鸿毛。——司马迁《报任安书》

②人，最宝贵的是生命。生命对每个人只有一次。这仅有的一次生命应当怎样度

过呢？每当回忆往事时，能够不为虚度年华而悔恨，不因碌碌无为而羞愧；在临死时，他能够说：“我的整个生命和全部精力，都已经献给了世界上最壮丽的事业——为人类解放而进行的斗争。”人应当赶紧地充分地生活，因为意外的疾病和悲惨的事故随时都可能结束他的生命。——尼古拉·奥斯特洛夫斯基《钢铁是怎样炼成的》

③ 浪费生命是做人的最大悲剧。——曼杰

④了解生命真谛的人，可以使短促的生命延长。——爵塞罗

三、大学生关于生命与死亡的困惑

很多人对死亡的话题都很避讳，也经常在思考生与死的意义时，陷入困惑中：既然人从出生就要走向死亡，那活着还有什么意义？死亡代表了什么？我们死后有何感受？人生是一场注定走向死亡的旅行，我们如何对待死亡在一定程度上影响了我们对待生命的态度。

杨绛在《走到人生边上》一书中说：“我站在人生边上，向后看，是要探索人生的价值。人活一辈子，锻炼了一辈子，总会有或多或少的成绩。能有成绩，就不是虚度此世了。向前看呢，再往前去就离开人世了。”生命短暂，死亡是人必至的终点，也是人必须面对的事情。医学上常常以呼吸停止、心跳停止以及瞳孔放大 3 个标准来判定死亡，也就是自然的生物性死亡。有句话说：“人死了就什么都没有了。”死亡是生命的终结，死亡不会因为我们的恐惧就不到来，只有接受死亡，我们才能发现更多人生的意义。

我们不应当在对死亡的逃避和恐惧中走向人生的尽头，而是要学会勇敢、理性地面对死亡，正确理解生命和死亡的关系，在对死亡的思考中领悟生命的宝贵。树立科学的生命与死亡观，是大学生积极规划有限人生的重要途径。

死亡的启示

当死亡来临、意外发生、疾病的威胁……提到死亡，你会联想到什么？

（1）请写下 3 个关于死亡的形容词。

（2）请写下临死前最后 3 个月你想做的 5 件事情。

（3）小组内分享关于对死亡这件事的感悟。

四、尊重生命，学会生活

生命是不可逆的，生命只会向前，无法倒行；生命是有限的，因为人类只有约 30 000 天的寿命；生命是不可互换的，彼此之间不可替代转换；生命是不可再来的，正所谓“人死不能复生”。正是这些特点，显示出了生命的珍重与宝贵。

案例

暴风雨后的一个清晨，一个男人在海边散步时注意到沙滩的浅水洼里有许多被昨夜的暴风雨卷上岸的小鱼。但他知道，即便大海近在咫尺，这些被困在浅水洼里的小鱼也难以回去。因为用不了多久，浅水洼里的水就会因为沙粒的吸水性和太阳的烘烤而消失，它们面对的结局只有一个——死。于是男人继续朝前走。

这时，他忽然看见前面有一个小男孩正在一边慢慢走，一边不停地在一个个水洼旁弯下腰去——他在捡起水洼里的小鱼，并且用力地把它们扔回大海。看了一会儿，这个男人忍不住走过去："孩子，水洼里有几百上千条小鱼，你救不过来的。""我知道。"小男孩头也不抬地回答。"哦？那你为什么还在扔？谁在乎呢？！""这条小鱼在乎！"男孩一边回答，一边将拾起的小鱼扔回大海，"这条小鱼也在乎！"

点评：任何生命都是独特的，都是不易且值得尊重的。不管是面对鱼还是其他生物，我们都应该明白珍爱和敬畏生命的重要性。对生命怀有敬畏之心是大学生完善生命观的体现，也是大学生应有的素质。

大学生尊重生命需要做到以下 3 点。

（一）尊重生命的存在性

任何生命都有存在的价值，人类的生命尤其特殊：一方面人类具有其他生物没有的认识和改造世界的功能；另一方面，人类个体具有显著的唯一性、独特性和不可取代性。所以大学生应当学会尊重生命，正视自己的存在价值，不要有轻生或伤害他人生命等不尊重生命存在性的做法。

（二）尊重生命的创造性

生命的价值不仅在于存在，更重要的是实现。有些人沉迷网络、浑噩度日，不知今夕何夕，就是在浪费宝贵的生命。相对于和其他动物没有区别的存在性价值来讲，生命的创造性价值要求大学生以珍惜生命为基础，通过社会实践实现生命的价值，这也是生命更高层面的价值。创造性价值之所以能代表生命存在的真正价值，在于它可以创造出远大于生命本身的价值。

（三）尊重生命的超越性

人的生命具有通过自身的实践活动去超越生命本身的能力。生命正是在不断超越自身的过程中实现价值的，这也是人不同于动物的地方。有些人会忽视生命的创造性和超越性，陷入重复消费生命的活动中，或以经验方式重复生命的其他活动，这种行为不仅会使个人无法超越自己，也会影响社会的发展。

大学生正处于情绪波动较大、对生命充满好奇和进行探索的阶段。不管是出于保障身心健康还是实现自我发展的目的，大学生都应该接受与认识生命的意义，珍爱、敬畏生命，尊重与珍惜生命的价值，热爱每个人独特的生命，并将自己的生命融入社会中，树立起积极、健康、正确的生命观。这样可以让大学生的生活更加丰富，有利于大学生培养坚定的理想信念，以博大的胸怀和坚韧的毅力去适应生活、实现成功。

你的墓志铭

当遭遇危险，你的生命即将终止时，回顾你过往的生活，你有什么话想说呢？你是一个什么样的人？你一生中最难以忘怀的事是什么？你是否有自豪和取得成就的事？做出了哪些贡献？有什么遗憾和后悔的事？最想要倾诉什么？当一切如走马灯在脑海中一一闪现时，思考你生命的意义，留下最后的话语吧！

____

____

____

任务二 了解与应对心理危机

当大学生面临丧亲、患病、目击暴力事件、失恋等突然的或重大的创伤时，可能会对心灵造成一定的冲击，影响大学生的身心健康发展。根据目前统计，大学生不仅面临着诸多压力和冲击，在未来还会应对更多的危机和挑战，大学生心理危机的发生概率呈上升趋势。因此大学生要了解心理危机，同时掌握应对心理危机的方法。

一、心理危机概述

“危机”一词常出现在我们的生活中，其表示情急状态或潜在危险，如经济危机、生态危机、信用危机等。心理危机指的是危机事件给人的心理带来的冲击。国内外关于心理危机的概念有许多，学界在界定这个定义时普遍引用美国心理学家卡普兰提出的概念：当一个人面对困难情境，而他先前处理问题的方式及惯常的支持系统不足以应对眼前的处境，即他必须面对的困难情境超过了他的能力时，这个人就会产生暂时的心理失衡状态，这种暂时性的心理失衡状态就是心理危机。

一般个体突然遭受严重灾难、重大生活事件或精神压力，使生活状况发生明显的变化，尤其是出现用现有的生活条件和经验难以克服的困难，以致个体陷于痛苦、不安的状态，常伴有绝望、麻木不仁、焦虑以及植物神经紊乱和行为障碍，这种现象就是心理危机。心理危机的实质在于人的身心失衡。心理危机一般要符合 3 个标准：一是存在重大的影响心理状态的事件；二是事件发生后，伴随一些急剧的认知、情绪和身体行为上的反应；三是个人无法应对或应对无效。

大学生常见的心理危机可以分为 3 类。

- 一种是发展性危机，指大学生在大学阶段发生的和生理、心理发展变化相关的心理危机。

例如，大学生在大学期间考试挂科，以及面临毕业、就业、考研等方面的事情时所产生的异常反应。

- 一种是境遇性危机，指大学生面临的突如其来的、无法预料的以及难以控制的心理危机，如突然患上疾病、意外的交通事故、亲人离世等。
- 还有一种是存在性危机，指伴随着重要的人生问题产生的内部冲突和焦虑所带来的心理危机，如想要考研深造却面临生活、经济上的压力等。

有些大学生可能无法应对心理危机，从而产生情感、行为功能的失调和混乱；有些人即便度过心理危机，却会留下其他心理阴影，对后续的生活、工作造成影响；但有些人也能通过心理危机，从其中学会处理这类问题的方法，化危机为机遇。但不管怎样，心理危机对大学生的影响是不容忽视的，大学生应当重视心理危机问题。

二、大学生心理危机的诱因

大学生心理危机的产生往往是多方因素作用的结果。大学生正处于心理发展的转变时期，很可能会由于自己无力应对各种刺激，无法恢复常态。一般来讲，诱发大学生心理危机的因素有以下5种。

扫码看微课

（一）外部事件刺激

来自外部的事件刺激有多种，这些刺激都可能诱导大学生产生心理危机。例如，就业形势严峻；学业困难，成绩下降；情感纠纷或恋爱挫折；人际矛盾；适应问题；突然患上身体疾病或慢性长期疾病；家庭出现变故；身边有亲人、好友离世；有心理障碍或心理问题等等。因为大学生的自控力和自我调整能力还有待提升，因此面对此类问题很可能出现情绪不稳，产生极端心理。

（二）社会支持

人是社会性动物，社会支持是人获取帮助、应对压力的可供使用的重要心理支持，大学生可以从亲人、朋友、同学、老师和其他各种组织处汲取能量或获取帮助。因此，一旦大学生缺乏社会支持或社会支持失当，在面对压力时将变得无比脆弱，容易失衡，以致产生心理危机。

（三）个体认知

个体认知方式会影响个体对待问题的反应。如果消极地看待问题，人很容易被困难和挫折打倒，陷入危机状况。但如果个体对事件的认知是客观的、合乎逻辑的，则问题解决的可能性会大大提高。

（四）应付机制

应付机制亦称应付策略。人们在日常生活中通过利用各种手段去应付焦虑和减少紧张，其中行之有效的那部分会被人们纳入生活模式中，成为解决压力时的一套有效的应付机制。如果缺乏恰当、有效的应付机制，个体的压力或紧张就会持续存在，就很容易因心理压力产生心理危机。

（五）个体人格特征

危机人格理论认为，心理危机受个体的人格特征的影响。有些大学生采取极端行为去应对问题就是因为他的人格特征表现出某些不良倾向，如好妒、暴躁、易怒、做事冲动、争强好胜、情绪化、易受暗示等。从气质类型和性格来讲，抑郁质的人也更容易出现心理危机。

三、大学生心理危机的征兆

案例

李鑫前段时间一直在寻找实习单位，结果一直碰壁。他应聘了一个自己很满意的岗位后，自己觉得挺有信心，便待在学校等消息，结果面试结果通知如同石沉大海，悄无声息。一直等了一周多，对方都没有消息，李鑫忍不住打电话过去询问，对方人力资源部却表示他遗憾落选。李鑫顿觉心灰意冷。

没想到雪上加霜的事情还在后面，李鑫相恋两年的女友也提出分手。李鑫觉得前途未卜，还情场失意，认为自己颜面尽失，做人也很失败，整日沉默寡言、闷闷不乐，也不再和朋友一起出门，时常看着高处的楼房发呆。他有时觉得死了比活着好，还在微信发朋友圈说："活着比死还难，这样的日子过着挺没意思的。"最近还问同学"安眠药真的能吃死人吗"之类的话。因为李鑫平时人际关系和性格都挺不错，同学都没当回事。结果没想到有一天听到了李鑫跳湖的消息，幸好当时有会游泳的同学路过，及时把他救了回来，不然后果不堪设想。

点评： 李鑫的轻生行为源自失恋的痛苦和求职的失败，以及对未来的失望、迷茫。而在轻生之前，他其实也有一些行为和情绪上的征兆表现，只是被人忽视。大学生应当注意心理危机产生后会有的表现，以便及时开展后续的干预和预防工作。

大学生陷入困境时，如果出现以下情况就需要引起重视：一是出现失眠、过度疲劳、易惊吓、肠胃不适、食量或体重明显增加、体质或个人卫生状况下降等生理反应；二是出现注意力不集中、健忘、无法做决定、缺乏自信等认知问题；三是出现情绪持续低落、常常流泪、烦躁不安、易发脾气、过分敏感，表现出无望或无价值等情绪反应；四是出现社交退缩、逃避、无故生气和与人敌对、不易信任他人、自责，甚至自伤或自杀行为。

有的大学生会直接流露出语言方面的直接征兆，如"我希望我已经死了""不想活了"；或间接表示"我所有的问题马上就要解决了""现在没人能帮得了我""没有我，别人会生活得更好""活着好累""我的生活一点意义也没有"等。

当身边朋友出现这些行为时，大学生需要有警惕心理。例如，其个性发生明显变化、出现不符合逻辑的言行、谈论与自杀有关的事、学习成绩无原因地急剧下降、生活习惯和生活作息突然改变、饮食和睡眠习惯发生变化、突然与亲友告别、将自己珍贵的东西送人等。准确识别心理危机的表现是大学生提升心理危机意识的标志之一。大学生应当了解心理危机的征兆，采取积极、及时的干预措施，维护自己的心理健康。

四、大学生心理危机的预防与干预

大学生是心理危机的易发人群。如果大学生在面对心理危机时缺乏正确的引导或预防措施，同

时又没有合理的应对方法，就很可能导致心理危机事件的发生，甚至造成严重后果。如果大学生能够掌握预防和干预心理危机的方法，就可能化危机为机遇，在困境中得到成长。

扫码看微课

（一）心理危机的预防

心理危机的预防是大学生应对心理危机的重要手段。了解并采取心理危机的预防措施，可以有效防止大学生心理危机效应的扩大，促进大学生心理健康发展。

1. 提高心理保健意识

大学生作为成年人，应该关注自己的身心发展，对自我负责，进行自我教育、自我管理和自我监督，积极参与自己的身心建设，接受来自社会支持系统的教育和指导，参与心理教育的相关活动，提高自己的积极心情指数，预防心理危机的发生。

2. 养成积极心态

拥有积极心态的大学生往往能乐观地看待问题，处理危机事件时往往也会得到更正面的结果。同样是面对经济困难，有的大学生可能会觉得生活对他太不公平了，自己已经输在了起点，遇到挫折、打击就会觉得生活是“难上加难”，甚至觉得日子过不过都无所谓，产生轻生念头；但积极乐观的大学生由于认知方式不一样，会满怀期待，充满对未来的憧憬并为之努力奋斗，认为这样的日子总会结束。这样的人也更少出现心理危机，因为其有更强大的心灵。

3. 走近心理咨询

心理咨询是指心理咨询师运用心理学的理论、方法、技术帮助来访者就问题进行分析、研究和讨论，找出问题的根本原因。来访者经过心理咨询师的指导和启发，探讨出解决的方法，从而解决心理困扰，恢复能力，维护身心健康。大学生在遇到心理困惑时可以及时向心理咨询师寻求帮助。许多高校都设有心理健康咨询中心，可以帮助大学生解决各种心理问题，如家暴、侵犯性行为。长期抑郁、进食频率和进食量增加等都可以是心理咨询的问题。

小贴士

大学生可以根据情况，采取门诊心理咨询、电话心理咨询、网络心理咨询和现场心理咨询等形式与心理咨询师沟通。当然，建议大学生到专业的心理咨询室就诊，这样可以面对面进行较为私密的深入谈话。

心理咨询可以帮助大学生解决生活中的各类心理问题、改善不良行为、认识自己的内心世界、纠正不合理的信念、增强自知之明、学会理解他人、认清和面对现实、构建合理的行为模式、提高个人心理素质等，对大学生有诸多助益。

小贴士

心理咨询可以采取就近原则。大学生可利用其他寻求专业帮助的渠道，如有专业选择问题、学业问题、专业发展问题时可以求助老师，还可以求助社会工作人员、社区工作人员、安保服务工作人员和医院等。

扩展阅读

心理咨询的误区

（1）精神病人才做心理咨询。

心理咨询的对象包括有心理困惑的心理健康人群；心理正常但长期受到心理困扰，心理健康出现问题的心理不健康人群；以及一部分心理异常人群。并不代表有严重心理障碍或疾病的人才会进行心理咨询。

（2）我没有心理问题就不用做心理咨询。

事实上，这是大多数人都存在的误解。心理咨询的主要目的是维护身心健康，不管心理是否有疾病都可以进行咨询。如果有无法排解的压力、困惑或暂时无法解决的困扰等，大学生完全可以寻求心理咨询师的帮助，而不是“车完全坏了才能拿去修理”。

（3）心理咨询可以一次性解决我的心理问题。

心理咨询可以是长期的，也可以是短期的，但不会一次就完全解决心理问题。心理咨询师进行引导，需要当事人的配合和多次实践。此外，有些大学生甚至希望心理咨询师可以帮自己做决定、做选择，这样的想法也是不现实的。

（4）心理咨询师有透视人心的本事。

心理咨询师既不能“读心”，也没有“透视”的超能力，其只是利用自己的专业知识和观察能力来判断和分析当事人的某些潜意识活动，而且前提是当事人需要真实表达。

（5）我可以帮我朋友或恋人咨询。

这种想法的初衷是好的，但是心理咨询是一件比较私密的事情，一个人很难完全代替另一个人。心理咨询师也很难通过别人的转述知道当事人内心的真实述求和应该创造什么样的条件或环境，因此最好是当事人亲自咨询。

4. 培养压弹力

很多时候，心理危机的产生是由于大学生面对逆境不知该如何处理，难以承受挫折带来的压力。因此大学生应当培养压弹力，提升应对危机的自主能力。

压弹本是一个物理学概念，指物体受到外力挤压时的回弹；而从心理学层面讲，压弹力主要指心理韧性、复原力，其概念在对压力应对或危机应对的研究中逐步发展。美国心理学会将压弹力定义为：在面临逆境、创伤、悲剧、威胁、艰辛及其他生活重压下能够良好适应的“反弹能力”。

压弹力包括承受力（耐挫折力）和反弹力（排挫折力）。通过培养压弹力，大学生可以更好地应对心理压力，提高危机适应能力。可供大学生参考的方法如下。

- **提高主观幸福感**。愉悦指数的提升可以降低人们对不良情绪的体验强度。
- **培养乐观的人格**。多角度看待问题，发掘事情的积极面。
- **进行幽默训练**。幽默可以让人变得欢乐、变得开朗、豁达，这是一种应对问题的健康机制。

◆ **注意情绪的调节和管控**。心理危机的产生多是源于不良情绪的积累，因此大学生要善于调节情绪，调整心态，以更好地应对压力。

◆ **转化认知**。对同一件事，个体使用不同的认知方式就会有不同的结果。如果能学会转变认知，那么陷入心理危机的可能性也会降低。

◆ **培养解决技巧**。文学家埃默森曾说："逆境有一种科学价值，一个好的学者是不会放过这一大好学习机会的。"逆境确实是一个很好的锻炼机会，在寻找办法化解逆境的过程中，我们克服困难的能力也会增强，那么压弹力势必会得到锻炼和提高。

小贴士

具有解决问题的能力，是一个人走出逆境最直接的办法。即便是面对再难的问题，只要大学生愿意解决，勇于解决，知道怎么解决，那么他将很难产生严重的心理危机。

5. 其他方法

其他方法，如学会称赞别人、优化人际关系、培养沟通技巧、建立良好的危机应对模式、构建社会支持系统等都可以帮助大学生预防心理危机、减轻心理压力。

随堂活动　**测量你的心理弹性**

心理弹性量表由布洛克和克雷曼编制，该量表目前在我国已得到广泛运用，具有较高的可信度和有效度。该表共 14 个项目，如表 10-1 所示。每一项目分 4 级计分，"完全不符合"记 1 分，"少许符合"记 2 分，"符合"记 3 分，"完全符合"记 4 分。该量表是测试你的平常状态，请你根据实际情况在符合的状态栏中打"√"。

表 10-1　心理弹性量表

项目	完全不符合	少许符合	符合	完全符合
1. 我对我的朋友很慷慨				
2. 面对惊吓，我可以迅速恢复				
3. 我喜欢处理新的不寻常的情况				
4. 我经常在人们心目中留下好印象				
5. 我喜欢尝试从来没吃过的食物				
6. 我被认为是一个非常有活力的人				

续表

项目	完全不符合	少许符合	符合	完全符合
7. 我喜欢走不同的路去熟悉的地方				
8. 我比别人更有好奇心				
9. 我见过的大部分人都比较可爱				
10. 我在做某事前经常仔细考虑				
11. 我喜欢挑战新鲜、困难的事				
12. 我的日常生活充满了令我感兴趣的事				
13. 我认为自己有非常强的个性				
14. 我会很快地从生气状态中恢复				

计算你的累计分数。分数越高，表示你的心理压弹力水平越高，当遇到压力时也越容易恢复。

（二）心理危机的干预

心理危机的干预是指为处于心理危机状态的人及时给予适当的心理援助，以帮助他摆脱心理困境。一般心理危机的干预可大致分为两类：一类是自己出现心理危机后可采取的方法，另一类是别人出现心理危机后可采取的方法。

1. 自己出现心理危机

大学生自己出现心理危机时，会相应地出现一系列症状，如失眠、持续性情绪低落等。所以一般建议大学生在面对可能诱导其出现心理危机的事件，如失恋、遭遇重大打击或灾害时，可以充分利用老师、同学、家人、朋友等社会支持系统，寻求鼓励、安慰等帮助。如果大学生的心理反应逐渐严重，则最好求助于专业心理医生和精神科医生。

2. 别人出现心理危机

下面将介绍专业心理咨询者和工作人员的常用方法。当大学生接收到他人的“求助信号”后，可灵活采用这些方法给予对方帮助。

- **确定问题**。从对方的角度，确定和理解对方所出现的问题。使用积极倾听技术，如同情、理解、真诚、接纳、尊重对方等，包括使用开放式问题。既注意对方的语言信息，也注意非语言信息，识别关于对方心理危机的核心问题。
- **保证求助者安全**。在心理危机干预过程中，保证对方的安全是首要目标。评估心理危机对对方躯体和心理安全的致死性、危险程度、失去能动性的影响或情况的严重性；评估对方的内部事件及围绕对方的情景。如果必要的话，保证对方知道代替冲动和自我毁灭行动的方法。对于大学生而言，这一步重要的是确认对方是否处于安全境地。如果不是，需利用言语诱导对方到安全的地方。

- **提供支持**。强调与对方的沟通及交流，让对方认识到你是能够给予他关心和帮助的人。不要评价对方的经历与感受，而是通过语言、声调和躯体语言向对方表达诚意，让对方相信“这里有一个人确实很关心我”。
- **提出应对的方式**。大多数求助者会认为自己已经无路可走，因此你要充分利用环境资源，采用各种积极的应对方式，使用建设性的思维方式，帮助对方了解更多解决问题的方法和途径以供对方选择。
- **制订行动计划**。帮助对方做出现实的短期计划，包括资源的提供应对方式、对方理解的自愿的行动步骤。计划应该根据对方的应付能力与对方一起制订，但要注意，该计划必须是切实可行、能帮助对方系统解决问题的。同时要让对方感受到这是他自己的计划，你没有侵犯他的权益、自尊和自主性。该步骤可帮助对方克服情绪失衡状态。
- **得到对方的承诺**。结束心理危机干预前，需要对方向自己承诺其会践行积极的、确定的、诚实的行动步骤。
- **启动社会支持系统**。与对方的家人、朋友、社区工作人员等建立联系，让对方从其中获得支持。这些支持不但包括心理和情感的支持，还包括一些实质的行动。

一般大学生可能做不到很专业的心理危机干预，所以大学生也可在第二步后，寻求老师、心理咨询师、精神科医生等外界帮助，接受对方的指导和干预，大家一起想办法解决问题。

扩展阅读

心理危机干预的不当做法

在心理危机干预的过程中，我们要注意避免以下不当做法。

（1）对求助者责备或说教。

（2）批评求助者或对他的选择、行为提出批评。

（3）与求助者讨论自杀的是非对错。

（4）被求助者讲的话误导，如“我的心理危机已经消失了”。

（5）否定求助者的自杀意念。

（6）让求助者一个人留下，不观察他，不与他取得联系。

（7）操之过急，陷入被动。

（8）让求助者保持自杀的机密（不把自杀想法说出来）。

（9）因周围的人或事转移注意力。

（10）忘记追踪观察。

（11）在其他人面前，把过去或现在的自杀行为说成是光荣的、荣誉的或将其神化。

思考总结

心理危机的发生、发展和结果的关系如图 10-2 所示。总结你这堂课的收获，谈谈你有怎样的感悟。

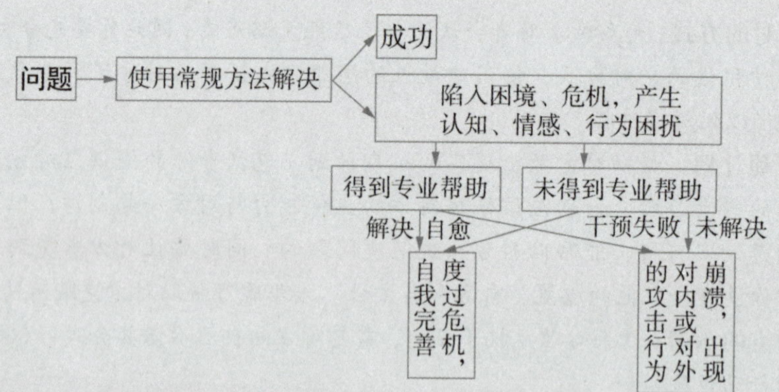

图 10-2　心理危机的发生、发展和结果的关系图

再以你自身经历过的心理危机为例，说明你是如何度过的。若遇到类似问题，你会怎么处理。

任务三　常见的心理困境与调适

大学生常常会由于各种问题陷入心理危机中。从年龄阶段的特征来看，以下 3 种心理困境是大学生需要特别注意的。掌握常见的大学生心理困境并学会自助和求助，可降低大学生陷入心理危机的概率，也是大学生培养健康心理的关键。

一、网瘾

网瘾是网络成瘾障碍的简称，指由于过度地使用网络所导致的一种慢性或周期性的着迷状态，并产生难以抗拒的再度使用的欲望。同时上瘾者会出现想要增加网络使用时间、耐受性提高、戒断反应等情况，对于上网所带来的快感会一直有心理与生理上的依赖。

在临床上，网络成瘾是指个体反复过度使用网络导致的一种精神行为障碍，表现为对使用网络产生强烈欲望，突然停止或减少使用网络会出现烦躁、全身不适、注意力不集中、睡眠障碍等不良反应。《中国青少年健康教育核心信息及释义（2018 版）》显示，网络成瘾会导致明显的学业、职业和社会功能的损伤。例如，自我评价过低、对学业和工作前途感到悲观、做事没有兴趣等。

案例

牛良小时候经常和哥哥一起玩，因为哥哥喜欢去网吧，所以牛良也逐渐养成了上网的习惯。后来上了大学，牛良迷上一款网络游戏并在里面取得了比较靠前的名次，获得了与现实不同的认同，便开始沉迷于网游。他不仅上课时心不在焉，还嫌弃寝室网速不快，经常出入网吧，彻夜不归。最后由于成绩太差，且严重缺勤，他被学校退学。

点评：牛良一方面由于小时候的经历习惯了上网；另一方面是在网络中获得了现实中无法得到的认同，从而导致他与现实世界脱离得越来越远，造成了最后被退学的后果。事实上，现在有许多大学生由于自控力差和在虚拟世界获得的满足感爱上上网，但上网应当把握一个度，不可过分沉迷。

现在，尤其是不少大学生出于爱好游戏、逃避现实、追求新鲜刺激、自我宣泄、缓解心理压力等目的陷入网络中。但长期沉迷于网络会影响大学生的正常学习、使其生活和工作，使其渐渐迷失真实的自我，出现角色混乱、道德感弱化、人格异化，甚至构成网络犯罪。同时，由于长时间使用电子设备，大学生还可能患上身体方面的疾病，如头、颈、肩、背、手腕部位的疼痛等，不利于大学生的身心发展。

网络成瘾自测

面对网络成瘾障碍，大学生可以采取以下措施。一是树立正确的网络认知，端正上网动机，合理利用网络资源，正确处理现实世界和虚拟世界的关系。网络只是一个工具，而不是解决问题的灵丹妙药。二是加强自我管理，如逐步训练自己缩短上网时间；在想上网的时候利用看书、打球、跑步、听音乐、社交等其他活动转移自己的注意力；给自己制订合理的时间计划，一步步按计划走；提高自己的上网效率等。三是主动接受心理咨询和心理辅导，根据专业指导解决心理问题，减少网络依赖。大学生可以组建一个自我约束团体，将有同样问题的同学聚集在一起，互相监督。这样既可以提升群体归属感，获得社会支持系统带来的心理安慰，还可以相互约束和帮助。另外，大学生还要注意增强道德规范和法律意识，自觉维护网络秩序，主动参与到网络净化活动中，不做违法的事。

二、抑郁症

抑郁症是威胁当前大学生和年轻人的重要心理障碍之一，也被划入精神疾病的范畴，属于神经症的一种。2015 年世界卫生组织统计，全球约有 3.4 亿抑郁症患者，我国有 5400 多万抑郁症患者（约占总人口的 4.2%），此发病率与全球水平相近（4.4%）。一个囊括了 339 项研究结果、关于 1997—2015 年的对中国大学生群体的研究表明，在我国 15 ~ 24 岁的年轻人中，约有 120 万人患有抑郁症，其中有 23.8% 的人是大学生。

据医学杂志《自然》公布的数据，全球约有 3.5 亿抑郁症患者，每天至少有 3000 人因重度抑郁症自杀。抑郁症是精神疾病中自杀危机最高的其中之一。

那么如何识别抑郁症呢？在医学上通常以 ICD10、CCMD-3 为标准。大学生可以通过以下 3 个指标来识别抑郁症：一是心境低落，二是兴趣和愉悦感丧失，三是精力不济或疲劳感。其他常见症状包括注意力降低 、自我评价降低 、自罪观念、无价值感 、悲观、自伤或自杀观念或行为 、睡眠障

碍 、食欲下降等。

抑郁症的常见症状包括思维缓慢，大脑反应迟钝，联想困难，不能集中注意力，记忆力减退；常伴有失眠，且以早醒为主，醒来后不能再次入睡；持续悲伤，整日忧心忡忡、郁郁寡欢、愁眉苦脸，缺乏情感，对平常喜欢的活动失去兴趣；感到“心里有压抑感”“高兴不起来”“什么事情都没意思”，而且疏远朋友、回避社交；无端地自责、自罪，消极评价自己，夸大自己的缺点，缩小自己的优点。重症患者将出现悲观、绝望、度日如年、生不如死之感，随之出现自伤或自杀行为。

绝大多数抑郁症患者可以被有效治愈。一般来说，药物治疗的效果比较有效，但也需要配合心理治疗以缓解和根治，这需要在专业精神科医生的指导下进行。极轻度的抑郁症通常不需要治疗即可缓解。大学生最好保持积极心态，完善自我人格，尽量避免患上抑郁症。但如果已有患上抑郁症的迹象，重要的是及时诊断、及时治疗，以免病情加重，酿成悲剧。

抑郁症自评量表

三、精神障碍

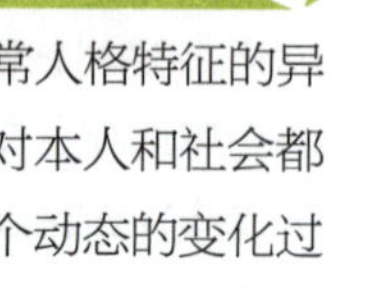

精神障碍是指一个人由于生理、心理或社会原因而产生的各种异常心理过程、异常人格特征的异常行为方式，表现为一个人没有能力按照社会认可的适宜方式行动，以致行为的后果对本人和社会都是不适应的。因为大学生的独立人格还处于逐渐形成中，所以大学生的心理健康是一个动态的变化过程。面对新时代、新挑战，一部分大学生可能会患上不同种类和程度的精神障碍。除抑郁症外，常见的精神障碍有还包括焦虑症、强迫症、恐惧症、进食障碍等，下面介绍这 4 种精神障碍主要的症状。

（一）焦虑症

焦虑症以焦虑情绪体验为主要特征，包括慢性焦虑（广泛性焦虑）和急性焦虑（惊恐障碍）两种形式。慢性焦虑主要表现为无明确客观对象的紧张、担心、坐立不安、还伴有植物神经功能失调症状，如心悸、口干、手抖、出汗、尿频、震颤等躯体方面的症状，以及烦躁等运动性不安。急性焦虑则常表现为某些情况下突然感到极度惊恐，有失控感和濒死感，并伴随胸闷、全身发抖、呼吸困难等植物神经系统紊乱症状，发作常持续几分钟到几十分钟，呈自限性特征。

（二）强迫症

强迫症的症状主要表现为强迫观念和强迫动作。

- **强迫观念**。强迫观念是指反复进入患者意识领域的思想、情绪或意向。这些思想、情绪或意向对患者来说，是没有现实意义的或多余的。患者能意识到这些都是自己的心理活动，想摆脱却又无能为力，因而感到十分苦恼。
- **强迫动作**。强迫动作往往是为了减轻强迫思维产生的焦虑而不得不采取的行动，明知不合理还是要做，如反复检查门窗、强迫洗涤、强迫性仪式动作等。

（三）恐惧症

恐惧症与一般的恐惧不一样，是指患者明知某种反应是过分或不合理的，但却难以控制。其发作时，患者常常极力避免或带着畏惧去忍受导致恐惧的客观事物或情境，因此会对患者的正常活动造成影响。恐惧症的症状主要表现为患者接触某情境、人或物时，伴有明显的焦虑和自主神经症状，如异乎寻常的恐惧、紧张不安、脸红、气促、出汗、头昏、心悸、尿频、尿急、血压变化、恶心、无力甚至昏厥等。

（四）进食障碍

进食障碍指以进食行为异常、对食物及体重和体型的过分关注为主要临床特征的一组疾病，包括神经性厌食和神经性贪食两类。两类患者都恐惧发胖。神经性厌食患者主要表现为过分主动拒食或过分节食，导致体重减轻、形体消瘦、体象障碍及神经内分泌的改变。神经性贪食患者表现为出现发作性不可抗拒的摄食欲望和行为，其一般会在短时间摄入大量食物、进食时常避开人，在公共场合会尽量控制。进食障碍在女性中较为常见，最早可见的症状常常为消瘦、便秘、呕吐、闭经等营养不良、消化道及内分泌症状。

当然，精神障碍需要由专业的医生确诊和治疗，根据《中华人民共和国精神卫生法》第二十三条规定："心理咨询人员不得从事心理治疗或心理障碍的诊断、治疗。心理咨询人员发现接受咨询的人员可能患有心理障碍的，应当建议到符合本法规定的医疗机构就诊。"所以大学生如果对自己的心理健康状态有所困惑，也可以到心理咨询中心去寻求帮助。疑似患者心理障碍的大学生，则会被转诊到精神专科医院，但学校的心理咨询中心也会提供后续的心理辅导和教育工作。精神障碍会干扰大学生正常的生活、学习和工作，所以最好早防早治。

集训营

1. 尝试用 21 天过一种提升你生命价值的生活。

2. 一个同学坐在高楼栏杆上，扬言要自杀，说："学习及生活让我感到非常难过、痛苦，压力好大，我活得太痛苦了，我要跳下去！"假如你是第一位发现及到达现场的人，你该怎么办?

3. 冯婷向王倩寻求建议，说自己的弟弟在高考后状态有点不对，要么在家玩一天的游戏，要么外出直到半夜才回家，交流之后也没什么效果，不知道该怎么办才好。王倩建议冯婷的弟弟去找心理咨询师进行心理咨询。冯婷十分惊讶，说："我弟弟又没病，为什么要做心理咨询？"综合本项目的学习成果，对此谈谈你的感想。

推荐资源

书籍：《心灵游戏》，毕淑敏著。

该书作者具有医生、作家、心理学博士、心理咨询师等多重身份，将高深的心理学变为通俗的家常话，通过 8 个特别的心理学游戏告诉你促进心理健康的人生道理。

参考文献

[1] 卿再花，曹建平，吴彩虹. 积极心理学视野下大学生心理健康教育教学模式探析 [J]. 赤峰学院学报，2017，33（011）：67−68.

[2] 王斐. 积极心理学视野下大学生心理健康教育课程改革探析 [J]. 吉林工程技术师范学院学报，2018，034（006）：8−10.

[3] 闫明，高洪娟，周国莉. 揭开幸福的密码：大学生心理健康教育与心理素质训练［M］. 南京：河海大学出版社，2015.

[4] 张亦弛. “90 后”大学生择偶观及影响因素分析 [J]. 产业与科技论坛，2019，18（19）.

[5] 王凤环. 浅析目前中国当代大学生择偶观存在的误区 [J]. 大众文艺，2011，07，235.

[6] 张丽琼，蒋云立. 浅析大学生性心理与性健康教育 [J]. 南昌教育学院学报，2011，07：134−135.

[7] 郑日昌. 大学生心理健康：自主与自助手册 [M]. 北京：高等教育出版社，2013.

[8] 张艳. 大学生极端心理危机事件的诱因分析 [J]. 轻工科技，2017，33（12），198−199.

[9] 里克森. 积极情绪的力量 [M]. 王珊，译 . 北京：中国人民大学出版社，2010.

[10] 毕淑敏. 心灵游戏［M］. 北京：北京十月文艺出版社，2010.

[11] 汪向东，王希林，马弘. 心理卫生评定量表手册 [M]. 北京：中国心理卫生杂志社，1993.

[12] 姚本先. 心理学 [M].3 版. 北京：高等教育出版社，2018.

[13] 叶弈乾. 现代人格心理学 [M].2 版. 上海：上海教育出版社，2011.

[14] 李伟. 大学生学习心理障碍问题的防治 [J]. 科技信息，2010，529.

[15] 夏翠翠. 大学生心理健康教育（慕课版）[M].2 版. 北京：人民邮电出版社，2019.

[16] 姚先本，王道明. 大学生心理健康教育 [M].3 版. 合肥：安徽大学出版社，2019.

[17] 查普曼. 爱的五种语言 [M]. 王云良，陈曦，译 . 南昌：江西人民出版社，2010.

[18] 乔普拉，坦齐. 超级基因：如何改变你的未来 [M]. 钱小京，潘治，译 . 北京：人民邮电出版社，2017.

[19] 曾光，赵昱鲲，等. 幸福的科学：积极心理学在教育中的应用 [M]. 北京：人民邮电出版社，2018.

[20] 潘欣，范文辉. 积极心理学视域下大学生心理危机预防策略探究 [J]. 教育现代化，2019，6（89），250−252.

[21] 张正军. 当代大学生心理危机预防与干预机制研究 [J]. 文化创新比较研究，2019，3（14），34−36.